Hermann Groß · Michael Schwarz

Arbeitszeit, Altersstrukturen
und Corporate Social Responsibility

Hermann Groß · Michael Schwarz

Arbeitszeit, Altersstrukturen und Corporate Social Responsibility

Eine repräsentative
Betriebsbefragung

VS VERLAG FÜR SOZIALWISSENSCHAFTEN

Bibliografische Information der Deutschen Nationalbibliothek
Die Deutsche Nationalbibliothek verzeichnet diese Publikation in der
Deutschen Nationalbibliografie; detaillierte bibliografische Daten sind im Internet über
<http://dnb.d-nb.de> abrufbar.

Mit finanzieller Unterstützung der Europäischen Union und des Landes Nordrhein-Westfalen.

 **EUROPÄISCHE UNION**

Europäischer Sozialfonds

**Ministerium für Arbeit,
Gesundheit und Soziales
des Landes Nordrhein-Westfalen**

1. Auflage 2010

Alle Rechte vorbehalten
© VS Verlag für Sozialwissenschaften | GWV Fachverlage GmbH, Wiesbaden 2010

Lektorat: Katrin Emmerich / Tilmann Ziegenhain

VS Verlag für Sozialwissenschaften ist Teil der Fachverlagsgruppe
Springer Science+Business Media.
www.vs-verlag.de

Umschlaggestaltung: KünkelLopka Medienentwicklung, Heidelberg
Layout: Renate Griffiths, sfs Dortmund
Druck und buchbinderische Verarbeitung: Ten Brink, Meppel
Gedruckt auf säurefreiem und chlorfrei gebleichtem Papier
Printed in the Netherlands

ISBN 978-3-531-17047-3

Inhaltsverzeichnis

Abbildungs- und Tabellenverzeichnis

I   Zusammenfassung der wichtigsten Befunde

1   Gesellschaftliche Verantwortung

In der Hälfte aller Betriebe in Deutschland spielt das Thema der gesellschaftlichen Verantwortung (corporate social responsibility – CSR) bei der Leitung der Betriebe eine Rolle. Je größer die Betriebe sind, umso größer ist der Anteil der gesellschaftlichen verantwortlichen Betriebe. Bei den Großbetrieben (500 und mehr Beschäftigte) ist die Wahrnehmung gesellschaftlicher Verantwortung der Normalfall (85,2%). Die Betriebe im Dienstleistungsbereich, und hier insbesondere die Betriebe der sozialen Dienstleistungen, liegen bei gesellschaftlicher Verantwortung deutlich vor dem Produzierenden Gewerbe; hier wiederum liegen die Großbetriebe des primären Sektors ganz vorne. Am wenigsten spielt gesellschaftliche Verantwortung eine Rolle bei den Betrieben des Baugewerbes und im Bereich der persönlichen Dienstleistungen. Im privatwirtschaftlichen Bereich spielt gesellschaftliche Verantwortung eine geringere Rolle als im Öffentlichen Dienst und im Non-Profit-Bereich. Während 82% der Dienstleistungsbetriebe im Non-Profit-Bereich und gut zwei Drittel (68,5%) der Betriebe und Dienststellen im öffentlichen Dienst gesellschaftlich engagiert sind, sind es in der Privatwirtschaft weniger als die Hälfte (46,4%) der Betriebe.

Nur ein verhältnismäßig kleiner Teil der Betriebe (13,2% insgesamt und 7,9% des privatwirtschaftlichen Sektors), für die gesellschaftliche Verantwortung eine Rolle spielt, hat diese konsequent in die Unternehmensstrategie und -philosophie integriert. Hierbei handelt es sich vor allem um die großen Betriebe im sekundären Sektor und im Bereich der sozialen Dienstleistungen; für jeweils ein Viertel der engagierten Betriebe in diesen Bereichen trifft dies zu. Die Betriebe des Baugewerbes und aus dem Bereich der persönlichen Dienstleistungen bilden hierbei mit großem Abstand das Schlusslicht. Im privatwirtschaftlichen Bereich sind es vor allem die größeren Betriebe des sekundären Sektors und der unternehmensbezogenen Dienstleistungen sowie die kleineren Betriebe aus dem Bereich der sozialen und distributiven Dienstleistungen, die ihr gesellschaftliches Engagement unternehmensstrategisch verankert haben. Im Bereich des öffentlichen Dienstes (31,4%) und der Non-Profit-Betriebe (47,3%) dominieren hier eindeutig die sozialen Dienstleistungen.

Nur ein Fünftel der gesellschaftlich verantwortlichen Betriebe insgesamt und nur ein Siebtel der privatwirtschaftlichen Betriebe haben ihr gesellschaftliches Engagement intern professionell organisiert. Im Non-Profit-Bereich sind es hingegen fast zwei Drittel und im Öffentlichen Dienst mehr als 40 %. Die Betriebe aus dem Bereich der sozialen Dienstleistungen (ein Drittel) und des sekundären Sektors (27,7%) stehen hier klar an der Spitze. Sehr schwach vertreten ist dieser „Verantwortungstyp" wiederum im Baugewerbe und im Bereich der persönlichen Dienstleistungen.

Zwei Drittel der gesellschaftlich verantwortlichen Betriebe (mit 61% aller Beschäftigten) engagiert sich besonders im Bereich der betrieblichen Personal und Sozialpolitik. Hier sind die Unterschiede in den Wirtschaftszweigen nicht so stark ausgeprägt. Besonders stark vertreten ist dieser Verantwortungstyp in den Betrieben des primären (77,2 %) und sekundären Sektors (76%) – knapp gefolgt von den Betrieben der sozialen Dienstleistungen (73,1 %). Das Schlusslicht bilden etwa gleich auf der Bereich des Handels (59,1%) und die persönlichen Dienstleistungen (60,8%).

Die Zugehörigkeit zu einem größeren Unternehmen hat einen positiven Einfluss auf das gesellschaftliche Engagement von Klein- und Mittelbetrieben (KMU). Kleine und mittlere Betriebe (1-249 Beschäftigte) engagieren sich häufiger und umfassender gesellschaftlich, wenn es sich nicht um eigenständige, sondern um Teilbetriebe eines Unternehmens handelt.

Je mehr das gesellschaftliche Engagement der Betriebe professionell organisiert und unternehmensstrategisch verankert ist, desto weniger handelt es sich dabei um eigentümer-, sondern vielmehr um managementgeführte Betriebe. Ob ein Betrieb sich gesellschaftlich engagiert, ist nicht wesentlich an das persönliche Engagement des Eigentümers gebunden beziehungsweise davon abhängig. Die Wahrnehmung gesellschaftlicher Verantwortung ist inzwischen eher integrierter Bestandteil einer vor allem auf größere managementgeführte Betriebe und Unternehmen zugeschnittenen Unternehmensstrategie und -philosophie als ein an die Person des Eigentümers oder der Unternehmensleitung gebundenes freiwilliges Engagement.

Tarifbindung sowie Existenz eines Betriebs- oder Personalrat haben einen positiven Einfluss auf das gesellschaftliche Engagement der Betriebe. Es besteht ein deutlicher Zusammenhang zwischen gesellschaftlicher Verantwortung der Betriebe und der Regulation der Arbeitsverhältnisse durch Tarifbindung und betriebliche Interessenvertretung. Der Anteil gesellschaftlich verantwortlicher Betriebe ist unter den tarifgebundenen mit einem Betriebs- oder Personalrat deutlich größer als der von anderen Betrieben. Je umfassender sie ihr gesellschaftliches Engagement unternehmensstrategisch integrieren, umso stärker sinkt ihr Anteil bei den Betrieben, die weder tarifgebunden sind noch einen Betriebs-

oder Personalrat haben. Der von Betriebs- oder Personalrat ausgehende Einfluss auf die Wahrnehmung gesellschaftlicher Verantwortung ist stärker als der mit einer Tarifbindung verbundene.

Gesellschaftliche Verantwortung spielt also vor allem bei der Leitung von größeren managementgeführten und stark regulierten Betrieben und denjenigen kleinen und mittelgroßen Betrieben, die Teil eines Unternehmens sind, eine wichtige Rolle. Weit mehr als zwei Drittel aller Beschäftigten (70%) arbeiten in gesellschaftlich verantwortlichen Betrieben. Mehr als ein Viertel der gesellschaftlich engagierten Betriebe, aber nur jeder zehnte Betrieb der Kontrastgruppe verzeichnete 2007 gegenüber 2002 einen Beschäftigungszuwachs. Der Anteil der Beschäftigten in den gesellschaftlich engagierten Betrieben ist im Zeitraum 2002 - 2007 leicht überdurchschnittlich gestiegen. Der prozentuale Beschäftigtenzuwachs liegt jedoch nur gering über dem der gesellschaftlich nicht engagierten Betriebe. Gesellschaftliche Verantwortung hat insgesamt betrachtet einen leicht positiven Einfluss auf die Beschäftigungsentwicklung.

Beschäftigte, die 50 Jahre und älter sind, werden in der betrieblichen Personal- und Sozialpolitik von gesellschaftlich verantwortlichen Betrieben deutlich stärker berücksichtigt als von anderen Betrieben. Für prozentual fast doppelt so viele dieser Betriebe ist dies ein wichtiges oder sehr wichtiges Anliegen. Bezogen auf die Betriebe, die ihr gesellschaftliches Engagement unternehmensstrategisch integrieren, ist dies sogar für mehr als drei Viertel der Fall. Zugleich zeigen gesellschaftlich verantwortliche Betriebe eine größere Sensibilität im Hinblick auf Probleme bei der Beschäftigung von Älteren. Je anspruchsvoller und professioneller die Betriebe ihr Engagement umsetzen, umso mehr scheinen diese für Probleme sensibilisiert, die sich für die Beschäftigung von Älteren faktisch stellen. Ganz oben stehen hier zu hohe Lohnkosten, eingeschränkte Kündbarkeit, keine längerfristige Perspektive, zu hohe Fehlzeiten und eingeschränkte psychische Belastbarkeit. Diese Befunde sprechen dafür, dass es gerade dieses ausgeprägte Problembewusstsein der gesellschaftlich besonders engagierten Betriebe ist, welches für sie in weit überdurchschnittlichem Maße die Berücksichtigung von älteren Beschäftigten im Rahmen der betrieblichen Personal- und Sozialpolitik zu einem wichtigen Anliegen macht.

Für gesellschaftlich verantwortliche Betriebe sind insbesondere solche Kompetenzmerkmale von Beschäftigten wichtiger als für andere Betriebe, die mit einem hohen Maß an Eigenverantwortung, Selbstorganisation und Flexibilität verbunden sind: Psychische Belastbarkeit, Kreativität, Teamfähigkeit, Lernfähigkeit, Theoretisches Wissen und Lernbereitschaft. Hinsichtlich der Frage, welche Kompetenzmerkmale eher jüngeren oder eher älteren Beschäftigten zugeschrieben werden, unterscheiden sich gesellschaftlich engagierte und nicht engagierte Betriebe kaum. Insgesamt betrachtet schreiben die Betriebe unabhän-

gig davon, ob sie sich gesellschaftlich engagieren oder nicht, körperliche Belast-
barkeit, Lernfähigkeit und Lernbereitschaft eher den jüngeren, Erfahrungswissen,
Arbeitsmoral und -disziplin, Qualitätsbewusstsein und Loyalität eher den älteren
Beschäftigten zu. Allerdings unterscheiden sie sich zum Teil in der jeweiligen
Stärke der Zuschreibungen.

Je anspruchsvoller sich die Betriebe gesellschaftlich verantwortlich engagieren, umso mehr dominieren gut geregelte Arbeitszeitarrangements und umso
weniger Überstunden werden geleistet. Im Durchschnitt leistete in einer üblichen
Woche im September 2007 jeder Beschäftigte 1 Überstunde pro Woche. Bei den
Betrieben, für die das Thema der gesellschaftlichen Verantwortung eine Rolle
spielt, sind es 0,9 Stunden pro Woche gegenüber 1,2 Stunden pro Woche in der
Kontrastgruppe. Bei den Betrieben, die ihr gesellschaftliches Engagement intern
organisieren beziehungsweise unternehmensstrategisch integrieren, sind es nur
noch 0,7 beziehungsweise 0,6 Stunden/Woche, also anteilig etwa halb soviel wie
bei den nicht gesellschaftlich engagierten Betrieben!

Die Arbeitszeitarrangements sind in gesellschaftlich engagierten Betrieben
insgesamt gesehen stärker reguliert als in nicht engagierten Betrieben. Dies gilt
insbesondere für Regelungen durch Betriebsvereinbarung (28% gegenüber 16%)
und Tarifverträge (27,3% gegenüber 20,7%). Diese Tendenz verstärkt sich deutlich in dem Maße, wie die Betriebe ihr Engagement intern organisieren oder
unternehmensstrategisch integrieren. Auch der Anteil der gesellschaftlich engagierten Betriebe, die ihre Arbeitszeitkonten vollständig und damit erwartbar
funktionstüchtig geregelt haben, ist mit 42,2% deutlich größer ist als bei der
Kontrastgruppe (29,8%). Der Anteil der Betriebe mit vollständig geregelten
Arbeitszeitkonten steigt bei den Betrieben, die die Umsetzung ihres Engagements intern organisiert und unternehmensstrategisch integriert haben, auf fast
60%.

Gesellschaftlich engagierte Betriebe bewältigen Schwankungen der Nachfrage oder Geschäftstätigkeit anders als die Kontrastgruppe. Insbesondere personelle Maßnahmen spielen in diesem Zusammenhang – vor allem bei denjenigen
Betrieben, die ihr Engagement unternehmensstrategisch integriert haben – eine
bedeutend größere Rolle. Da dies auch zugleich diejenigen Betriebe sind, die
zwischen 2002 und 2007 überdurchschnittlich häufig einen Beschäftigungszuwachs verzeichnet haben, ist davon auszugehen, dass es sich hierbei überwiegend um Neueinstellungen handelt. Auch Veränderungen in der Arbeitsorganisation finden bei gesellschaftlich engagierten Betrieben durchgängig deutlich häufiger statt als bei nicht engagierten Betrieben. Hinsichtlich einer Bewältigung
von Schwankungen über Veränderungen der Arbeitszeitarrangements unterscheiden sich engagierte und nicht engagierte Betriebe nur geringfügig und hinsichtlich technischer Variationen so gut wie gar nicht.

Gesellschaftlich verantwortliche Betriebe engagieren sich in mehreren Aktivitätsfeldern gleichzeitig. Sie setzen ihr Engagement zunehmend in einem ganzheitlichen, d.h. die interne und externe Dimensionen integrierenden Ansatz um. In den meisten Fällen (71,3%) bezieht sich das gesellschaftliche Engagement der Betriebe auf Kunden- und/oder Lieferantenbeziehungen. Mit zunehmender Betriebsgröße nimmt die Bedeutung dieser Engagementform ab. Betriebliche Personal- und Sozialpolitik, die interne Dimension der gesellschaftlichen Verantwortung, steht mit 57,5% an zweiter Stelle, gewinnt aber mit zunehmender Betriebsgröße deutlich an Bedeutung (89,5% der Großbetriebe geben diese Engagementform an). Etwas mehr als die Hälfte (55,2%) der gesellschaftlich verantwortlichen Betriebe engagiert sich weitgehend unabhängig von der Betriebsgröße mit Spenden, Sponsoring und der Förderung von Aktivitäten im näheren räumlich-sozialen Umfeld des Betriebes. Ein Engagement im weiteren betrieblichen Umfeld (überregionale und/oder internationale Angelegenheiten, Umweltschutz- und Ressourcenschonung) ist am wenigsten verbreitet (40,6%) und ganz überwiegend Sache der Großbetriebe (64,5%), vorwiegend im Produzierenden Gewerbe (84,3% gegenüber 51,2% im Dienstleistungsbereich). Im Vergleich zwischen produzierendem Gewerbe und Dienstleistungsbereich variieren die sonstigen Engagementformen in ihrer Bedeutung kaum.

Bei der Umsetzung des gesellschaftlichen Engagements im Bereich der Personal- und Sozialpolitik steht der klassische Ansatz in Form von Maßnahmen zur Arbeitssicherheit, Gesundheitsfürsorge und betrieblichen Aus- und Weiterbildung an der Spitze (93%). An zweiter Stelle folgt ein moderner Human Ressource Ansatz, der Maßnahmen der alternsgerechten Organisation der Arbeit und Arbeitszeiten, des dauerhaften Erhalts der Beschäftigungsfähigkeit sowie der Förderung der Vereinbarkeit von Beruf und Familie praktiziert (79%). Ein Ansatz, der schwerpunktmäßig auf übertarifliche Sozialleistungen und Entlohnung sowie Beteiligung der Beschäftigten an betrieblichen Entscheidungen setzt, liegt an dritter Stelle (68,4%). Knapp 18% der im Bereich der betrieblichen Personal- und Sozialpolitik besonders engagierten Betriebe fördert das ehrenamtliche Engagement der Beschäftigten.

Überdurchschnittlich stark sind das Management sowie die hoch- und mittel-qualifizierten Beschäftigtengruppen in das gesellschaftliche Engagement im Bereich der betrieblichen Personal- und Sozialpolitik einbezogen. Beschäftigte im Alter von 50 Jahren und mehr sind durchschnittlich, Behinderte, Beschäftigte mit Migrationshintergrund und Geringqualifizierte demgegenüber nur schwach einbezogen.

Die im Bereich der betrieblichen Personal- und Sozialpolitik gesellschaftlich engagierten Betriebe halten dieses Engagement ganz überwiegend für wichtig beziehungsweise sehr wichtig für ihren wirtschaftlichen Erfolg. Im Produzierenden Gewerbe trifft dies für fast 90% und im Dienstleistungsbereich für drei Viertel dieser Betriebe zu. Vor allem Großbetriebe schätzen ihr Engagement in der betrieblichen Personal- und Sozialpolitik als wichtig oder sehr wichtig für die Rekrutierung von qualifizierten Nachwuchskräften ein. Sind es in der Betriebsgrößenklasse mit 500 und mehr Beschäftigten fast 90%, so trifft dies auch bei den Kleinstbetrieben mit 1-19 Beschäftigten immerhin noch auf zwei Drittel der Betriebe zu.

Gesellschaftlich verantwortlich handelnde Betriebe sind wirtschaftlich erfolgreicher. Bei mehr als zwei Drittel und in NRW sogar bei gut drei Viertel aller Betriebe, die ihren wirtschaftlichen Erfolg in den letzten zwei Jahren als gut beurteilen, handelt es sich um gesellschaftlich engagierte Betriebe. Von denjenigen Betrieben, die ihr Engagement unternehmensstrategisch integriert haben, schätzen anteilsmäßig gut 2,5mal und in Nordrhein-Westfalen 4,5mal soviel wie die Kontrastgruppe ihren wirtschaftlichen Erfolg als gut ein.

2   Betriebs- und Arbeitszeiten

Die Betriebszeiten sind gegenüber 2003 um 4,5 Stunden pro Woche gestiegen und gegenüber 2005 konstant geblieben. Während diese in 2003 58,1 und in 2005 63,9 Wochenstunden betrugen, sind es in 2007 63,6 Wochenstunden. Dabei hat gegenüber 2005 das produzierende Gewerbe leicht zugelegt (von 64,8 auf 66,0 Wochenstunden) und ist der Dienstleistungsbereich leicht abgefallen (von 63,4 auf 62,3 Wochenstunden). Die Betriebszeiten steigen mit zunehmender Betriebsgröße. Dies gilt für das Produzierende Gewerbe (von 51,0 bis 77,7 Wochenstunden) ebenso wie für den Dienstleistungsbereich (von 50,0 bis 87,0 Wochenstunden). Überdurchschnittlich lange Betriebszeiten finden wir in den Großbetrieben der distributiven und sozialen Dienstleistungen (91,9 beziehungsweise 79,0 Wochenstunden). Hierbei handelt es sich vor allem um die großen Betriebe im Bereich von Verkehr und Nachrichten (Bahn, Post) beziehungsweise die großen Krankenhäuser. Es folgt der traditionell betriebszeitstarke Sekundäre Sektor (72,3 Wochenstunden). Hier sind es insbesondere die Bereiche Chemie und Gummi, Fahrzeugbau und Metallererzeugung, die mit durchschnittlichen Betriebszeiten von 75,0, 79,3 beziehungsweise 77,9 Wochenstunden den hohen Durchschnitt der Betriebszeiten im Sekundären Sektor bestimmen.

Der Entkoppelungsfaktor (wöchentliche Betriebszeit/vertragliche Wochenarbeitszeit von Vollzeitbeschäftigten) lag in 2005 in den Kleinbetrieben (1-19 Beschäftigte) bei 1,0 und beträgt in 2007 1,3. Dies bedeutet, dass mittlerweile auch hier die Betriebszeiten von den individuellen Arbeitszeiten entkoppelt sind. Dies gilt für das Produzierende Gewerbe und den Dienstleistungsbereich gleichermaßen. Auch in den Mittelbetrieben (20-249 Beschäftigte) liegt der Entkoppelungsfaktor mit durchschnittlich 1,7 leicht über dem, den wir in 2005 (1,6) ermittelt hatten. Dieser steigt mit zunehmender Betriebsgröße an. In den Großbetrieben (250 und mehr Beschäftigte) hat dieser schon einen Wert von 2,2. Dies bedeutet, dass dort jeder Arbeitsplatz 2,2mal besetzt ist.

Die Betriebszeiten werden vorrangig von Schichtarbeit geprägt, die diese zu 38,3% „determiniert". Zu einem Drittel (33,6%) werden diese durch die effektiven Arbeitszeiten (der Beschäftigten, die weder in Schichtarbeit noch in versetzten Arbeitszeiten tätig sind) und zu über einem Viertel (28,1%) durch versetzte Arbeitszeiten konstituiert. Der Anteil von Schichtarbeit an der Betriebszeit steigt mit zunehmender Betriebsgröße (von 9,7% auf 51,3%), während der der effektiven Arbeitszeiten mit zunehmender Betriebsgröße fällt (von 50,7% auf 23,0%). Versetzte Arbeitszeiten haben dagegen eine starke Prägekraft in den Kleinbetrieben (39,6%) und fallen dann in den Mittel- und Großbetrieben auf rund ein Viertel (24,1% beziehungsweise 25,7%) ab.

In den Kleinbetrieben ist die Betriebszeit in 2007 gegenüber 2005 ausgeweitet worden. Dies liegt zum einen in der Verlängerung der effektiven Arbeitszeiten der Vollzeitbeschäftigten (von 40,7 auf 41,8 Wochenstunden) und zum zweiten in der verstärkten Einführung von versetzten Arbeitszeiten begründet. Diese haben für das betriebliche Betriebszeitmanagement eine hohe Attraktivität, weil sie kostengünstiger als bezahlte Überstunden und Schichtarbeit sind; denn für diese Arbeitszeitformen müssen häufig Zuschläge gezahlt werden, die bei versetzten Arbeitszeiten entfallen. Darüber hinaus haben diese eine hohe Elastizität, die sich auch darin zeigt, dass sie mittlerweile in allen Betriebsgrößenklassen eingesetzt wird, um die Betriebszeiten zu verlängern oder das einmal etablierte Niveau zu halten.

Jeder dritte Betrieb (34,1%) in Deutschland und Nordrhein-Westfalen (30,6%) muss Schwankungen der Produktion und/oder Nachfrage bewältigen. Der Anteil der Schwankungsbetriebe nimmt im Produzierenden Gewerbe mit steigender Betriebsgröße zu (von 43,5% auf 51,6%). Im Dienstleistungsbereich ist der Trend nicht so eindeutig; dort ist der Anteil der „Schwankungsbetriebe" bei den Großbetrieben (35,0%) niedriger als der bei den Mittelbetrieben (38,2%). Dies ist darin begründet, dass ein Teil der Großbetriebe im Dienstleistungsbereich den öffentlichen Verwaltungen angehört, die Schwankungen weniger stark ausgesetzt sind (29,7%) als die Großbetriebe im Produzierenden Gewerbe (44,4%).

Aufbau und Abbau von Überstunden ist das Instrument zur Bewältigung von Schwankungen, das weit vor allen anderen rangiert (BRD: 62,8%; NRW: 54,5%). Dies gilt in der Bundesrepublik Deutschland insbesondere für das Produzierende Gewerbe (70,9%). Mit deutlichem Abstand belegen Einstellungen/Entlassungen (BRD: 36,3%; NRW: 38,8%) den zweiten Rang. Dieses Instrument kommt im Dienstleistungsbereich etwas häufiger als im Produzierenden Gewerbe zum Einsatz. Es folgt die Arbeitsorganisation (BRD: 29,4%; NRW: 32,9%). An vierter und fünfter Stelle rangieren das Ansammeln und Abfeiern von Zeitguthaben (BRD: 24,0%; NRW: 15,2%) sowie die Verlängerung und Verkürzung von versetzten Arbeitszeiten (BRD: 20,2%; NRW: 26,3%). Die Betriebe haben Schwankungen in 2007 in einem erheblich höheren Maße als in 2005 mit personellen Maßnahmen bewältigt. Wir vermuten, dass diese – bis auf den „Dauerbrenner" Überstundenarbeit – deutliche Umorientierung im Einsatz der Instrumente zur Bewältigung von Schwankungen auf den konjunkturellen Aufschwung zurückzuführen ist.

Die Übersicht über die Entwicklung der einzelnen Arbeitszeitformen im Zeitraum von 2001 bis 2007 zeigt: Die vertragliche Wochenarbeitszeit der Vollzeitbeschäftigten ist in diesem Zeitraum von 37,4 auf 39,2 Wochenstunden angestiegen. Die bezahlten Überstunden haben nur leicht zugenommen und sich auf dem Niveau von 1,0 Überstunde pro Beschäftigten pro Woche stabilisiert. Die Teilzeitbeschäftigung hat stetig zugenommen (von 20,1% auf 23,2%). Die Samstagsarbeit ist leicht angestiegen (von 18,0% auf 21,5%), während die Sonntagsarbeit leicht gefallen ist (von 11,0% auf 9,9%). Versetzte Arbeitszeiten haben relativ stark zugenommen (von 15,0% auf 24,3%). Schichtarbeit hat – nach einem hohen Wert in 2005 (21,0%) – in 2007 (18,6%) gegenüber 2001 (18,0%) leicht zugenommen. Arbeitszeitkonten haben sich nach einem rapiden Zuwachs in den letzten Jahren (von 40,0% in 2001 auf 48,0% in 2005) auf dem hohen Niveau von knapp unter 50 Prozent stabilisiert. Vertrauensarbeitszeit ist entgegen den Prognosen, die ihr eine „glänzende Zukunft" voraussagten, nur leicht angewachsen (von 9,3% in 2005 auf 9,8% in 2007).

Die vertragliche Wochenarbeitszeit der Vollzeitbeschäftigten ist in 2007 mit 39,2 Wochenstunden gegenüber den Werten, die wir in 2001 und 2005 ermittelten (37,4 beziehungsweise 38,8 Wochenstunden), deutlich gestiegen. Dies ist vor allem darin begründet, dass im Zeitraum von 2001 bis 2007 nach unseren Daten auch der Anteil der nicht tarifgebundenen Betriebe von 58% auf 73% der Betriebe angewachsen ist. In diesen sind die vertraglichen Wochenarbeitszeiten der Vollzeitbeschäftigten mit 40,3 Wochenstunden deutlich höher als in den tarifgebundenen Betrieben, bei denen der Vergleichswert bei 38,8 Wochenstunden liegt. Auch werden in den nicht tarifgebundenen Betrieben mit 1,4 Überstunden pro Vollzeitbeschäftigten deutlich mehr bezahlte Überstunden geleistet als in den tarifgebundenen Betrieben, die auf einen Vergleichswert von 1,1 bezahlten Überstunden kommen.

Im Produzierenden Gewerbe entfallen auf jeden Beschäftigten in der Bundesrepublik Deutschland mehr als doppelt (1,6 Stunden) und in Nordrhein-Westfalen sogar mehr als dreimal soviel bezahlte Überstunden (2,1 Stunden) wie im Dienstleistungsbereich (BRD: 0,6 Stunden; NRW: 0,6 Stunden). Über drei Viertel (77,0%) aller bezahlten Überstunden werden in Klein- und Mittelbetrieben erbracht. Bezahlte Überstundenarbeit ist also vor allem ein Phänomen der Klein- und Mittelbetriebe.

Samstagsarbeit ist zum Teil Überstundenarbeit. Darauf verweist der Befund, dass in Betrieben mit Samstagsarbeit deutlich mehr Überstunden (1,2) geleistet werden als in den Betrieben, die samstags nicht produzieren (0,8). Demgegenüber unterscheiden sich Betriebe mit Sonntagsarbeit hinsichtlich ihres Überstundenaufkommens nicht nennenswert von denen, die sonntags nicht produzieren (1,0 Stunden: 0,9 Stunden). Anders als Samstagsarbeit ist Sonntagsarbeit häufig Schichtarbeit. Die Beschäftigten, die in kontinuierlichen Schichtsystemen tätig sind und damit zwingend auch an Sonntagen arbeiten müssen, machen knapp zwei Drittel (64,0%) der Sonntagsbeschäftigten aus.

Versetzte Arbeitszeiten haben nicht nur in der Bundesrepublik Deutschland, sondern auch in anderen europäischen Ländern an Bedeutung gewonnen; denn mit versetzten Arbeitszeiten können relativ kurzfristig die gewünschten Betriebszeiten eingerichtet werden, die von überlangen Wochenarbeitszeiten bis an und teilweise sogar über das Niveau von Zwei-Schicht-Systemen reichen. Teilweise ersetzen versetzte Arbeitszeiten sogar Schichtarbeit, weil diese flexibler und preiswerter als Schichtarbeit einsetzbar sind. Die tägliche Dauer von versetzten Arbeitszeiten liegt mit durchschnittlich 13 beziehungsweise 14 Stunden knapp unter dem für Zwei-Schicht-Systeme üblichen Niveau von 15 oder 16 Stunden pro Tag und weit über der Arbeitszeitdauer, die mit Überstundenarbeit in der Regel zu erreichen ist.

Schichtarbeit nimmt mit steigender Betriebsgröße zu. Dies gilt für das Produzierende Gewerbe ebenso wie für den Dienstleistungsbereich. Schichtarbeit ist ein Großbetriebsphänomen. Anteilsmäßig arbeiten im Produzierenden Gewerbe über doppelt so viele Beschäftigte in Großbetrieben (37,7%) in Schichtarbeit wie in Klein- und Mittelbetrieben (16,4%). Auch im Dienstleistungsbereich ist der Anteil der Schichtbeschäftigten in Großbetrieben (20,1%) deutlich höher als in den Klein- und Mittelbetrieben (13,3%). Die durchschnittliche Schichtdauer liegt bei 110 Wochenstunden. Anteilsmäßig sind die meisten Schichtbeschäftigten (41,1%) in Schichtsystemen tätig, in denen an 6 oder 7 Tagen in der Woche täglich 24 Stunden produziert wird. Weitere 26,9% der Schichtbeschäftigten arbeiten in Systemen, in denen an 5 Tagen in der Woche täglich 24 Stunden „der Betrieb in Gang ist". Die restlichen 32,0% der Schichtbeschäftigten sind in „sonstigen Schichtsystemen" tätig.

Arbeitszeitkontenmodelle sind eine Form der Zeitbewirtschaftung, bei der Zeitguthaben und/oder Zeitschulden angespart werden können, die innerhalb eines vereinbarten Zeitraums ausgeglichen werden müssen. Für diesen Ausgleich gilt die tarifliche/vertraglich vereinbarte Wochenarbeitszeit als die Bezugsgröße, die im Durchschnitt wieder erreicht werden muss. Arbeitszeitkontenmodelle können als eine widersprüchliche Einheit von De-Regulierung und Re-Regulierung angesehen werden. Auf der einen Seite werden mit Arbeitszeitkontenmodellen die Möglichkeiten der Arbeitszeitflexibilisierung immens ausgeweitet; denn mit Arbeitszeitkontenmodellen können die Dauer, die Lage und die Verteilung der Arbeitszeit gleichermaßen variiert werden. Auf der anderen Seite gelingt diese Arbeitszeitvariation nur auf der Grundlage klar definierter Regelungen. Der Anteil von Beschäftigten in Arbeitszeitkonten steigt mit zunehmender Betriebsgröße. Dies gilt für das Produzierende Gewerbe wie für den Dienstleistungsbereich. In den Großbetrieben sind weit über die Hälfte (57,1%) der Beschäftigten in Arbeitszeitkontenmodellen tätig; in den Großbetrieben des Produzierenden Gewerbes sind es sogar schon 6 von 10 Beschäftigten, für die ein Arbeitszeitkonto geführt wird.

Mit den Angaben zu Minusstunden, Plusstunden und Ausgleichszeitraum können wir Grade der Funktionstüchtigkeit von Arbeitszeitkonten bestimmen und unterscheiden. Die Güte der Regelung von Arbeitszeitkonten hat im Zeitverlauf zugenommen. Während 2001 knapp zwei Drittel (63,3%) der Beschäftigten, für die ein Arbeitszeitkonto geführt wird, in gut geregelten und damit in erwartbar funktionstüchtigen Arbeitszeitkontenmodellen arbeiten, sind es in 2005 und 2007 schon über drei Viertel (77,2% beziehungsweise 76,8%). Dabei haben die Betriebe aller Betriebsgrößenklassen kräftig zugelegt. Diese Befunde deuten darauf hin, dass Arbeitszeitkontenmodelle nicht oder nur selten ein für allemal eingerichtet werden können, sondern nach Maßgabe der teilweise stark schwankenden betrieblichen Funktionserfordernisse ständig neu abgestimmt und fein justiert werden müssen.

3   Betriebliche Altersstrukturen

Die Erwerbsquote von Beschäftigten im Alter von 55 bis 64 Jahren beträgt nach den Daten von EUROSTAT im Jahr 2007 51,5% und liegt damit über dem Durchschnitt der Mitgliedsstaaten der Europäischen Union (EU-27) von 44,7%. Nach EUROSTAT ist die Erwerbsquote für ältere Beschäftigte in Deutschland im Zeitraum von 2001 bis 2007 um 13,6 Prozentpunkte gestiegen (von 37,9% in 2001 auf 51,5% in 2007). Diese deutliche Steigerung ist auf die demographische Entwicklung,den Abbau der „passiven" Form der Arbeitsmarktpolitik (d.h. insbesondere auf den Abbau der bis 2004 geltenden vergleichsweise großzügigen sozialrechtlichen Regelungen des vorzeitigen Ausscheidens aus dem Erwerbsleben) und den konjunkturellen Aufschwung, aber auch auf die ab 2005 geltende stärkere statistische Berücksichtigung von gering qualifizierten Personen, von

geringfügig Beschäftigten und von erwerbstätigen Transfergeld- und Rentenbeziehern zurückzuführen.

Die Daten unserer 2007 durchgeführten Betriebsbefragung liefern Informationen zum Nachfrageverhalten der Betriebe. Dieses ist eine Schlüsselvariable
für den Umfang und die Art der Einbindung von älteren Beschäftigten in das
Erwerbssystem; denn die Betriebe sind die zentralen Instanzen, in denen über die
individuellen Chancen und Risiken von Einstellung und Entlassung entschieden
wird. Knapp ein Viertel (24,4%) der Beschäftigten ist der Altersgruppe der 50-
bis 64-Jährigen zuzurechnen. Über die Hälfte (53,2%) der Beschäftigten gehören
der Altersgruppe der 30- bis 49-Jährigen an und gut ein Fünftel (24,4%) der
Beschäftigten zählt zur jüngsten Altersgruppe (15-29 Jahre). Hiervon weichen
die nordrhein-westfälischen Betriebe insofern leicht ab, als sie in der jüngsten
Altersgruppe mit 25% einen höheren Wert und bei den älteren Beschäftigten mit
23,3% einen niedrigen Wert als im bundesrepublikanischen Durchschnitt aufweisen. Insbesondere in den Bereichen des primären Sektors und der sozialen
Dienstleistungen arbeitet ein überdurchschnittlich hoher Anteil von älteren Beschäftigten. Im primären Sektor liegt der entsprechende Wert um 21 Prozent, im
Bereich der sozialen Dienstleistungen um 13 Prozent über dem Durchschnittswert. Demgegenüber ist der Anteil von älteren Beschäftigten im Baugewerbe
(minus 21 Prozent), im Bereich der persönlichen Dienstleistungen (minus 16
Prozent) und im Bereich der unternehmensbezogenen Dienstleistungen (minus
12 Prozent) unterproportional.

Ältere Beschäftigte sind in den Betrieben und Dienststellen des öffentlichen
Dienstes signifikant häufiger tätig als in den privatwirtschaftlich organisierten
Betrieben. Hier liegt der Anteil älterer Beschäftigter um 6 Prozent unter, dort um
23 Prozent über dem Durchschnittswert. Auch in den gemeinnützigen „Non-
Profit-Betrieben" liegt der Anteil älterer Beschäftigter noch um 11 Prozent über
dem Durchschnitt. Ein weiterer, die Beschäftigung Älterer positiv beeinflussender Faktor ist die Existenz eines Betriebs- oder Personalrats – insbesondere in
Verbindung mit Tarifbindung. Sofern in den Betrieben oder Dienststellen eine
betriebliche Interessenvertretung existiert, liegt der Anteil älterer Beschäftigter
um 8 Prozent über dem Durchschnitt. Im gegenteiligen Fall hingegen ist ein
Minus von 10 Prozent beobachtbar. Eindeutig negative Konsequenzen für die
Beschäftigung Älterer haben jedoch die Betriebe, die weder tarifgebunden sind
noch eine betriebliche Interessenvertretung aufweisen (minus 11 Prozent). Vorteilhaft für die Beschäftigung Älterer wirkt sich auch die von den Betrieben praktizierte gesellschaftliche Verantwortung aus: In den Betrieben, die ein hohes
Maß an gesellschaftlicher und beschäftigungspolitischer Verantwortung angegeben haben, ist ein merklich höherer Anteil von älteren Beschäftigten (plus 6
Prozent) tätig ist als in den Betrieben, für die gesellschaftliche Verantwortung

keine Rolle spielt (minus 5 Prozent). Die Faktoren „öffentlicher Dienst und ge-
meinnützige Betriebe", „ Betriebsrat und Tarifbindung" sowie „gesellschaftliche
Verantwortung" verweisen auf besondere Kündigungsschutzbestimmungen,
Mitbestimmung und Mitwirkung bei betrieblichen Personalmaßnahmen. Diese
Faktoren wirken sich als (institutionelle oder freiwillige) Kündigungshemmnisse
und damit als förderlich für die Beschäftigung Älterer aus.

Diese Faktoren („gewerkschaftliche und betriebliche Interessenvertretung"
sowie „gesellschaftliche Verantwortung") haben nicht nur im öffentlichen Dienst
und in den gemeinnützigen Betrieben, sondern auch in den privatwirtschaftlichen, nur am „Markt" operierenden Betrieben positive Konsequenzen für die
Beschäftigung Älterer. In der Privatwirtschaft nimmt der Anteil dieser Beschäftigtengruppe in dem Maße ab, in dem die Betriebe auf gewerkschaftliche oder
betriebliche Interessenvertretung oder auf die Übernahme von gesellschaftlicher
Verantwortung verzichten: In gesellschaftlich und beschäftigungspolitisch verantwortlich handelnden Betrieben mit gewerkschaftlicher und betrieblicher Interessenvertretung liegt hier der Anteil älterer Beschäftigter um 4 Prozent über
dem Durchschnitt, wohingegen in der Gruppe von Betrieben, welche die genannten Faktoren nicht aufweisen, dieser Anteil um 13 Prozent unter dem Durchschnitt liegt.

Diese Befunde werden durch die betrieblichen Einschätzungen über die Berücksichtigung von älteren Beschäftigten in der betrieblichen Personal- und Sozialpolitik bestätigt. Die privatwirtschaftlich organisierten Betriebe mit gewerkschaftlicher und betrieblicher Interessenvertretung, die zugleich die Frage nach
der gesellschaftlichen Verantwortung bejaht haben, erachten zu knapp drei Viertel (72,4%) die Berücksichtigung von älteren Beschäftigten für sehr wichtig oder
wichtig; demgegenüber beträgt der Vergleichswert bei den Betrieben der Kontrastgruppe nur 39,1% (die entsprechenden Werte für den öffentlichen Dienst
und die gemeinnützigen Betriebe liegen bei 76,7% versus 37,6%). Die die Beschäftigung Älterer positiv beeinflussenden Faktoren gelten folglich nicht nur im
öffentlichen Dienst und bei den gemeinnützigen Betrieben, sondern auch in der
Privatwirtschaft.

Arbeitsmoral/ Arbeitsdisziplin und Qualitätsbewusstsein nehmen sowohl im
Produzierenden Gewerbe als auch im Dienstleistungsbereich die ersten beiden
Plätze bei der Frage ein, welche Fähigkeiten oder Qualifikationsmerkmale die
Betriebe für die Produktion von Gütern und Dienstleistungen als relevant einschätzen. Es folgen auf den Rängen 3 bis 7 Loyalität, Erfahrungswissen, Flexibilität, Teamfähigkeit und Lernbereitschaft. Hinsichtlich dieser Qualifikationsmerkmale bestehen zwischen den beiden Wirtschaftsbereichen allenfalls leichte
Rangverschiebungen, aber keine nennenswerten Unterschiede. Allein die Eigenschaft der körperlichen Belastbarkeit wird in den beiden Wirtschaftsbereichen

unterschiedlich bewertet. Im Produzierenden Gewerbe kommt dieser Eigenschaft eine weitaus höhere Bedeutung zu als im Dienstleistungsbereich zu.

Vor dem Hintergrund dieser Einschätzungen gewinnt die Folgefrage, ob diese Qualifikationsmerkmale eher auf jüngere oder eher auf ältere Beschäftigte zutreffen oder ob diesbezüglich kein Unterschied besteht, an Sachhaltigkeit. Körperliche Belastbarkeit, Lernfähigkeit und Lernbereitschaft wird von den Betrieben eher den jüngeren Beschäftigten zugeschrieben; bei Erfahrungswissen, Arbeitsmoral/Arbeitsdisziplin, Qualitätsbewusstsein und Loyalität liegen hingegen die älteren Beschäftigten in Führung. Bemerkenswert ist, dass die älteren Beschäftigten bei denjenigen Fähigkeiten/Qualifikationsmerkmalen besser abschneiden, die von den Betrieben als besonders bedeutsam (Rang 1 bis 4) für die Produktion von Gütern und Dienstleistungen erachtet werden: Arbeitsmoral/ Arbeitsdisziplin, Qualitätsbewusstsein, Loyalität und Erfahrungswissen. Nach der Einschätzung der Betriebe weisen die älteren Beschäftigten bei diesen Fähigkeiten/Qualifikationsmerkmalen keinesfalls Defizite gegenüber den jüngeren Beschäftigten auf. Das Gegenteil ist hier der Fall: von den Betrieben werden den älteren Beschäftigten diese Fähigkeiten eher als den jüngeren Beschäftigten zugesprochen.

Sofern die Betriebe Probleme bei älteren Beschäftigten sehen – dies ist nur bei einem Fünftel (20,5%) der Betriebe der Fall – ist es insbesondere deren eingeschränkte (körperliche und/oder psychische) Belastbarkeit (71% der Nennungen). Mit merklichem Abstand folgt auf Platz 2 das Problem zu hoher Lohnkosten mit 54,4% der Nennungen. Hierbei bestehen keine nennenswerten Unterschiede zwischen den beiden Wirtschaftsbereichen und den Betriebsgrößenklassen. Wiederum mit deutlichem Abstand rangieren auf den Plätzen 3 und 4 die Probleme der „Perspektivlosigkeit" (37,6%) und der geringen Flexibilität (35,4%).

Ältere Beschäftigte sind in den Arbeitszeitformen der Sonntagsarbeit (minus 14 Prozent), der Samstagsarbeit (minus 11 Prozent) und der Schichtarbeit (minus 11 Prozent) unterrepräsentiert. Dies kann Brancheneffekten geschuldet sein; denn Sonntags-, Samstags- und Schichtarbeit findet beispielsweise überdurchschnittlich häufig im Bereich der persönlichen Dienstleistungen statt, der insgesamt einen unterdurchschnittlichen Anteil von älteren Beschäftigten aufweist. Dies kann aber auch darin begründet liegen, dass ältere Beschäftigte sich zunehmend aus der physisch wie psychisch besonders belastenden Schicht- und Sonntagsarbeit zurückziehen beziehungsweise die Betriebe ältere Beschäftigte für diese besonders belastenden Arbeitszeitformen weniger berücksichtigen als jüngere Beschäftigte. Vollzeitbeschäftigte unterscheiden sich in der Zusammensetzung der Alterstruktur nicht von der, die für die Gesamtbelegschaft gilt. Teilzeitbeschäftigte weisen hingegen einen leicht überdurchschnittlich Anteil von älteren Beschäftigten auf. Dies kann in den durch Altersteilzeit bewirkten Effekten begründet liegen.

Auch bei den Beschäftigten, die in Arbeitszeitkonten tätig sind, ist ein leicht überdurchschnittlicher Anteil von älteren Beschäftigten beobachtbar. Dies liegt darin begründet, dass für überdurchschnittlich viele Beschäftigte Arbeitszeitkonten in den Betrieben geführt werden, die einen überdurchschnittlich hohen Anteil von älteren Beschäftigten aufweisen: in Einrichtungen des öffentlichen Dienstes, in Betrieben mit einer betrieblichen Interessenvertretung und/oder in Betrieben mit einer gesellschaftlich/beschäftigungspolitisch hoch verantwortlichen „Unternehmensphilosophie". In diesen Betrieben liegen die Anteile der Beschäftigten in Arbeitszeitkonten um 6,4, 9,3 beziehungsweise 10,9 Prozentpunkte über dem Durchschnittswert von 47,0%.

Die Forderung nach einem altersgerechten Arbeiten zielt nicht mehr nur auf die älteren Beschäftigten, sondern bezieht das gesamte Erwerbsleben der Beschäftigten aller Altersgruppen ein. Eckpfeiler einer Strategie altersgerechten Arbeitens sind eine umfassende, alle Beschäftigtengruppen einbeziehende betriebliche Weiterbildung, ein präventives betriebliches Gesundheitsmanagement und altersgerechte Arbeitszeitarrangements, bei denen über das gesamte Erwerbsleben die betrieblichen Flexibilitätsanforderungen mit den aus dem Lebenslauf sich ergebenden Anforderungen und den Sicherheitsbedürfnissen der Beschäftigten ausbalanciert werden.

Betriebliche Weiterbildung und betriebliches Gesundheitsmanagement waren nicht Gegenstand dieser Betriebsbefragung. Die Organisation der zeitlichen Bedingungen von Arbeit haben wir jedoch bei Arbeitszeitkonten ermittelt. Hier haben wir mit den Fragen nach der maximalen Anzahl der Minusstunden (Zeitschulden), der maximalen Anzahl der Plusstunden (Zeitguthaben) und dem Ausgleichszeitraum nach den Regelungen gefragt, nach denen Arbeitszeitkonten in der betrieblichen Praxis funktionieren. Deren friktionsfreie Funktionstüchtigkeit kann dann als gesichert angesehen werden, wenn alle drei genannten Regelungsbestandteile zugleich vereinbart sind. Je weniger dies der Fall ist, umso eingeschränkter dürften Arbeitszeitkonten in der betrieblichen Praxis funktionieren und damit sowohl dem betrieblichen Interesse an einer möglichst „passgenauen" Anpassung von Arbeitskräfteeinsatz an den Arbeitsanfall als auch dem Beschäftigteninteresse an einer Steigerung der Zeitsouveränität zuwiderlaufen.

Die drei Altersgruppen unterscheiden sich hinsichtlich der Organisation von Arbeitszeitkonten leicht voneinander. Unterschiede sind zwischen der jüngsten und der ältesten Altersgruppe beobachtbar. Die jüngeren Beschäftigten sind mit 74,1% weniger häufig als die älteren Beschäftigten (79,4%) in Arbeitszeitkontenmodellen tätig, die relativ friktionsfrei funktionieren dürften, weil sie fast oder gänzlich „durchorganisiert" sind. Nur ein Viertel (25,9%) der jüngeren

Beschäftigten und sogar nur ein Fünftel (20,6%) der älteren Beschäftigten arbeiten in Arbeitszeitkontenmodellen, bei denen Fehlverläufe zu erwarten sind, die weder mit den Interessen der Betriebe noch mit denen der Beschäftigten vereinbar sind. Von Fehlverläufen im Funktionieren der Arbeitszeitkonten sind die verschiedenen Altersgruppen leicht unterschiedlich betroffen. Knapp die Hälfte (48,7%) der jüngeren Beschäftigten, die in Arbeitszeitkonten tätig sind, arbeitet in Betrieben, die angegeben haben, dass die Obergrenzen für Zeitguthaben häufig überschritten werden. Davon setzen sich die beiden anderen Altersgruppen leicht ab: 43,8% der mittleren Altersgruppe und 44,2% der älteren Beschäftigten mit Arbeitszeitkonten sind in Betrieben tätig, in denen die Zeitguthaben häufig überschritten werden. Bei den Maßnahmen zur „Reparatur" der Fehlverläufe sind freilich kaum Unterschiede zwischen den drei Altersgruppen beobachtbar. Diese verteilen sich in etwa zu gleichen Anteilen auf die Maßnahmen, bei denen „Strukturverletzungen" (rund 17% von der jeweiligen Altersgruppe mit Arbeitszeitkonten) vorliegen – also Maßnahmen praktiziert werden, bei denen die angehäuften Zeitguthaben finanziell ausgeglichen werden oder schlichtweg verfallen. Zusammenfassend kann man festhalten, dass bei der Organisation und betrieblichen Praxis von Arbeitszeitkonten kaum Benachteiligungen oder Privilegierungen bestimmter Altersgruppen feststellbar sind. Dies verweist darauf, dass die Organisation von Arbeitszeitkonten relativ unabhängig vom Alter der Beschäftigten erfolgt, für die ein Arbeitszeitkonto geführt wird. Dieser Befund kann im Fall von Arbeitszeitkonten als ein erster Anhaltspunkt für und Schritt in Richtung auf ein alternsgerechtes Arbeitszeitarrangement gedeutet werden.

II Anlage der Untersuchung

1 Problemskizze

1.1 Demografischer Wandel und alternde Belegschaften

Der demografische Wandel, die damit verbundene Bevölkerungs- und insbesondere Beschäftigtenentwicklung stellen die Betriebe absehbar vor große personal- und arbeitspolitische Herausforderungen. Wie diesen von den Betrieben begegnet wird, entscheidet in hohem Maße darüber, ob die Betriebe ihre Wettbewerbsfähigkeit dauerhaft erhalten können, und wie sich die Arbeits- und Lebensqualität insgesamt entwickeln wird. In diesem Zusammenhang sind auf die jeweilige Altersstruktur der Belegschaften und ihre künftige Entwicklung angepasste Arbeitszeitarrangements eine wichtige Stellgröße. Infolge des demografischen Wandels nehmen Bevölkerung und Erwerbspersonenpotenzial ab; zugleich werden die Menschen insgesamt wie auch die Belegschaften älter. Es wird prognostiziert, dass die Bevölkerung in Deutschland von derzeit etwa 82 Millionen Menschen bis zum Jahre 2050 auf unter 65 Millionen sinken wird (Statistisches Bundesamt, 2000). Der Bevölkerungsrückgang erfolgt zunächst nur allmählich, ab 2020 dann immer schneller und gravierender (Dostal 2006).

Gleichzeitig wird sich die Alterstruktur der Bevölkerung aufgrund geringer Geburtenraten und steigender Lebenserwartung weiter einschneidend verändern. Der Anteil älterer Menschen an der Gesamtbevölkerung wird weiterhin steigen. Es wird prognostiziert, dass im Jahre 2050 rund 40% der Bevölkerung älter als 59 Jahre alt sein wird. Das Erwerbspersonenpotenzial wird bis 2020 leicht zurückgehen oder nahezu unverändert bleiben, aber danach bis 2030 stark schrumpfen. Je nach Ausmaß der jährlichen Zuwanderungsrate wird sich das Erwerbspersonenpotenzial von derzeit rund 44 Millionen bis zum Jahre 2030 auf 37,5 Millionen verringern (vgl. Fuchs 2005; Statistisches Bundesamt 2006; Bellmann, Kistler, Wahse 2007). Das Durchschnittsalter der Belegschaften, insbesondere der Anteil der über 50-Jährigen wird schon in den nächsten Jahren stark ansteigen. Die Aufhebung der Frühverrentungsregelungen verstärkt noch den Trend, dass ältere Beschäftigte länger im Betrieb bleiben. Insbesondere die personell stark besetzte Generation der (ab 1964 geborenen) „Babyboomer" ist jetzt 44 Jahre alt und zählt in naher Zukunft zu den älteren Beschäftigten. In vielen Betrieben wird schon bis zum Jahre 2015 die Alterskohorte der bis 65-Jährigen die der 35- bis 49-Jährigen als stärkste Gruppe der Erwerbsbevölkerung ablösen. Dieser Kohortenwechsel findet vermutlich schon ab den Jahren 2015 bis 2018 statt, also schon in knapp 10 Jahren. Bereits innerhalb der letzten acht Jahre ist das durchschnittliche Rentenzugangsalter um ein Jahr auf nunmehr 63,1 Jahre (2004) angestiegen. Damit verbunden hat die Erwerbstätigkeit Älterer, insbesondere der Altersgruppe zwischen dem 56. und 62. Lebensjahr zugenommen (vgl. Richenhagen 2004; Knuth u. a. 2006). Waren im Jahr 2003 23% des Erwerbspersonenpotenzials 50 Jahre und älter, so wird der entsprechende Anteil bis zum Jahre 2020 auf 33% anwachsen (Fuchs/Dörfler 2005). Diese Verschiebung der Alterszusammensetzung der Arbeitskräfte geht hauptsächlich zu Lasten der mittleren Altersgruppe, den 30 - 49-Jährigen. Gleichzeitig werden den Betrieben weniger jüngere Arbeitskräfte zur Verfügung stehen. Von 1990 bis 2004 ist das Erwerbspersonenpotenzial der unter 30-Jährigen bereits von 13,8 auf 9,7 Millionen gesunken und wird bis zum Jahre 2050 weiter auf etwa 7 Millionen zurückgehen (Fuchs 2005, 267 f.).

1.2   Beschäftigung, Qualifikationsprofile und Humankapital

Die Erwerbsquote von Beschäftigten im Alter von 55 bis 64 Jahren beträgt nach den Daten von EUROSTAT im Jahr 2007 51,5% und liegt damit über dem Durchschnitt der Mitgliedsstaaten der Europäischen Union (EU-27) von 44,7%. Im Jahr 2005 ist jedoch die Ermittlung der Erwerbsbeteiligung durch den Mikrozensus entscheidend abgeändert worden. Seitdem bildet das Labour-Force-Konzept der Internationalen Arbeitsorganisation (ILO) die Grundlage für die Erfassung der Erwerbstätigkeit. Danach gilt eine Person ab dem 15. Lebensjahr dann als erwerbstätig, wenn diese im definierten Berichtszeitraum eine Stunde in einem bezahlten Beschäftigungsverhältnis, als Selbständige oder als mithelfende Familienangehörige gearbeitet hat. Durch dieses Ermittlungskonzept wird auf der einen Seite das Arbeitsmarktgeschehen im Bereich der geringfügigen, temporären und/oder saisonalen Beschäftigung besser abgebildet. Auf der anderen Seite steht der zeitliche Umfang der Erwerbstätigkeit nun weniger im Mittelpunkt als früher (Reinberg, Hummel 2007).

Den Daten von EUROSTAT zufolge ist die Erwerbsquote für ältere Beschäftigte in Deutschland im Zeitraum von 2001 bis 2007 um 13,6 Prozentpunkte gestiegen. Diese deutliche Steigerung ist nicht allein auf das abgeänderte Ermittlungskonzept zurückzuführen. Auf einen auch faktischen Anstieg der Erwerbsquote älterer Beschäftigter verweisen die Daten der Bundesagentur für Arbeit zur Entwicklung der sozialversicherungspflichtigen Beschäftigung: Diese ist im Zeitraum von Dezember 2005 bis Dezember 2006 insgesamt um 1,6%, bei den Beschäftigten über 50 Jahre jedoch um 4,9% angestiegen (Bundesagentur für

Arbeit 2007). Deutschland hat im internationalen Vergleich kräftig aufgeholt und die Zielmarke der Konferenz von Lissabon, der gemäß die Erwerbsbeteiligung von älteren Beschäftigten im Jahr 2010 in allen EU-Mitgliedsstaaten 50% betragen soll, im Jahr 2007 schon erreicht. Dafür sind die demographische Entwicklung, der Abbau der „passiven" Form der Arbeitsmarktpolitik, der konjunkturbedingte Anstieg der Erwerbstätigkeit, aber auch die ab 2005 vorgenommene stärkere statistische Berücksichtigung von gering qualifizierten Personen, von geringfügig Beschäftigten und von erwerbstätigen Transfergeld- und Rentenbeziehern verantwortlich.

Damit dürfte aber die Thematik der Beschäftigung Älterer nicht bedeutungslos geworden sein. Vielmehr geht es um eine Optimierung der Beschäftigung von Älteren nicht nur unter dem Gesichtspunkt der Bereitstellung von Existenz sichernden Beschäftigungsverhältnissen; auch unter dem Aspekt „Fachkräftemangel" wird der Erhalt und Erwerb von spezifischen, für die Produktion von Gütern und Dienstleistungen notwendigen Qualifikationen zunehmend als prekär angesehen. Bis zum Jahr 2020 dürfte die Unterbeschäftigung abnehmen, aber bis dahin Vollbeschäftigung noch nicht erreicht werden. Die Reduktion der Unterbeschäftigung kann aber nur dann in Beschäftigung umgesetzt werden, wenn der zukünftige Arbeitskräftebedarf auch durch entsprechende Qualifikationen gedeckt werden kann. Ansonsten droht Massenarbeitslosigkeit bei gleichzeitigem Fachkräftemangel (Schur, Zika 2007). Um dem entgegenzuwirken, ist eine Ausschöpfung der Beschäftigungsreserven insbesondere von (gut qualifizierten) älteren Beschäftigten zwingend erforderlich.

Die Betriebe operieren nach den Daten des „IAB-Betriebspanel" nach wie vor bei den Maßnahmen, welche die Arbeits- und Beschäftigungsfähigkeit von älteren Beschäftigten stabilisieren und verbessern sollen, sehr zurückhaltend: Nur knapp ein Fünftel der Betriebe praktiziert Maßnahmen der Gesundheitsprävention, die über die gesetzlichen Mindestnormen hinausgehen. Der Anteil der Betriebe, die mit einer teilweisen Übernahme der Kosten und/oder Freistellungen eine aktive Förderung der betrieblichen Weiterbildung praktiziert, ist zwar von 37% in 1997 auf 43% in 2005 gestiegen; aber der Anteil der geförderten Personen hat nur bis 2003 zugenommen und stagniert seitdem. Der Anteil der Betriebe, die Maßnahmen für ältere Beschäftigte eingeführt haben, an allen Betrieben mit über 50-jährigen Beschäftigten ist im Zeitraum von 2002 bis 2006 sogar rückläufig (Bellmann, Kistler, Wahse 2007,3).

Auch hinsichtlich der „Pflege" des Humankapitals bestehen Defizite. So bescheinigt eine Auswertung einer Befragung von 600 Personalverantwortlichen (CGC 2004) den deutschen Unternehmen insofern eine in weiten Teilen „fehlgeleitete Personalpolitik", als sie auf das Know-how älterer Mitarbeiter weitgehend verzichtet[1]. Die Betriebe verhalten sich mit Blick auf ältere Beschäftigte teilweise widersprüchlich: Einerseits werden die Tugenden und Kompetenzen von älteren Beschäftigten zunehmend hoch geschätzt, andererseits werden Ältere gleichwohl weit unterproportional eingestellt (Knuth u. a. 2006). Anhand der Daten aus „Arbeitszeit 2003" (Bauer u. a. 2004) lassen sich die Qualifikationen verschiedener Altersgruppen von abhängig Beschäftigten vergleichen. Beim Vergleich von vier Altersgruppen (18 - 29 Jahre, 30 - 39 Jahre, 40 - 54 Jahre und 55 - 65 Jahre) zeigt sich, dass die Gruppe der älteren Beschäftigten insbesondere im Dienstleistungsbereich überproportional in den höheren beruflichen Stellungen vertreten ist. Im Produzierenden Gewerbe liegen die älteren Beschäftigten bei den höheren beruflichen Positionen auf dem Niveau des Durchschnitts. Ältere Beschäftigte weisen also demzufolge zumindest im Dienstleistungsbereich höhere, durch die beruflichen Stellungen angezeigte Qualifikationen und damit auch Kompetenzen als die anderen Altersgruppen auf. Bestärkt wird dieser Befund dadurch, dass ältere Beschäftigte auch höhere Handlungsspielräume in der Erledigung ihrer Tätigkeiten haben: Sowohl bei der Einteilung der Arbeitsabläufe, bei der Bestimmung des Arbeitstempos, bei der Inanspruchnahme von Pausen als auch bei den Dispositionsspielräumen geben die älteren Beschäftigten häufiger als die anderen Altersgruppen an, dies weitgehend selbst bestimmen zu können.

Allerdings scheinen ältere Beschäftigte in Tätigkeitsbereiche, die ein hohes Maß an innovativen und kommunikativen Fähigkeiten erfordern, weniger stark als die anderen Altersgruppen eingebunden zu sein. Sofern Tätigkeiten dadurch charakterisiert sind, dass neue Verfahrensweisen entwickelt, neue Problemlösungen gefunden und/oder neue Themen eingebracht werden müssen, weisen ältere Beschäftigte geringere Zustimmungswerte als die anderen Altersgruppen auf. Dies gilt auch für Tätigkeitsfelder mit relativ hohen Ungewissheitszonen, in denen ein hohes Maß an Improvisation und an Reaktion auf unerwartete Situationen gefordert ist. Auch hierbei geben ältere Beschäftigte unterdurchschnittlich häufig an, in der Arbeit praktisch immer oder häufig improvisieren, oder „Not-

---

[1] „Dieser Mangel an Flexibilität wird wegen des demographischen Wandels in naher Zukunft verheerende Folgen nach sich ziehen: während Unternehmen in anderen Ländern ihre Personalpolitik längst an das steigende Durchschnittsalter der Bevölkerung angepasst haben, grassiert in Deutschland weiterhin der Jugendwahn. Gelingt es den Firmen nicht, ihre Rückständigkeit rechtzeitig zu überwinden, drohen katastrophale Konsequenzen für den Arbeitsmarkt. Um einen akuten Mangel an Fach- und Führungskräften im Vorfeld zu vermeiden, müssen Einstellungskriterien, die ältere Bewerber von vornherein benachteiligen, kritisch überdacht werden. Außerdem ist es geradezu grotesk, über eine Anhebung des Rentenalters und eine Verlängerung der Lebensarbeitszeit zu diskutieren, ohne gleichzeitig Grundlagen zu schaffen, die es älteren Arbeitnehmern ermöglichen, im Arbeitsprozess zu bleiben oder leichter neue Beschäftigung zu finden (CGC 2004, 12)."

fälle", bei denen schnell entschieden werden muss, bewältigen zu müssen. Diese Befunde deuten darauf hin, dass der Begriff der beruflichen Kompetenz und damit die Leistungsfähigkeit von Beschäftigten differenziert betrachtet werden und die betrieblichen Einstellungspolitiken differenziert nach den jeweiligen Tätigkeitsanforderungen untersucht werden müssen.

Die mit der Alterung von Belegschaften verbundenen Konsequenzen des drohenden Mangels an Fach- und Führungspersonal, des drohenden Verlustes von Erfahrungswissen und Kompetenzen und der erforderlichen Investitionen in die Weiterbildung hinsichtlich der innovativen und kommunikativen Tätigkeitsanforderungen werden von den Betrieben noch nicht hinreichend als Problem wahrgenommen (Bulmahn 2005, 2)[2]. Mittlerweile sind einige Initiativen und Kampagnen gestartet worden, deren zentrales Ziel ist, die Folgen des demographischen Wandels im Kontext einer alternsgerechten und Innovation fördernden Personal- und Arbeitspolitik zu bewältigen[3]. Diese Initiativen und Kampagnen zielen in der Regel auf Aufklärung und die Entwicklung von Beispielen guter Praxis, denen die Funktion eines Vorbilds zukommen soll. Betont wird in diesem Zusammenhang die Notwendigkeit eines von einer betriebsspezifischen Altersstrukturanalyse (vgl. z.B. TBS, BMBF 2005) ausgehenden vorausschauenden, umfassenden und altersgruppenübergreifenden Ansatzes, der sich von der Personalrekrutierung und dem Personaleinsatz über die Handlungsfelder des Wissensmanagements, der Kompetenzentwicklung, des Gesundheitsschutzes, der Arbeitsorganisation, der Arbeitszeitgestaltung, der Mitarbeiterbindung und Unternehmenskultur bis hin zum Übergang in die Rente erstreckt. Diese Initiativen und Kampagnen sind allesamt am Ziel des Erhalts der Arbeits- und Beschäftigungsfähigkeit über das gesamte Berufsleben sowie des Aufbaus einer wettbewerbs- und innovationsfähigen, altersgemischten Personalstruktur orientiert (Brandenburg 2006), aber noch nicht einmal ansatzweise flächendeckend ausgerichtet.

Die dargestellten Befunde lassen sich dahingehend zusammenfassen, dass die meisten Betriebe sich noch zu wenig auf die mit dem demographischen

---

[2] Eine empirische Untersuchung, ob und inwieweit die klein- und mittelständischen Unternehmen des produzierenden Gewerbes der Wirtschaftsregion Aachen im Hinblick auf ihre Personalstruktur und ihre unternehmens- und personalpolitischen Maßnahmen auf den demografischen Wandel vorbereitet sind, kommt beispielsweise zu dem Ergebnis, dass mehr als die Hälfte der Unternehmen keinen speziellen Handlungsbedarf in diesem Zusammenhang sieht (Kaven/Stemann 2005).

[3] Solche Initiativen sind beispielsweise: „Arbid" (Arbeit und Innovation im demografischen Wandel, eine Initiative des Ministeriums für Wirtschaft und Arbeit und der Sozialpartner in Nordrhein-Westfalen), „ Inqa" (Initiative Neue Qualität der Arbeit, ein Bündnis aus Sozialparnern, Sozialversicherungsträgern, Bund, Ländern, Stiftungen und Unternehmen) und die „Demografie-Initiative" des Bundesministeriums für Bildung und Forschung (2005).

Wandel verbundenen Konsequenzen des Fach- und Führungskräftemangels, des Kompetenzverlustes, der Erfordernisse einer aktiven Weiterbildungspolitik und der Etablierung von alters- und alternsgerechten Arbeitszeitarrangements einstellen. Daher steht die Optimierung der Erwerbs- und Beschäftigungsfähigkeit von älteren Beschäftigten nach wie vor auf der arbeitsmarktpolitischen Agenda, um in einem rohstoffarmen Hochlohnland wie der Bundesrepublik Deutschland das Niveau der Produktion von hochwertigen Gütern und Dienstleistungen zu halten.

1.3   Betriebliche Arbeitszeitarrangements

Betriebliche Arbeitszeitarrangements haben in diesem Zusammenhang in mehrfacher Hinsicht große Bedeutung: a) als eine spezifische arbeitspolitische Gestaltungsdimension, wie dies beispielsweise aktuell unter dem Stichwort „demografische Arbeitszeit" beziehungsweise Flexibilisierung der Lebensarbeitszeit diskutiert wird; b) mit Blick auf Arbeitszeitkonten-Regelungen, um Zeitpuffer für Weiterbildung, Gesundheitsförderung und eine bessere Vereinbarkeit von beruflichen und außerberuflichen Anforderungen zu schaffen; c) wegen der vielfältigen Wechselbeziehungen und funktionalen Überschneidungen mit Fragen der Arbeitsorganisation, des Arbeits- und Gesundheitsschutzes, der Kompetenzentwicklung, der Vereinbarkeit von Arbeits- und Lebenswelt, der Mitarbeitereinbindung und Unternehmenskultur[4]. Die Arbeitszeitberatung Hoff/Weidinger (Hoff 2006) geht davon aus, dass der zukünftig spätere Übergang in den Ruhestand erhebliche Auswirkungen auf die Gestaltung der betrieblichen Arbeitszeitsysteme haben wird; denn diese müssen stärker als in der Vergangenheit auf den Erhalt des Leistungsvermögens von (wahrscheinlich) unterschiedlich leistungsstarken Beschäftigten ausgelegt werden. Flexible Arbeitszeitsysteme bieten Hoff/Weidinger zufolge gute Gestaltungsmöglichkeiten: etwa die eigenverantwortliche Arbeitszeitgestaltung im Team im Rahmen von Personaleinsatzplanung und die weitgehende Selbstbestimmung von Arbeitsrhythmus und -tempo, wie dies idealtypisch auch schon bei Arbeitszeitkontenmodellen mit Selbsterfassung der Arbeitszeit und Vertrauensarbeitszeit möglich ist. Zunehmend werden darüber hinaus auch „belastungsdifferenzierte" Schichtsysteme an Bedeutung gewinnen.

Die Daten aus „Arbeitszeit 2003" weisen in eine ähnliche Richtung. Die älteren Beschäftigten (55-65 Jahre) sind häufiger in einer Teilzeitbeschäftigung, was insbesondere für die älteren weiblichen Beschäftigten gilt, und haben von daher die geringsten vertraglichen und tatsächlichen Wochenarbeitszeiten; wei-

---

[4] In der gerontologischen Forschung wird in diesem Zusammenhang vor dem Hintergrund der Erfahrungen mit der Altersteilzeit für den Einsatz altersunspezifischer Arbeitszeitmodelle plädiert (vgl. Behrens u. a. 1999).

sen aber bei fast allen Merkmalen gesundheitlicher Beschwerden (Rücken-schmerzen, Magenschmerzen, Herz-, Kreislaufprobleme, Nervosität, psychische Erschöpfung und Schlafstörungen) von allen Altersgruppen die höchsten Werte auf. Ältere Beschäftigte sind auch weniger häufig als die anderen Altersgruppen in Schicht- und Nachtarbeit, in Samstagsarbeit, in Sonntagsarbeit und in Arbeits-zeitkontenmodellen tätig. Dies war solange kein gravierendes Problem, wie für ältere Beschäftigte andere, weniger belastende Arbeitsplätze außerhalb von Schicht- und Nachtarbeit, aber auch außerhalb der mit dieser Arbeitszeitform teilweise verbundenen Samstags- und/oder Sonntagsarbeit bereitgestellt werden konnten. Die Befunde unserer Betriebszeitstudien von 2001 (Bauer u. a. 2002), 2003 (Bauer u. a. 2005) und 2005 (Groß, Schwarz 2007) zeigen jedoch, dass die Betriebszeiten kontinuierlich und damit auch Schicht- und Nachtarbeit, die damit vergleichbare Arbeitszeitform der versetzten Arbeitszeiten und die für die Siche-rung der Betriebszeitflexibilität wichtige Arbeitszeitform der Arbeitszeitkonten zunehmen. Nicht nur ist die Dauer der Betriebszeiten angewachsen, sondern auch deren Flexibilität gesteigert worden. Über die Hälfte der Betriebe musste in 2005 Schwankungen bewältigen, häufige Änderungen der Schichtarbeit und/oder häufige Variationen der versetzten Arbeitszeiten realisieren, um dem Globalisie-rungsdruck standhalten und die Wettbewerbsfähigkeit sichern zu können (Groß, Schwarz 2007). Diese Befunde verweisen darauf, dass die Steigerung der Dauer und der Flexibilität der Betriebszeiten heute den Betrieb als ganzen durchzieht und zunehmend immer weniger Arbeitsplätze zur Verfügung stehen werden, an denen gearbeitet werden kann, ohne in Schicht-, Nacht-, Samstags- und Sonn-tagsarbeit sowie in Arbeitszeitkontenmodelle eingebunden zu sein. Dies bedeu-tet, dass vor allem für die älteren Beschäftigten eine die Belastungen und ge-sundheitlichen Beanspruchungen minimierende Ausübung der Tätigkeit inner-halb und nicht außerhalb der genannten belastenden Arbeitszeitformen gefunden werden muss.

Um zu ermitteln, welche altersspezifischen und/oder altersübergreifenden Arbeitszeitarrangements die Betriebe etabliert haben, sind arbeits- und betriebs-zeitbezogene Fragen systematisch mit Fragen der betrieblichen, auf die jeweili-gen Arbeitszeitformen bezogenen Altersstrukturen, mit Fragen der Arbeitsorga-nisation und mit Fragen einer gesellschaftlich und beschäftigungspolitisch ver-antwortlichen Personal- und Sozialpolitik zu verknüpfen. Bislang liegen hierzu keine repräsentativen und flächendeckenden, alle Betriebsgrößenklassen und alle Wirtschaftszweige einbeziehenden Untersuchungen und Befunde vor.

1.4   Gesellschaftliche Verantwortung

Das Thema der gesellschaftlichen Verantwortung von Unternehmen hat Kon-junktur und wird gerade auch im Zusammenhang mit der aktuellen Wirtschaftskrise breit diskutiert. Die Europäische Kommission hat schon vor mehreren Jahren eine wichtige Schrittmacherrolle bei der Umsetzungsunterstützung gesellschaftlicher Verantwortung von Unternehmen übernommen. Die EU-Kommission definiert CSR als „ein Konzept, das den Unternehmen als Grundlage dient, auf freiwilliger Basis soziale Belange und Umweltbelange in ihre Unternehmenstätigkeit und in die Wechselbeziehung mit den Stakeholdern zu integrieren" (Europäische Kommission 2001: 8), „da sie zunehmend erkennen, dass verantwortliches Verhalten zu nachhaltigem Unternehmenserfolg führt. Die Unternehmen sehen ihr freiwilliges Engagement als Zukunftsinvestition, die letztlich auch dazu beitragen soll, ihre Ertragskraft zu steigern" (EU-Kommission 2001, 4). Mit dem Grünbuch „Europäische Rahmenbedingungen für die soziale Verantwortung der Unternehmen" (Europäische Kommission 2001) wurden die Grundsteine für die Umsetzung dieses Konzepts gelegt. Diese bestehen im Wesentlichen darin,

- gesellschaftliche Verantwortung in alle Bereiche eines Unternehmens auf der Grundlage einer entsprechend ausgerichteten Unternehmensphilosophie zu integrieren;
- alle relevanten Interessensgruppen bei der Planung und Durchführung des Konzepts der gesellschaftlichen Verantwortung einzubeziehen und zu beteiligen;
- Maßnahmen zu etablieren, die auf freiwilliger Basis über gesetzliche Anforderungen hinausgehen;
- von staatlicher Seite Rahmenbedingungen beispielsweise für eine CSR-Berichterstattung festzulegen[5];
- den Belegschaften und ihren Interessenvertretungen eine zentrale Rolle bei der Einführung von CSR-Konzepten zukommen zu lassen;
- kleine und mittlere Betriebe/Unternehmen einzubinden.

Die Generaldirektion Beschäftigung und Soziales der EU-Kommission versteht CSR als integralen Bestandteil der Lissabon-Strategie für Wachstum und Beschäftigung (vgl. Spida 2006) und unterscheidet zwischen der unternehmensinternen und der -externen, auf das gesellschaftliche Umfeld gerichteten Dimension der sozialen Verantwortung von Unternehmen. Im Zentrum der internen Dimension sozialverantwortlicher Unternehmensführung stehen „in erster Linie die Arbeitnehmer" beziehungsweise ein nachhaltiges Humanressourcenmanagement und damit zugleich auch ein zentrales Thema dieser Untersuchung: die Beschäftigungsfähigkeit von älteren Arbeitnehmern und eine alters- und altersgerechte

---

[5] Dies wird allerdings kontrovers diskutiert. Eine CSR-Berichterstattung wird von der Mehrheit der Unternehmen befürwortet, staatliche Auflagen werden hingegen abgelehnt (Bertelsmann – Stiftung 2005; CCCD 2007).

Gestaltung der Arbeit und Arbeitszeitarrangements. Die mit der Diskussion um die gesellschaftliche Verantwortung von Unternehmen aufgeworfene Gestaltungs- und Untersuchungsperspektive fragt nach dem vorhandenen Potenzial und den konkreten Ansatzpunkten für ein gleichermaßen an Wettbewerbs- und Innovationsfähigkeit wie an sozialer Verantwortung orientiertes Humanressource-Management.[6]

In den bislang vorliegenden Untersuchungen und Veröffentlichungen findet sich wenig über die Voraussetzungen, die konkrete Umsetzung und die Evaluation von unterschiedlichen Engagementformen. „Die empirische Datenbasis (...) ist klar unterbelichtet und baut in zu vielen Fällen auf (unsystematischen) Schilderungen von Praxiserfahrungen auf" (Wirtschaftspsychologie 1/2007, 3). Inwieweit CSR-Aktivitäten zur erfolgreichen Unternehmensentwicklung beitragen, ist eine bislang „ungelöste Frage für Forschung und betriebliche Anwendung" (Jasch 2007, 202). Untersuchungsdesign, Methoden, Fragestellungen und damit die Befunde der vorliegenden empirischen Untersuchungen zum gesellschaftlichen Engagement von Unternehmen sind höchst heterogen und damit nur sehr eingeschränkt vergleichbar. Empirisch völlig ungeklärt ist, wie es um die konkrete unternehmensstrategische, arbeitspolitische und organisatorische Einbindung und Umsetzung des unternehmerischen Engagements für gesellschaftliche Belange beschaffen ist. Auch bleibt offen, ob und inwieweit die gesellschaftliche Verantwortung von Unternehmen unternehmensintern und arbeitsmarktbezogen mit tatsächlich praktizierten Ansätzen eines nachhaltigen und vorausschauenden Umgangs mit Humanressourcen korrespondiert. Vor diesem Hintergrund war es ein zentrales Untersuchungsziel dieser bundesweit repräsentativen Betriebsbefragung, die unternehmensstrategische, arbeits- und beschäftigungspolitische Relevanz der gesellschaftlichen Verantwortung von Betrieben flächendeckend – für alle Wirtschaftszweige und Betriebsgrößenklassen – zu ermitteln und erstmals empirisch zu erheben, wie sich eine personal- und sozialpolitisch verant-

---

[6] „Die ökonomischen Herausforderungen werden wir nur bestehen, wenn wir soziale Ausgewogenheit und soziale Verantwortung nicht außer Acht lassen. Wirtschaftliche Vernunft und soziale Gerechtigkeit gehören zusammen. Wir werden das eine nicht ohne das andere bekommen. Nur wenn wir die Menschen mitnehmen, wenn wir ihnen die Chance bieten, durch Arbeit ihre Existenz zu sichern – nur dann entwickeln wir Wachstum und Zukunftsperspektiven für den Standort Nordrhein-Westfalen" – so NRW-Arbeitsminister Laumann in seiner Rede auf der Fachtagung „Moderne Arbeit – Wettbewerbsfähige Betriebe" am 27. April 2006 in Bochum (Laumann 2006, 5).

wortliche Unternehmensführung auf eine alters- und alternsgerechte Arbeitszeitgestaltung auswirkt.

2 Untersuchungsdimensionen und Fragestellungen

Für die kontinuierliche Berichterstattung über die Entwicklung von Arbeits- und
Betriebszeiten ist kennzeichnend, dass in jeder Untersuchung ein Kernbestand
von Fragestellungen mit neuen Fragemodulen kombiniert wird. Dieses „Prinzip"
gilt auch für die hier geplante Untersuchung. Mit dem Kernbestand von (immer
wiederkehrenden) Fragestellungen wird Vergleichbarkeit in der Zeit gesichert.
Mit den neuen Fragemodulen werden aktuelle Entwicklungen berücksichtigt.
Dadurch kann Kontinuitäts- und Aktualitätserfordernissen gleichermaßen Rech-
nung getragen werden. Zum Kernbestand der Fragestellungen gehören die Anzahl der Beschäftigten, der Wirtschaftszweig[7], die Organisationsform des jeweiligen Betriebes, die Differenzierung nach Betrieb und Unternehmen, die Tarifbindung, die Existenz eines Betriebs- oder Personalrats, die Beschäftigungsentwicklung in den letzten fünf Jahren, die Einschätzung des wirtschaftlichen Erfol-
ges in den letzten zwei Jahren, die Dauer und Flexibilität der Betriebszeiten und
die verschiedenen Arbeitszeitformen.

Für die neuen Fragemodule ist die Ermittlung der betrieblichen Altersstrukturen eine zentrale Voraussetzung. Auf ihrer Grundlage können altersübergrei-
fende und altersspezifische Arbeitszeitarrangements sowie die diese prägenden
betrieblichen Strategien erst erfasst werden. Da diese Untersuchung, wie weiter
unten erläutert wird, als repräsentative Betriebsbefragung angelegt wird, empfiehlt sich eine Differenzierung nach drei Altersgruppen (16-29 Jahre, 30-49
Jahre, 50-65 Jahre). Eine weitergehende Differenzierung würde den Beantwor-
tungsaufwand überstrapazieren und damit wahrscheinlich die Rücklaufquote
senken. Eine flächendeckende, alle Betriebsgrößenklassen und alle Wirtschaftszweige umfassende Altersstrukturanalyse liegt bislang nicht vor.

Auf der Grundlage der Analyse der betrieblichen Altersstruktur werden
dann die verschiedenen Arbeitszeitarrangements in Bezug auf unterschiedliche
Altersgruppen ermittelt. Für die Arbeitszeitformen von Vollzeit- und Teilzeitbeschäftigung, Samstags- und Sonntagsarbeit, Schichtarbeit, versetzte Arbeitszeiten und Arbeitszeitkonten wird die Verteilung der in diesen Arbeitszeitformen
jeweils tätigen Beschäftigten auf die oben genannten drei Altersgruppen ermit-

---

[7] In der Betriebsdatei der Bundesagentur für Arbeit sind neben der Betriebsadresse Informationen
zur Zahl der sozialversicherungspflichtigen Beschäftigten und zum Wirtschaftszweig, dem der
Betrieb angehört, enthalten.

telt. Auch eine derartige auf Arbeitszeitformen bezogene Altersstrukturanalyse liegt flächendeckend bislang nicht vor.

Die betrieblichen Strategien des Personaleinsatzes, der Personalrekrutierung, generell der Arbeitspolitik sowie der Bewältigung von konjunkturellen und/oder saisonalen Schwankungen des Arbeitsanfalls sind, wie in Ansätzen schon in unserer letzten Betriebsbefragung (Groß/Schwarz 2007) dargelegt wurde, prägende Faktoren für die Arbeitszeitgestaltung, die Arbeitsorganisation und die relevanten Qualifikationsmerkmale. Daher sind diese betrieblichen Strategien zu ermitteln. Dabei wollen wir uns auf die Dimensionen der Arbeitszeitgestaltung, der Arbeitsorganisation/des Personaleinsatzes und der betrieblichen Qualifikationsmerkmale konzentrieren. Diese Dimensionen sollen jeweils noch einmal nach Altersgruppen unterschieden werden.

Arbeitsorganisation, Ausgestaltung der betrieblichen Beteiligungsprozesse und betriebliche Personal- und Sozialpolitik sind relevante Dimensionen der betrieblichen Strategien des Erhalts der Wettbewerbsfähigkeit wie der Sicherung des Humankapitals. Diese Aspekte ermitteln wir im Kontext der Fragen zur gesellschaftlichen/beschäftigungspolitischen Verantwortung der Betriebe. In diesem Kontext wollen wir darüber hinaus erfassen, auf welche Gegenstandsbereiche sich die gesellschaftliche Verantwortung der Betriebe bezieht. Ist diese, holzschnittartig formuliert, eher auf die Stabilisierung und Fortbildung des Humankapitals bezogen oder erschöpft sie sich in Sponsoring, Geld- und Sachspenden? Ist die gesellschaftliche Verantwortung Teil eines Managementkonzepts? Ist sie schriftlich niedergelegt? Ist für ihre Umsetzung eine besondere Zuständigkeit eingerichtet worden? Werden für die CSR-Konzepte finanzielle oder andere Ressourcen bereitgestellt?

3   Methodisches Untersuchungsdesign

3.1   Untersuchungseinheit, Stichprobenkonstruktion, Erhebungsarbeiten

Bei der Entwicklung eines Untersuchungsdesigns können wir uns auf die methodologischen Konzeptionen und Erfahrungen der themenverwandten „Vorgängeruntersuchungen" stützen (Groß, Stille, Thoben 1991; Bauer u. a. 1998; Bauer u. a. 2002; Delsen u. a. 2007; Groß, Schwarz 2007). Die flächendeckende Ermittlung der Dauer und Flexibilität der Betriebszeiten, der diese konstituierenden Arbeitszeitformen, von betrieblichen Altersstrukturen, altersspezifischen Arbeitszeitarrangement sowie gesellschaftlicher/beschäftigungspolitischer Verantwortung der Betriebe muss unter methodischen Aspekten als Betriebsbefragung konzipiert werden; denn zur Erfassung der genannten Aspekte müssen viele Informationen abgefragt werden, die größtenteils nur aus der Perspektive von

Betrieben beantwortet werden können[8]. Für jede (quantifizierende, auf statistische Analysen ausgerichtete) Befragung ist es notwendig, die Untersuchungseinheit genau zu definieren. In Untersuchungen, in denen Individuen befragt werden, ist dies in der Regel kein Problem. Schwieriger ist dies jedoch bei Untersuchungen, in denen die zu befragende Einheit aus mehr als einem Individuum besteht und ein soziales Gebilde ist. Dies ist bei Haushaltsbefragungen, vor allem aber bei einer Betriebsbefragung, die als Erhebungsinstrument für diese Untersuchung infrage kommt, der Fall.

Bei Betriebsbefragungen kann zwischen zwei Typen der Untersuchungseinheit unterschieden werden: Betriebe/Unternehmen können als lokale oder juristische Einheit der Leistungserstellung angesehen werden (Millward, Bryson, Forth 2000, 237). Die Wahl der Untersuchungseinheit hängt von den Untersuchungszielen ab. Sofern betriebliche Praktiken ermittelt werden sollen, ist der Betrieb die natürliche Untersuchungseinheit; sofern jedoch die Strategien und Strukturen erfasst werden sollen, die Politik und Praxis in den Unternehmen und den Tochterfirmen prägen, ist das Unternehmen als Untersuchungseinheit zu wählen (Millward, Marginson, Callus 1998, 140). Da diese Untersuchung darauf abzielt, betriebliche Praktiken – das betriebliche Arbeits- und Betriebszeitmanagement, betriebliche Altersstrukturen und den betrieblichen Umgang mit gesellschaftlicher Verantwortung – zu ermitteln, ist es sinnvoll, den Betrieb als lokale Einheit der Leistungserstellung als Untersuchungseinheit zu bestimmen – zumal die Untersuchung flächendeckend alle Wirtschaftszweige und alle Betriebsgrößenklassen einbeziehen soll[9].

Zur Sicherung der Repräsentativität der Untersuchung ist der Zugang zu einem aktuellen und vollständigen Adressverzeichnis der Betriebe eine wichtige Voraussetzung. (Millward, Marginson, Callus 1998, 141). Auf Antrag und mit Genehmigung des Bundeswirtschaftsministeriums können wir für diese Untersuchung mit der Betriebsdatei der Bundesagentur für Arbeit das in der Bundesrepublik Deutschland erreichbar aktuellste und vollständigste Verzeichnis von Betrieben mit mindestens einem sozialversicherungspflichtigen Beschäftigten nutzen. Bei der Konstruktion der Stichprobe haben wir uns zur Sicherung auswertbarer Fallzahlen bei den größeren Betrieben für eine geschichtete Stichprobe entschieden. Die Kriterien der Schichtung waren die Betriebsgröße und die Wirt-

---

[8] Das „Überblickswissen" der bei Betriebsbefragungen in der Regel antwortenden Personalmanager ist in diesem Zusammenhang eine durch keine andere Quelle nicht oder nur sehr unzureichend zu ersetzende Informationsquelle.

[9] Die Differenz von Betrieb und Unternehmen wird durch diese Definition der Untersuchungseinheit nicht vernachlässigt; sondern durch entsprechende Nachfragen wird ermittelt, ob die Betriebe eigenständig oder Teil eines Unternehmens sind.

schaftsbereiche[10]. Die Schichtung der Stichprobe erfolgte nach vier Betriebsgrößenklassen (a) 1- 19, b) 20-249, c) 250-499, d) 500 und mehr) und zwei Wirtschaftsbereichen (Produzierendes Gewerbe und Dienstleistungsbereich). Auf diese 8-Felder-Matrix wurden die für die Bruttostichprobe ausgewählten 9.500 Betriebe wie folgt verteilt: 1. Betriebsgrößenklasse (1-19 Beschäftigte): Produzierendes Gewerbe 1.500 Betriebe, Dienstleistungsbereich 2.500 Betriebe; 2. Betriebsgrößenklasse (20-249 Beschäftigte: Produzierendes Gewerbe 1.000 Betriebe, Dienstleistungsbereich 1.000 Betriebe; 3. Betriebsgrößenklasse (250-499 Beschäftigte): Produzierendes Gewerbe 500 Betriebe, Dienstleistungsbereich 1.000 Betriebe; 4. Betriebsgrößenklasse: Produzierendes Gewerbe 500 Betriebe, Dienstleistungsbereich 1.500 Betriebe.

Die Betriebsbefragung wird als schriftliche Befragung angelegt, um den befragten Betrieben genügend Zeit für die Recherche zur Beantwortung von Faktenfragen einzuräumen, die spontan, wie das bei mündlichen oder telefonischen Befragungen vorausgesetzt ist, nur unpräzise oder gar nicht beantwortet werden könnten. Die Fragebögen wurden an die Betriebe der Bruttostichprobe mit einem Anschreiben versandt, in dem die wesentlichen Untersuchungsziele und die Relevanz der Studie für Wissenschaft und Praxis dargestellt waren. Um eine möglichst hohe Rücklaufquote sicherzustellen, wurden die Betriebe, die auf den Erstversand der Fragebögen nicht geantwortet hatten, einmal an die Beantwortung der Fragebögen erinnert. Während der gesamten Erhebungsphase war eine telefonische „Hotline" eingerichtet, über die sich die befragten Betriebe Informationen zum Projekt und Rat einholen konnten, sofern beim Ausfüllen der Fragebögen Unsicherheiten oder Probleme auftauchten[11].

Die Erhebungsphase dauerte von Mitte September 2007 bis Dezember 2007. Bei den angeschriebenen 9.500 Betrieben waren 400 Adressen nicht zustellbar, weil der Betrieb seinen Standort gewechselt hatte oder in Insolvenz gegangen war. Von den 9.100 Betrieben haben 1.834 Betriebe den Fragebogen beantwortet, was einer Rücklaufquote von 20,2% entspricht (Übersicht 1). Diese kann angesichts der bei freiwilligen schriftlichen Betriebsbefragungen in der Regel niedrigeren Rücklaufquoten als überaus erfolgreich angesehen werden.

---

[10] 90% der Betriebe in Deutschland fallen in die Betriebsgrößenklasse 1 bis 19 Beschäftigte, 9% gehören der Betriebsgrößenklasse 20 – 199 Beschäftigte an und 1% der Betriebe zählt zu den Großbetrieben mit 200 und mehr Beschäftigten. Allein diese betriebsproportionale Verteilung der Betriebe auf die drei Betriebsgrößenklassen zeigt schon, dass in der Stichprobe insbesondere die Großbetriebe, in denen rund 30% der Beschäftigten tätig sind, überproportional berücksichtigt werden müssen, um für diese analysefähige Fallzahlen zu erzielen.

[11] Von diesem Angebot machten während der Erhebungsphase rund 700 Betriebe Gebrauch.

Tabelle 1: Bruttostichprobe, Nettostichprobe, Rücklaufquote

	Brutto-Stichprobe	Bereinigte Brutto-Stichprobe	Netto-Stichprobe	Rück-laufquote
Produzierendes Gewerbe				
1-19	1.500	1.150	85	7,4
20-249	1.000	990	242	24,4
250-499	500	500	72	14,4
500+	500	500	104	20,8
insgesamt	3.500	3.140	503	16,0
Dienstleistungs-bereich				
1-19	2.500	2.480	706	28,5
20-249	1.000	980	283	28,9
250-499	1.000	1.000	96	9,6
500+	1.500	1.500	246	16,4
insgesamt	6.000	5.960	1.331	22,3

Bei der Bereinigung von inkonsistenten Angaben im Datensatz wurde im Wesentlichen von folgenden „Grundsätzen" ausgegangen:

▪ Inkonsistente Angaben lassen sich am zuverlässigsten durch „Fall-für-Fall-Rekonstruktionen" bereinigen. Wir haben uns dabei auf die Fragen konzentriert, die Informationen zu den betrieblichen Altersstrukturen enthielten und für die Berechnung der Betriebszeiten wichtig waren. Bei den anderen Fragen haben wir inkonsistente Angaben dann wie „fehlende Werte" behandelt, wenn damit nicht zu hohe Ausfälle bei den einzelnen Fragen verbunden waren.

▪ Die meisten Inkonsistenzen ergaben sich bei den Angaben zu der Anzahl der Beschäftigten insgesamt im Vergleich mit den Angaben zu den Beschäftigten in den verschiedenen Arbeitszeitformen sowie bei den prozentual abgefragten Altersstrukturen.

- Es galt darüber hinaus der Grundsatz, die Filter im Fragebogen nicht rigoros durchzusetzen, sondern in den Fällen, in denen die Filter nicht beachtet worden waren, weil die Befragten für sie wertvolle Informationen trotz Filter „unterbringen" wollten, diese Informationen so weit wie möglich zu retten.

3.2   Berechnung der Betriebszeiten

Bei der Berechnung der Betriebszeiten besteht ein zentrales Problem in der Gewichtung. Betriebe, die zwar gleiche Betriebszeiten, aber beispielsweise unterschiedliche Beschäftigtenzahlen oder unterschiedliche Kosten für die Arbeitsplätze aufweisen, können nicht mit dem gleichen Gewicht in die Durchschnittsberechnung der Betriebszeit einer Branche oder einer Region eingehen. Die Dauer der Betriebszeit verweist auf die Dauer des Kapitaleinsatzes oder der Kapitalnutzung. Demnach kommen als Gewichtungsfaktoren im Idealfall solche in Frage, welche die Kapitalnutzung direkt indizieren. In der empirischen Forschung sind jedoch solche „Kapitalwerte", die starke Indikatoren für die Kapitalnutzung darstellen, schwer zu ermitteln (Anxo 2002, 183). Daher bietet sich zunächst als Hilfskonstruktion an, die Betriebszeiten dadurch zu berechnen, dass man die Betriebe direkt nach ihren Betriebszeiten befragt. Dieses Verfahren beinhaltet jedoch das kaum lösbare Problem, dass in den Fällen, in denen ein Betrieb aus mehreren Abteilungen mit jeweils unterschiedlichen Betriebszeiten besteht und nach den Betriebszeiten des gesamten Betriebes gefragt wird, nicht überprüfbar nachvollziehbar ist, welche Gewichtungsfaktoren von den Befragten verwendet wurden. Diese bleiben letztlich im Dunkeln (vgl. Bauer u.a. 1994).

Angesichts dieser Probleme wurde die Methode der indirekten Betriebszeitmessung entwickelt (Bosworth, Cette 1995; Foss 1997). Die praktische Schwierigkeit, empirisch die geeigneten „Kapitalwerte" als Gewichtungsfaktoren zu erfassen, führte zur Suche nach für „Kapitalwerte" komplementären Faktoren, die stellvertretend für diese als Gewichtungsfaktoren bei der Berechnung der Betriebszeiten fungieren können. Als solche „Stellvertreter" wurden die Arbeitsstunden angesehen, die aufgewendet werden müssen, um das eingesetzte Kapital produktiv zu nutzen. Dabei wurde unterstellt, dass die Arbeitsplätze, die einen hohen Kapitaleinsatz erfordern, mehr Stunden am Tag/in der Woche/im Jahr genutzt werden als die Arbeitsplätze, für die ein weniger hoher Kapitaleinsatz erforderlich ist. Als Indikator für unterschiedlichen Kapitaleinsatz wurde die Differenz zwischen einschichtigen und mehrschichtigen Besetzungen der Arbeitsplätze angesehen, so dass diese Differenz auch als Gewichtungsfaktor genutzt werden konnte. Man konnte nun die unterschiedlichen Längen der unterschiedlichen Schichtsysteme mit der Anzahl der Beschäftigten („Beschäftigtenmodell"), die in den jeweiligen Schichtsystemen tätig sind, oder mit der Anzahl der Arbeitsplätze („Arbeitsplatzmodell"), an denen in den jeweiligen Schichtsystemen Beschäftigte arbeiten, gewichten, um zu einem gewichteten Durchschnitt der Betriebszeit eines Betriebes zu gelangen. Mit diesem Verfahren lassen sich dann auch problemlos Durchschnitte für höhere Aggregate (Branche, Wirtschaft insgesamt) berechnen[12]. Die Betriebe sind in der Lage, die Betriebszeiten nicht nur mit der Einführung von Zwei- oder- Mehr-Schichtsystemen, sondern auch mithilfe von versetzten Arbeitszeiten und Überstunden auszuweiten. Daraus folgt, dass auch versetzte Arbeitszeiten und effektive Arbeitszeiten (vertragliche Arbeitszeiten plus Überstunden) zu den betriebszeitkonstitutiven Arbeitszeitformen zu rechnen sind und in die Berechnung der Betriebszeiten miteinbezogen werden müssen[13]. Wir haben einen Fragebogen konstruiert, der sowohl die direkte als auch die indirekte Betriebszeitberechnung erlaubt. Der Fragebogen ist primär so angelegt, dass die Betriebzeiten nach dem „Beschäftigtenmodell" berechnet werden. [14].

Für die Berechnung der Betriebszeiten nach dem „Beschäftigtenmodell" werden drei Arbeitszeitmuster angenommen, die für Betriebszeiten konstitutiv sind:

a)   die effektiven Arbeitszeiten der Beschäftigten, die weder in Schicht noch in versetzten Arbeitszeiten tätig sind;
b)   die effektive Dauer von versetzten Arbeitszeiten;
c)   die effektive Dauer von Schichtarbeit.

Die einzelnen betriebszeitkonstitutiven Arbeitszeitformen müssen mit der Anzahl der Beschäftigten, die jeweils in diesen tätig sind, gewichtet werden, um einen gewichteten Durchschnitt der Betriebszeit eines Betriebes berechnen zu können. Daher muss sichergestellt werden, dass die Zuordnung der einzelnen Beschäftigten zu den einzelnen betriebszeitkonstitutiven Arbeitszeitformen sich nicht überlappt. Das heißt, jeder Beschäftigte kann nur einer betriebszeitkonstitutiven Arbeitszeitform angehören. Mit diesem Verfahren können also nicht nur beschäftigtengewichtete Durchschnitte der Betriebszeiten eines Betriebes, son-

---

[12]   Bei dem „Arbeitsplatzmodell" werden die Arbeitsplätze berechnet, indem die Anzahl der Beschäftigten in den Schichtsystemen durch die Anzahl der Schichten dividiert wird.

[13]   Bei diesem Verfahren wird eine Proportionalität zwischen Arbeitsstunden und Kapitaleinsatz unterstellt. Damit können nicht die Fälle berücksichtigt werden, in denen die Beschäftigten am Arbeitsplatz sind, aber die Produktion und/oder die Maschinen still stehen (wegen Produktionsunterbrechungen, Pausen etc.). Auch können nicht die Fälle berücksichtigt werden, in denen automatisierte Maschinen mit nur wenigen oder gar keinen Beschäftigten, also mit unterproportionalem Beschäftigten- und damit Arbeitsstundeneinsatz in Gang sind (Anxo 2002,184). Diese Fälle sind aber von der Häufigkeit ihres Auftretens her eher als marginal einzustufen.

[14]   Eine Berechnung der Betriebszeiten nach dem „Arbeitsplatzmodell" ist unter genau zu spezifizierenden Bedingungen gleichfalls möglich.

dern auch solche einer Branche oder einer nationalen Wirtschaft insgesamt berechnet werden.

Das Adjektiv „effektiv" verweist auf die Berücksichtigung der Überstunden
in der Berechnung der Betriebszeiten. Überstunden, die für die Ausweitung der
Betriebszeiten genutzt werden, müssen in die Berechnung der Betriebszeiten
aufgenommen werden[15]. Daher haben wir die angegebene Gesamtzahl der in
einem Betrieb geleisteten wöchentlichen Überstunden durch die Anzahl der
Beschäftigten dividiert und diese Wochenstunden zu den jeweiligen wöchentlichen Dauern der drei betriebszeitkonstitutiven Arbeitszeitformen addiert, sofern
damit nicht die maximale tägliche Dauer von 24 Stunden überschritten wurde[16].
Um die Verfahren der direkten und indirekten Betriebszeitberechnung zu veranschaulichen und zu präzisieren, werden im Folgenden die Berechnungsformeln
dargestellt. Aus Gründen der Vereinfachung werden in diesen Berechnungsformeln alle Berechnungsschritte, insbesondere die Bildungen der gewichteten
Durchschnitte nur anhand der Betriebe a und b präsentiert. Diese Formeln können problemlos auf die Durchschnittsbildungen der Betriebe a bis n angewendet
werden.

Formel für die Berechnung der direkt ermittelten Betriebszeiten

(wBZa*Ba+ wBZb*Bb)/Ba+Bb

wBZa   wöchentliche Betriebszeit von Betrieb a

Ba   Beschäftigte von Betrieb a

wBZb   wöchentliche Betriebszeit von Betrieb b

Bb   Beschäftigte von Betrieb b

Formel für die indirekte Messung der Betriebszeiten (nach dem
„Beschäftigtenmodell")

---

[15] Würde man dies nicht tun, so würde man beispielsweise das Betriebszeitmanagement von Kleinst-
und Kleinbetrieben, die Betriebszeitausweitungen überwiegend nur mit Überstundenarbeit durchführen können, stark unterschätzen.

[16] Wir haben also die wöchentlichen Überstunden pro Beschäftigten zu den vertraglichen Wochenarbeitszeiten der Beschäftigten addiert, die weder in Schicht noch in versetzten Arbeitszeiten tätig
sind. Analog sind wir bei versetzten Arbeitszeiten verfahren. Hier haben wir die wöchentlichen
Überstunden pro Beschäftigten zur wöchentlichen Dauer der versetzten Arbeitszeiten addiert, sofern damit 24 Stunden am Tag nicht überschritten wurden. Bei Schichtarbeit haben wir die wöchentlichen Überstunden nur zur wöchentlichen Dauer der sonstigen Schichtsysteme addiert, sofern damit nicht 24 Stunden am Tag überschritten wurden. Dagegen haben wir
bei den kontinuierlichen und semi-kontinuierlichen Schichtsystemen, die zwingend 24 Stunden
am Tag „laufen" und von daher unter der Voraussetzung, dass die Schichtbesetzungen nicht aus-
gedünnt sind, keine Möglichkeiten für Überstundenarbeit bieten, auf die Addition der wöchentlichen Überstunden pro Beschäftigten verzichtet.

Die Betriebszeiten werden nach den folgenden, sukzessiv aufeinander aufbauenden Schritten berechnet:

(a) Zuordnung der Beschäftigten zu den drei betriebszeitkonstitutiven Arbeitszeitformen in Betrieb a:

$Bins = Beff + Bschicht + Bvaz$

Bins   alle Beschäftigten von Betrieb a

Beff   alle Beschäftigten von Betrieb a, wie weder in Schichtarbeit noch in versetzten Arbeitszeiten tätig sind

Bschicht   alle Beschäftigten in Schichtarbeit in Betrieb a

Bvaz   alle Beschäftigten in versetzten Arbeitszeiten in Betrieb a

(b) Berechnung der durchschnittlichen wöchentlichen Arbeitszeiten der Beschäftigten von Betrieb a, die weder in Schichtarbeit noch in versetzten Arbeitszeiten tätig sind:

$WAZa = (WAZvz*VZq + 17*TZq)/100$

WAZa   beschäftigtengewichteter Durchschnitt der wöchentlichen Arbeitszeiten der Beschäftigten in Betrieb a

WAZvz   vertragliche Wochenarbeitszeit von Vollzeitbeschäftigten

VZq   Quote der Vollzeitbeschäftigten

17   durchschnittliche vertragliche Wochenarbeitszeit von Teilzeitbeschäftigten[17]

TZq   Quote der Teilzeitbeschäftigten

(c) Berechnung der durchschnittlichen effektiven Arbeitszeiten der Beschäftigten von Betrieb a, die weder in Schichtarbeit noch in versetzten Arbeitszeiten tätig sind:

$effWAZa = WAZa + Üa$

effWAZa   beschäftigtengewichteter Durchschnitt der effektiven wöchentlichen Arbeitszeiten der Beschäftigten von Betrieb a, die weder in Schichtarbeit noch in versetzten Arbeitszeiten tätig sind

WAZa   beschäftigtengewichteter Durchschnitt der wöchentlichen Arbeitszeiten der Beschäftigten in Betrieb a

---

[17] Wir hatten im Fragebogen Teilzeitbeschäftigung als eine Beschäftigung im Umfang von 1–34 Wochenstunden definiert.

Üa   wöchentliche Überstunden pro Beschäftigten in Betrieb a

(d) Berechnung der effektiven wöchentlichen Dauer von versetzten Arbeitszeiten in Betrieb a

$effVAZa = ((Evaz-Bvaz)*Tvaz))+Üa$

effVAZa   effektive wöchentliche Dauer von versetzten Arbeitszeiten in Betrieb a

Evaz   Ende von versetzten Arbeitszeiten in Betrieb a

Bvaz   Beginn von versetzten Arbeitszeiten in Betrieb a

Tvaz   Anzahl der Tage pro Woche, an denen in Betrieb a in versetzten Arbeitszeiten gearbeitet wird

Üa   wöchentliche Überstunden pro Beschäftigten in Betrieb a

(e) Berechnung der durchschnittlichen effektiven Dauer von Schichtarbeit in Betrieb a

$$effSchichta = \frac{168*konti+144*teilkonti1+120*teilkonti2+(S*T+Üa)*sons}{konti+teilkonti1+teilkonti2+sons}$$

effSchichta   beschäftigtengewichteter Durchschnitt der effektiven wöchentlichen Dauer von Schichtarbeit in Betrieb a

konti   Beschäftigte in kontinuierlichem Schichtsystem in Betrieb a

teilkonti1   Beschäftigte in teilkontinuierlichem Schichtsystem 1 (24 Stunden am Tag an 6 Tagen in der Woche) in Betrieb a

teilkonti2   Beschäftigte in teilkontinuierlichem Schichtsystem 2 (24 Stunden am Tag an 5 Tagen in der Woche) in Betrieb a

sons   Beschäftigte in sonstigen Schichtsystemen in Betrieb a

S   Stunden pro Tag, den denen in Betrieb a in sonstigen Schichtsystemen gearbeitet wird

T   Tage pro Woche, an denen in Betrieb a in sonstigen Schichtsystemen gearbeitet wird

Üa   wöchentliche Überstunden pro Beschäftigten in Betrieb a

(f)   Berechnung der durchschnittlichen wöchentlichen Betriebszeit in Betrieb a

BZa= (effWAZa* Beff + effVAZa* Bvaz + effSchichta*Bschicht)/ Bins

BZa	beschäftigtengewichtete durchschnittliche wöchentliche Betriebszeit in Betrieb a
effWAZa	beschäftigtengewichteter Durchschnitt der effektiven wöchentlichen Arbeitszeiten der Beschäftigten von Betrieb a, die weder in Schichtarbeit noch in versetzten Arbeitszeiten tätig sind
Beff	alle Beschäftigten von Betrieb a, wie weder in Schichtarbeit noch in versetzten Arbeitszeiten tätig sind
effVAZa	effektive wöchentliche Dauer von versetzten Arbeitszeiten in Betrieb a
Bvaz	alle Beschäftigten in versetzten Arbeitszeiten in Betrieb a
effSchichta	beschäftigtengewichteter Durchschnitt der effektiven wöchentlichen Dauer von Schichtarbeit in Betrieb a
Bschicht	alle Beschäftigten in Schichtarbeit in Betrieb a
Bins	alle Beschäftigten von Betrieb a

(g)   für Durchschnittsberechnungen

BZa+b = (BZa*Ba+BZb*Bb)/Ba+Bb

BZa+b	Beschäftigtengewichte durchschnittliche wöchentliche Betriebszeit in den Betrieben a und b
BZa	Beschäftigtengewichte durchschnittliche wöchentliche Betriebszeit in Betrieb a
Ba	Beschäftigte in Betrieb a
BZb	Beschäftigtengewichte durchschnittliche wöchentliche Betriebszeit in Betrieb b
Bb	Beschäftigte in Betrieb b

III Betriebszeiten

1 Das Konzept der Betriebszeit

Lange und flexible Betriebszeiten gelten als wichtige Faktoren für die Wettbe-werbsfähigkeit von Betrieben, Branchen und nationalen Ökonomien (Stil-le/Zwiener 1997). Ein optimales Betriebszeitmanagement senkt die Produktions-kosten von Betrieben und vermag zur Beschäftigungssicherung beizutragen (Bosworth 1999; Delsen, Bosworth, Groß, Munoz de Bustillo y Llorente 2007). Die Konstitution von Betriebszeiten basiert, sofern die Betriebszeiten nicht gleich den individuellen Arbeitszeiten sind, auf einer Entkoppelung von Be-triebs- und Arbeitszeiten. Diese setzt daher Arbeitszeitflexibilisierung voraus, so dass das betriebliche Arbeitszeitmanagement zentraler Bestandteil der Betriebs-zeitgestaltung ist. Es ist eine der Kernaufgaben betrieblicher Arbeitszeitpolitik, über Arbeitszeitflexibilisierung die Betriebszeiten zu optimieren. Dabei zielen Arbeitszeiten auf den zeitlichen Einsatz von Arbeitskräften; Betriebszeiten be-ziehen sich dagegen auf den kombinierten Einsatzes von Kapital (Gebäude und Maschinen) und Arbeit. Die Betriebszeitgestaltung hat daher nicht nur ökonomi-sche, sondern auch soziale Aspekte.

Im Unterschied zur Arbeitszeit der individuellen Arbeitskräfte können Ge-bäude und Maschinen „rund um die Uhr" am Tag, in der Woche oder im Jahr betrieben werden. Betriebszeiten, die über die individuellen Arbeitszeiten der Beschäftigten hinausreichen, werden durch die Mehrfachbesetzung von Arbeits-plätzen erreicht. Ein klassisches Mehrfachbesetzungssystem ist die Schicht- und Nachtarbeit. Bei der Betriebszeitgestaltung sind die Kapitalstückkosten und die Personalkosten zentrale Stellgrößen. In der Regel werden dadurch, dass die Be-triebszeiten über die individuellen Arbeitszeiten hinaus ausgeweitet werden, die durchschnittlichen fixen Stückkosten gesenkt. Zugleich ist mit der Verlängerung der Betriebszeiten ein überproportionaler Anstieg der Personal- und Lohnkosten verbunden, weil für die Arbeit zu „ungewöhnlichen/unsozialen Zeiten" in der Regel Zuschläge gezahlt werden müssen; denn je länger die Betriebszeiten sind, desto mehr weicht die Arbeitszeitlage von den üblichen sozialen oder kulturell eingespielten Standards ab. Diese aus einer Verlängerung der Betriebszeiten resultierenden gegenläufigen Kostenkurven der Senkung der Fixkosten auf der einen Seite und des überproportionalen Anstiegs der Personalkosten auf der anderen Seite müssen zur Deckung gebracht werden. Eine optimale Betriebszeit-gestaltung muss beide Kostenkurven berücksichtigen und ausbalancieren. Dies verweist darauf, dass das Maximum der erreichbaren Betriebszeiten nicht automatisch ihr Optimum sein muss.

Für die Betriebszeitgestaltung sind verschiedene gesellschaftliche, gesetzliche und tarifliche Faktoren von Bedeutung. Die Anfang der 80er Jahre des letzten Jahrhunderts beginnenden kollektiven Arbeitszeitverkürzungen stellten eine besondere Herausforderung für die Betriebszeitgestaltung dar. Für die Betriebe kam es darauf an, gegen den Trend von kürzeren individuellen Arbeitszeiten Betriebszeiten einzurichten, die in ihrer Dauer relativ unabhängig von der Arbeitszeitentwicklung sind. Neben der Stabilisierung und/oder Ausweitung der Betriebszeitdauer wurde es für die Betriebe aber auch zunehmend wichtig, die Betriebszeiten an konjunkturelle und/oder saisonale Schwankungen der Nachfrage und Geschäftstätigkeit anpassen zu können. Das Betriebszeitmanagement zielt also nicht nur auf die Dauer, sondern auch auf die Flexibilität von Betriebszeiten.

Die Betriebszeitdauer wird von verschiedenen Faktoren bestimmt. Lange Betriebszeiten sind in den Betrieben der Grundstoffproduzierenden Industrie produktionstechnisch begründet. Branchenübergreifend nötigt die zunehmende Kapitalintensivierung der Produktionsprozesse zu verlängerten Betriebszeiten. Bei längeren Betriebszeiten sinken die Abschreibungs- und Zinsstückkosten (Stille, Zwiener 1997). Die Anpassung der Produktion an Nachfrageschwankungen ist für das Betriebszeitmanagement gleichermaßen wichtig. Flexible Betriebs- und Arbeitszeiten sind eine zentrale Voraussetzung, den Arbeitsinput gemäß Auftragslage und Kundenwünschen effizient zu variieren. Dadurch können Leerzeiten verringert, Lieferfristen verkürzt und zusätzliche Aufträge aufgrund einer höheren Reaktionsfähigkeit eingeworben werden. Eine optimale Betriebszeitgestaltung zielt also auch darauf, die Produktion an konjunkturelle und/oder saisonale Schwankungen anzupassen und den Ressourceneinsatz mit nicht kalkulierbaren Veränderungen in der Umwelt der Betriebe zu synchronisieren. Auf eine knappe Formel gebracht geht es bei der Betriebszeitverlängerung um die Senkung von Fixkosten, insbesondere von Kapitalstückkosten, und bei der Betriebszeitflexibilisierung um die Vermeidung von Lagerkosten, die Einsparung von Personalkosten und die Anpassung der Produktion an Nachfrageschwankungen (Bauer, Groß 2005).

Betriebszeiten sind längst nicht so gut erforscht wie Arbeitszeiten. Dieses Informationsdefizit hat auch methodische Gründe; denn Informationen zur Betriebszeit sind schwieriger zu erheben und zu analysieren als solche zu individuellen Arbeitszeiten. Während einzelne Beschäftigte ihre Arbeitszeiten in aller Regel relativ präzise angeben können, ist die Ermittlung von Betriebszeiten weitaus schwieriger; denn im Falle einer direkten Erfassung der Betriebszeit ist diese in der Regel eine geschätzte und gewichtete Größe. Die für den Betrieb antwortende Person muss die Betriebszeit insbesondere dann schätzen und gewichten, wenn in ein und demselben Betrieb mehrere unterschiedliche Betriebszeiten existieren. Diese Gewichtung erfolgt auf eine mehr oder weniger naturwüchsige Weise; die Kriterien dieser Gewichtung bleiben daher unklar und lassen sich kaum rekonstruieren (Bauer u. a. 1994). Wegen dieser Problematik einer direkten Erfassung der Betriebszeiten hat sich in der Forschung die Methode der indirekten Betriebszeitberechnung durchgesetzt, deren Annahmen und Verfahren wir oben dargestellt haben.

Aber auch bei diesem Verfahren sind Betriebszeiten berechnete und demnach künstliche Größen. Dies gilt nicht nur, wie oben dargestellt, für die Dauer, sondern auch für die Flexibilität von Betriebszeiten; denn in den Betrieben werden die verschiedensten Formen der Arbeitszeitflexibilisierung genutzt und kombiniert, wobei die Nutzungsdichte der einzelnen Arbeitszeitformen auch noch erheblich variiert. Die Flexibilität der Betriebszeiten besteht daher nicht allein darin, dass es Beschäftigte gibt, die flexible Arbeitszeiten haben, sondern ergibt sich vor allem dadurch, wie diese Beschäftigten mit flexiblen Arbeitszeiten im Betrieb eingesetzt werden. Die Flexibilität der Betriebszeiten lässt sich demnach nicht einfach aus Daten über individuelle Arbeitszeitflexibilisierungen erschließen. Es bedarf vielmehr zusätzlicher betrieblicher Informationen, um zu ermitteln, wie die Betriebe die Flexibilität der Betriebszeiten zu sichern suchen. Dazu zählen Informationen darüber, wie im Betrieb die flexiblen Arbeitszeiten individueller Arbeitskräfte kombiniert und konjunkturelle oder saisonale Schwankungen bewältigt werden.

2 Dauer der Betriebszeiten

Die indirekten Betriebszeiten sind gegenüber 2003 um 4,5 Stunden pro Woche gestiegen und gegenüber 2005 konstant geblieben. Während diese in 2003 58,1 und in 2005 63,9 Wochenstunden betrugen (Bauer u. a. 2005, 59; Groß, Schwarz 2007, 36), sind es in 2007 63,6 Wochenstunden. Dabei hat gegenüber 2005 das produzierende Gewerbe leicht zugelegt (von 64,8 auf 66,0 Wochenstunden) und ist der Dienstleistungsbereich, in dem die Betriebszeiten von 2003 bis 2005 stark gestiegen waren (von 55,2 auf 63,4 Wochenstunden) leicht abgefallen; hier sind die Betriebszeiten von 63,4 auf 62,3 Wochenstunden gesunken (Groß, Schwarz 2007, 35).

In Tabelle 1 sind die direkten Betriebszeiten, die indirekten Betriebszeiten, die vertraglichen Wochenarbeitszeiten der Vollzeitbeschäftigten und die Entkoppelungsfaktoren dargestellt[18]. Die direkten Betriebszeiten sind in der Regel höher als die indirekten Betriebszeiten[19]. Der Entkoppelungsfaktor zeigt den Grad der Entkoppelung der Betriebszeiten von den vertraglichen Arbeitszeiten der Vollzeitbeschäftigten an. Dabei bedeutet ein Wert von 1,0, dass Betriebszeiten und Arbeitszeiten gleich und somit nicht entkoppelt sind, wohingegen ein Wert von 2,0 anzeigt, dass im Durchschnitt jeder Arbeitsplatz doppelt besetzt ist und somit Betriebszeiten und Arbeitszeiten entkoppelt sind.

Tabelle 1 zeigt, dass die direkten Betriebszeiten deutlich höher sind als die indirekten. Die direkte Betriebszeit beträgt durchschnittlich 77,1 Wochenstunden. Damit liegt diese um 6,9 Wochenstunden unter dem Wert, den wir für 2005 ermittelt haben (Groß, Schwarz 2007, 38). Auch wenn es sich bei den direkten Betriebszeiten häufig um grobe Schätzungen handelt, fällt auf, dass sie sich den indirekten Betriebszeiten immer stärker annähern. Die Differenz zwischen direkten und indirekten Betriebszeiten ist im Zeitraum von 2003 bis 2007 sukzessive kleiner geworden. Dies deutet darauf hin, dass die Betriebe die von ihnen vorgenommenen Schätzungen der Betriebszeit nicht mehr allein an der Betriebszeit des Kernbereichs orientieren und in Relation zu den indirekten (aus den betriebszeitrelevanten Arbeitszeitformen der Schicht- und Nachtarbeit, der versetzten Arbeitszeiten und der effektiven Arbeitszeiten berechneten) Betriebszeiten optimiert haben.

Die direkten und indirekten Betriebszeiten steigen mit zunehmender Betriebsgröße. Dies gilt für das Produzierende Gewerbe (von 51,0 bis 77,7 Wochenstunden bei den indirekten Betriebszeiten) ebenso wie für den Dienstleistungsbereich (von 50,0 bis 87,0 Wochenstunden) (Tabelle 1). Überdurchschnittlich lange Betriebszeiten finden wir in den Großbetrieben der distributiven Dienstleistungen (91,9 Wochenstunden). Hierbei handelt es sich vor allem die großen Betriebe im Bereich von Verkehr und Nachrichten (Bahn, Post). Im Dienstleistungsbereich weist noch der Bereich der persönlichen Dienstleistungen mit einer durchschnittlichen Betriebszeit von 71,3 Wochenstunden einen überdurchschnittlichen Wert auf. Hier sind es insbesondere die Mittel- und Großbetriebe im Hotel- und Gaststättenbereich, die den Durchschnitt der Betriebszeit

---

[18] Die direkten Betriebszeiten sind aus den Informationen ermittelt, welche die Betriebe auf die Frage, „Wie viele Stunden war Ihr Betrieb in einer üblichen Woche im September 2007 in Gang?", gegeben haben.

[19] Dies ist darin begründet, dass die Betriebe, in denen innerhalb des Betriebes mehrere unterschiedliche Betriebszeiten existieren, auf jene Frage nach der Dauer der Betriebszeit für gewöhnlich die Betriebszeiten ihrer Kernbereiche angeben, in denen die kapital- und/oder arbeitsintensivsten Prozesse der Produktion ablaufen. Durch diese Art der Gewichtung wird die Betriebszeit des gesamten Betriebes überschätzt. Die direkt ermittelten Betriebszeiten sind ungenauer als die indirekt ermittelten Betriebszeiten und stellen mehr oder weniger grobe Schätzungen dar (Bauer u. a. 1994; Bauer u. a. 2005).

prägen. Lange Betriebszeiten kennzeichnen auch die Großbetriebe des Bereichs der sozialen Dienstleistungen (79,0 Wochenstunden). Hierbei handelt es sich um die großen Krankenhäuser, die „rund um die Uhr" die Gesundheitsversorgung gewährleisten müssen. Es folgt der traditionell betriebszeitstarke Sekundäre Sektor (72,3 Wochenstunden). Hier sind es insbesondere die Bereiche Chemie und Gummi, Fahrzeugbau und Metallerzeugung, die mit durchschnittlichen Betriebszeiten von 75,0, 79,3 beziehungsweise 77,9 Wochenstunden den Durchschnitt der Betriebszeiten im Sekundären Sektor bestimmen (ohne Tabelle).

Betrachtet man die Entwicklung der indirekten Betriebszeiten im Zeitraum von 2005 bis 2007, so zeigt sich, dass diese sich im Durchschnitt so gut wie gar nicht verändert haben, sondern konstant geblieben sind. Es sind jedoch merkliche Veränderungen bei den verschiedenen Betriebsgrößenklassen feststellbar. In den Klein- und Mittelbetrieben sind die Betriebszeiten gegenüber 2005 angestiegen: in den Kleinbetrieben (1-19 Beschäftigte) von 39,8 auf 50,6 Wochenstunden und in den Mittelbetrieben (20-249 Beschäftigte) von 60,6 auf 65,1 Wochenstunden. In den Großbetrieben (250 und mehr Beschäftigte) sind dagegen die indirekten Betriebszeiten von 89,5 auf 83,2 Wochenstunden gefallen (vgl. Groß, Schwarz 2007, 38). Dies dürfte darin begründet liegen, dass die Klein- und Mittelbetriebe von dem ab 2005 einsetzenden ökonomischen Aufschwung stärker profitiert haben. Darauf deuten unsere Daten zur Beschäftigtenentwicklung im Zeitraum von 2002 bis 2007 hin: Nach den Angaben der Betriebe betrug der Beschäftigtenzuwachs in den Kleinbetrieben 6%, in den Mittelbetrieben sogar 9%, in den Großbetrieben hingegen nur 1% (ohne Tabelle).

In diese Interpretationsrichtung verweist auch der Entkoppelungsfaktor. Dieser lag in 2005 in den Kleinbetrieben des Produzierenden Gewerbes und des Dienstleistungsbereichs im Durchschnitt bei 1,0 und zeigte damit an, dass dort die Betriebszeiten nicht von den individuellen Wochenarbeitszeiten der Vollzeitbeschäftigten entkoppelt waren. In 2007 dagegen liegt der Entkoppelungsfaktor bei den Kleinbetrieben bei 1,3. Dies bedeutet, dass mittlerweile auch hier die Betriebszeiten von den individuellen Arbeitszeiten entkoppelt sind. Dies gilt sowohl für das Produzierende Gewerbe (1,3) als auch für den Dienstleistungsbereich (1,3). Auch in den Mittelbetrieben liegt der Entkoppelungsfaktor mit durchschnittlich 1,7 leicht über dem, den wir in 2005 (1,6) ermittelten (Groß, Schwarz 2007, 38). Der Entkoppelungsfaktor steigt mit zunehmender Betriebsgröße an. In den Großbetrieben hat dieser schon einen Wert von 2,2 (Tabelle 1), was bedeutet, dass dort jeder Arbeitsplatz 2,2mal besetzt ist.

Im Durchschnitt aller Betriebe weist der Entkoppelungsfaktor einen Wert von 1,6 (NRW: 1,7) aus (Tabelle 1) und ist damit gegenüber 2005 gleich geblieben. Er liegt jedoch über dem, den wir für 2003 ermittelt haben. In der 2003 durchgeführten internationalen Betriebsbefragung lag der Entkoppelungsfaktor bei 1,5 (NRW: 1,5). Damit lag die Bundesrepublik Deutschland zusammen mit Frankreich (1,5) und Großbritannien (1,5), was die Entkoppelung der Betriebszeiten von den Arbeitszeiten anbelangt, an der Spitze und vor Portugal (1,4), den Niederlanden (1,4) und Spanien (1,3) (Bauer u. a. 2005, 59). Der Entkoppelungsfaktor kann auch als Indikator für den Grad der Arbeitszeitflexibilisierung angesehen werden; denn die Entkoppelung der Betriebs- von den Arbeitszeiten kann nur mit einer Flexibilisierung der Arbeitszeiten erreicht werden. So gesehen ist in der Bundesrepublik Deutschland wie auch in Nordrhein-Westfalen in 2007 das international hohe Niveau der Arbeitszeitflexibilisierung weiter stabilisiert worden[20].

---

[20] Bekräftigt wird dieser Befund durch die Anteile der Beschäftigten in den für die Betriebszeitausweitung konstitutiven Arbeitszeitformen der Schicht- und Nachtarbeit, der versetzten Arbeitszeiten und der effektiven Arbeitszeiten (vertragliche Wochenarbeitszeit plus Überstunden). Im Vergleich mit den genannten Ländern nimmt die Bundesrepublik Deutschland bei Schichtarbeit insgesamt den 3. Rang, bei Schichtarbeit, die zwingend mit Nachtarbeit verbunden ist, den 2. Rang, bei versetzten Arbeitszeiten den 1. Rang und bei Überstundenarbeit den 2. Rang ein (Bauer u. a. 2005, 99).

Tabelle 1: Direkt und indirekt ermittelte Betriebszeiten, vertragliche
Wochenarbeitszeiten von Vollzeitbeschäftigten und
Entkoppelungsfaktoren nach Wirtschaftsbereichen
(in Stunden pro Woche)

	BRD				NRW
	1-19	20-249	250+	Insgesamt	Insgesamt
Produzierendes Gewerbe					
1. Direkte Betriebszeiten	55,3	70,1	96,8	76,9	105,7
2. Indirekte Betriebszeiten	51,0	61,9	77,7	66,0	71,5
3. Vertragliche Wochen-arbeitszeiten	40,8	39,6	37,8	39,2	39,2
4. Entkoppelungsfaktor (2/3)	1,3	1,6	2,1	1,7	1,8
Dienstleistungsbereich					
1. Direkte Betriebszeiten	58,0	83,8	88,8	77,2	82,0
2. Indirekte Betriebszeiten	50,0	66,6	87,0	62,3	64,0
3. Vertragliche Wochen-arbeitszeiten	39,6	39,3	38,9	39,3	38,7
4. Entkoppelungsfaktor (2/3)	1,3	1,7	2,2	1,6	1,7
Insgesamt					
1. Direkte Betriebszeiten	56,7	79,4	92,3	77,1	87,0
2. Indirekte Betriebszeiten	50,6	65,1	83,2	63,6	65,6
3. Vertragliche Wochen-arbeitszeiten	40,0	39,4	38,4	39,2	38,8
4. Entkoppelungsfaktor (2/3)	1,3	1,7	2,2	1,6	1,7

Die indirekten Betriebszeiten setzen sich vorrangig aus Schichtarbeit zusammen,
die diese zu 38,3% bestimmt. Zu einem Drittel (33,6%) werden diese durch die
effektiven Arbeitszeiten (von Beschäftigten, die weder in Schichtarbeit noch in
versetzten Arbeitszeiten tätig sind) und zu über einem Viertel (28,1%) durch
versetzte Arbeitszeiten konstituiert (Tabelle 2). Im Produzierenden Gewerbe
beträgt der Anteil von Schichtarbeit, den diese am Gesamtresultat der Betriebszeiten hat, knapp die Hälfte (44,7%); im Dienstleistungsbereich dagegen liegen
in diesem Kontext versetzte Arbeitszeiten (34,1%) mit Schichtarbeit (34,7%)

gleichauf. Der Anteil von Schichtarbeit an der Betriebszeit steigt mit zunehmender Betriebsgröße (von 9,7% auf 51,3%), während der Anteil der effektiven Arbeitszeiten mit zunehmender Betriebsgröße fällt (von 50,7% auf 23,0%). Versetzte Arbeitszeiten haben dagegen eine starke Prägekraft in den Kleinbetrieben (39,6%) und fallen dann in den Mittel- und Großbetrieben auf rund ein Viertel (24,1% beziehungsweise 25,7%) ab (Tabelle 2).

Ein Vergleich mit den 2005 ermittelten Befunden zeigt merkliche Veränderungen. In den Kleinbetrieben, in denen ja auch die Betriebszeiten gegenüber 2005 zum Teil deutlich angestiegen sind, haben die versetzten Arbeitszeiten an Bedeutung für die Konstitution von Betriebszeiten gewonnen. Im Produzierenden Gewerbe hat sich in den Kleinbetrieben der Konstitutionsanteil von versetzten Arbeitszeiten anteilmäßig verdoppelt (von 15,6% auf 34,0%) und auch in den Kleinbetrieben des Dienstleistungsbereichs hat diese Arbeitszeitform noch einmal kräftig zugelegt (von 36,4% auf 41,9%). Die Betriebszeitverlängerung in den Kleinbetrieben ist also durch die Ausweitung der effektiven Arbeitszeiten (von 40,7 auf 41,8 Wochenstunden) und vor allem durch die verstärkte Einführung von versetzten Arbeitszeiten bewirkt worden. Dies verweist noch einmal (vgl. Groß, Schwarz 2007, 41) auf die Attraktivität, die versetzte Arbeitszeiten für das betriebliche Betriebszeitmanagement haben. Versetzte Arbeitszeiten sind kostengünstiger als bezahlte Überstunden und Schichtarbeit, da für diese Arbeitszeitformen häufig Zuschläge gezahlt werden, die bei versetzten Arbeitszeiten entfallen[21]. Darüber hinaus lassen sich, wie wir weiter unten noch zeigen werden, mit versetzten Arbeitszeiten Betriebszeiten eines Niveaus von überlangen Wochenarbeitszeiten bis hin zum Zwei-Schicht-Niveau und sogar noch darüber erzielen. Dies wäre mit (bezahlter) Überstundenarbeit allein gar nicht machbar. Diese hohe Elastizität von versetzten Arbeitszeiten kommt auch darin zum Ausdruck, dass sie mittlerweile in allen Betriebsgrößenklassen eingesetzt werden, um die Betriebszeiten zu verlängern oder das einmal etablierte Niveau zu halten. So konnten die Großbetriebe des produzierenden Gewerbes ihr Betriebszeitniveau von 2005 (82,0 Wochenstunden) in 2007 mit Abstrichen halten (77,7 Wochenstunden), indem Schichtarbeit teilweise durch versetzte Arbeitszeiten ersetzt wurde. Deren Anteil an der Konstitution von Betriebszeiten stieg im Zeitraum von 2005 bis 2007 von 13,4% auf 23,5%, während im gleichen Zeitraum der Konstitutionsanteil von Schichtarbeit von 70,4% auf 60,0% sank – bei konstantem Konstitutionsanteil der effektiven Arbeitszeiten (16,2% in 2005 und 16,5% in 2007) (vgl. Groß, Schwarz 2007, 40).

---

[21] In 2003 gaben 27,0% der Schichtbetriebe an, dass sie für Schichtarbeit Zuschläge zahlen. Der Vergleichswert für versetzte Arbeitszeiten liegt bei 3%.

Tabelle 2: Konstitution der indirekten Betriebszeiten (in %)

	BRD				NRW
	1-19	20-249	250+	Insgesamt	Insgesamt
Produzierendes Gewerbe					
Schichtarbeit	6,6	43,1	60,0	44,7	53,6
Versetzte Arbeitszeiten	34,0	15,7	23,5	21,5	17,3
Effektive Arbeitszeiten	59,4	41,2	16,5	32,8	29,1
Dienstleistungsbereich					
Schichtarbeit	10,9	41,1	43,8	34,7	42,9
Versetzte Arbeitszeiten	41,9	28,1	27,7	31,2	27,2
Effektive Arbeitszeiten	47,2	30,8	28,6	34,1	29,9
Insgesamt					
Schichtarbeit	9,7	41,8	51,3	38,3	45,5
Versetzte Arbeitszeiten	39,6	24,1	25,7	28,1	24,8
Effektive Arbeitszeiten	50,7	34,1	23,0	33,6	29,7

Längerfristige Entwicklungen von Betriebs- und Arbeitszeiten können auf der Grundlage der im Rahmen der Arbeitszeitberichterstattung durchgeführten Betriebsbefragungen anhand der Betriebszeiten von Betrieben des Verarbeitenden Gewerbes mit 20 und mehr Beschäftigten in Westdeutschland für den Zeitraum von 1990 bis 2007 nachgezeichnet werden. In diesem Zeitraum sind die Betriebszeiten um 7,2 Wochenstunden (in der Spitze sogar um 7,5 Wochenstunden) oder um 10,6 % (1990 = 100) angestiegen, während die vertraglichen Wochenarbeitszeiten der Vollzeitbeschäftigten in diesem Zeitraum nahezu konstant bei rund 37 Wochenstunden lagen. Dementsprechend ist auch der Entkoppelungsfaktor angestiegen: von 1,8 auf 2,0 oder um 11%. Dieses Ergebnis zeigt deutlich, dass die Entwicklung der Betriebszeiten relativ unabhängig von der Entwicklung der vertraglichen Arbeitszeiten verläuft. Die Entwicklung der Betriebszeiten hat sich von der der vertraglichen Arbeitszeiten weitgehend gelöst (Tabelle 3).

Tabelle 3: Entwicklung der indirekt ermittelten Betriebszeiten und der vertraglichen Wochenarbeitszeiten von Vollzeitbeschäftigten in Westdeutschland in Betrieben mit 20 und mehr Beschäftigten des Verarbeitenden Gewerbes (in Stunden pro Woche)

		1. Betriebszeit	2. Vertragliche Wochenarbeits- zeit von Vollzeit- beschäftigten	Entkoppelungsfaktor (1. geteilt durch 2.)
a)	1990	67,9	37,8	1,8
b)	1996*	71,8	36,5	2,0
c)	2001	-	-	-
d)	2003**	72,2	36,1	2,0
e)	2005	75,4	37,3	2,0
f)	2007	75,1	37,7	2,0

a) Groß, Stille, Thoben, Bauer 1991;
b) Bauer, Bosch, Bundesmann – Jansen, Groß, Stille, Wagner1998;
c) Bauer, Groß, Munz, Sayin 2002;
d) Bauer, Groß, Sieglen, Schwarz 2005;
e) Groß, Schwarz 2007;
f) Groß, Schwarz 2008
*   Dieser Wert bezieht sich auf die Produktionsbereiche der Betriebe des verarbeitenden Gewerbes.
** Dieser Wert ist der international vergleichenden Betriebsbefragung zu Betriebszeiten, Arbeitszeiten und Beschäftigung in Deutschland, Frankreich, Großbritannien, den Niederlanden, Portugal und Spanien entnommen.

3 Flexibilität der Betriebszeiten

Jeder dritte Betrieb (34,1%) in Deutschland und Nordrhein-Westfalen (30,6%) muss Schwankungen der Produktion und/oder Nachfrage bewältigen (Tabelle 4). Damit hat der Anteil der Schwankungsbetriebe gegenüber dem Jahr 2005, in dem 47,6% der Betriebe angaben, Schwankungen ausgesetzt zu sein, stark abgenommen. Wir führen diese Differenz im Wesentlichen auf die gegenüber 2005 geänderte Fragestrategie zurück. Schwankungen wurden in 2005 ausführlicher abgefragt. Die in 2005 und 2007 jeweils identischen Eingangsfragen („Gab es in Ihrem Betrieb im letzten Jahr nennenswerte Schwankungen der Nachfrage oder der Geschäftstätigkeit?") waren in unterschiedliche Fragestrategien eingebettet. In 2005 haben wir die Bewältigung der Schwankungen nach Auftragsspitzen und

Auftragsrückgängen differenziert abgefragt. In 2005 haben demnach die Betriebe die Fragen nach Schwankungen bejaht, die auf Auftragsspitzen und/oder Auftragsrückgänge reagieren mussten. Demgegenüber haben wir in 2007 auf diese Differenzierung verzichtet und die Frageformulierung so gewählt, dass die Bewältigung von Schwankungen sowohl im Falle von Auftragspitzen als auch in dem von Auftragsrückgängen beantwortet werden konnte.

Wenn wir als Vergleichsmaßstab ansehen, dass Schwankungsbetriebe solche sind, die sowohl Auftragsspitzen als auch Auftragsrückgänge zu bewältigen haben, dann verringert sich der Anteil der Schwankungsbetriebe in 2005 von 47,6% auf 38,3%. Dieser Wert liegt auch näher bei dem, den wir mit einer zu 2007 analogen Fragestrategie in 2003 ermittelt haben, wo der Anteil der Schwankungsbetriebe in Deutschland bei 41,3% lag (Bauer u. a. 2005, 69). Auch wenn wir den erörterten Vergleichsmaßstab zugrunde legen, ist der Anteil der Schwankungsbetriebe im Zeitraum von 2003 über 2005 bis 2007 gesunken. Wir vermuten, dass dies mit konjunkturellen Entwicklungen zusammenhängt; dass also Schwankungen mit anziehender Konjunktur für die Betriebe an Handlungsrelevanz verlieren.

Der Anteil der Schwankungsbetriebe nimmt im Produzierenden Gewerbe mit steigender Betriebsgröße zu (von 43,5% auf 51,6%). Im Dienstleistungsbereich ist der Trend nicht so eindeutig; dort ist der Anteil der „Schwankungsbetriebe" bei den Großbetrieben (35,0%) niedriger als der bei den Mittelbetrieben (38,2%) (Tabelle 4). Dies ist darin begründet, dass ein Teil der Großbetriebe im Dienstleistungsbereich den öffentlichen Verwaltungen angehört, die Schwankungen weniger stark ausgesetzt sind (29,7%) als die Großbetriebe im Produzierenden Gewerbe (44,4%). Generell müssen die Betriebe und Dienststellen des öffentlichen Dienstes auf Schwankungen weniger häufig (14,7%) reagieren als die Betriebe der Privatwirtschaft (35,4%) (ohne Tabelle).

Tabelle 4: Schwankungen nach Betriebsgrößenklassen und Wirtschaftsbereichen (in %)

	BRD				**NRW**
	1-19	20-249	250+	Insgesamt	Insgesamt
Produzierendes Gewerbe	43,5	50,4	51,6	44,4	35,6
Dienstleistungsbereich	30,0	38,2	35,0	30,7	29,1
Insgesamt	33,3	42,0	41,4	34,1	30,6

Tabelle 5 zeigt, dass Aufbau und Abbau von Überstunden das Bewältigungsinstrument ist, das weit vor allen anderen rangiert (BRD: 62,8%; NRW: 54,5 %).

Dies gilt in der Bundesrepublik Deutschland insbesondere für das Produzierende Gewerbe (70,9%). Mit deutlichem Abstand belegen Einstellungen/Entlassungen (BRD: 36,3%; NRW: 38,8%) den zweiten Rang. Dieses Instrument kommt im Dienstleistungsbereich etwas häufiger als im Produzierenden Gewerbe zum Einsatz. Es folgt die Arbeitsorganisation (BRD: 29,4%; NRW: 32,9%). An vierter und fünfter Stelle rangieren das Ansammeln und Abfeiern von Zeitguthaben (BRD: 24,0%; NRW: 15,2%) sowie die Verlängerung und Verkürzung von versetzten Arbeitszeiten (BRD: 20,2 %; NRW: 26,3%). Es folgen Auf- und Abbau von Samstagsarbeit (BRD: 17,8%; NRW: 12,4%), die in einem Teil der Fälle mit Überstundenarbeit identisch ist, und mit der Einstellung von Leih- und Zeitarbeitnehmern (BRD: 10,8%; NRW: 11,0%) sowie der Weitergabe/Rücknahme von Aufträgen an Fremdfirmen (BRD: 9,8%; NRW: 3,8%) weitere Instrumente der Variation des Personalbestands.

Für den nachfolgenden Vergleich mit den Ergebnissen unserer Betriebsbefragung von 2005 wollen wir uns auf die sechs Bewältigungsmuster konzentrieren, die jeweils die meisten Nennungen aufweisen[22]. Im Produzierenden Gewerbe rangierten in 2005 auf den ersten drei Plätzen Maßnahmen der Variation der Arbeitszeit (Überstundenarbeit, Samstagsarbeit und Arbeitszeitkonten). Auf den nächsten Plätzen folgten Maßnahmen der Variation des Personalbestands (Fremdfirmen, Neueinstellungen). Auf Platz 6 schließlich stand wiederum mit versetzten Arbeitszeiten ein Instrument der Arbeitszeitvariation. Dagegen folgt in 2007 auf Überstundenarbeit mit Einstellungen/Entlassungen schon auf dem 2. Rang ein Instrument der Variation des Personalbestands, das mit 46,5% der Nennungen anteilig doppelt so viele Nennungen aufweist wie in 2005 (20,3%). Samstagsarbeit ist in 2007 auf Rang 4 zurückgefallen und Arbeitszeitkonten haben ihre Platzierung behauptet (Tabelle 5).

Im Dienstleistungsbereich rangierte in 2005 gleichfalls Überstundenarbeit auf dem ersten Platz. Es folgten Arbeitszeitkonten, Arbeitsorganisation, Samstagsarbeit, versetzte Arbeitszeiten und Neueinstellungen auf den nächsten Rängen. Auch hier sieht die Rangfolge in 2007 anders aus. Nach Überstundenarbeit (58,9%) folgen Arbeitsorganisation (34,7%), Einstellungen/Entlassungen (31,4%), versetzte Arbeitszeiten (22,8%), Arbeitszeitkonten (16,7 %) und Samstagsarbeit (13,8%). Auch hier entfallen auf Einstellungen/Entlassungen über doppelt so viele Nennungen wie auf Neueinstellungen in 2005 (13,8%) (Groß, Schwarz 2007, 46). Diese Befunde zeigen, dass die Betriebe Schwankungen in 2007 in einem erheblich höheren Maße als in 2005 mit personellen Maßnahmen bewältigen. Darauf verwiesen schon die oben erwähnten Befunde eines nach den Angaben der Betriebe merklichen Beschäftigtenzuwachses insbesondere in den

---

[22] Wegen analoger Items beziehen wir uns auf die Ergebnisse der Bewältigung von Auftragsspitzen in 2005.

Klein- und Mittelbetrieben von 6% beziehungsweise 9%, aber auch im Durchschnitt von 5% (ohne Tabelle). Diese – bis auf den „Dauerbrenner" Überstundenarbeit – deutliche Umorientierung im Einsatz von Instrumenten zur Bewältigung von Schwankungen führt uns zu der These, dass die Instrumente, die sich unter dem Sammelbegriff der Variation der Arbeitszeiten zusammenfassen lassen, eher in Situationen des konjunkturellen Abschwungs oder der konjunkturellen Stagnation zum Einsatz kommen, wohingegen die Instrumente der Variation des Personalbestands eher in konjunkturellen Aufschwungphasen eingesetzt werden.

Tabelle 5: Bewältigung der Schwankungen (in %)*

	BRD			NRW		
	Produzierendes Gewerbe	Dienstleistungsbereich	Insgsamt	Produzierendes Gewerbe	Dienstleistungsbereich	Insgesamt
1. Überstunden	70,9	58,9	62,8	51,0	55,8	54,5
2. Samstag	26,2	13,8	17,8	17,7	10,6	12,4
3. Sonntag	3,4	4,8	4,3	0,6	9,9	7,5
4. Versetzte Arbeitszeiten	14,8	22,8	20,2	16,6	29,7	26,3
5. Schichtarbeit	3,0	3,9	3,6	0,8	0,6	0,7
6. Arbeitszeit-Konten	39,5	16,7	24,0	18,4	14,0	15,2
7. Vertrauens-Arbeitszeit	2,5	7,4	5,8	0,0	5,4	4,0
8. Leih- und Zeitbeschäftigte	25,3	4,0	10,8	34,7	2,5	11,0
9. Fremdfirmen	14,6	7,5	9,8	0,3	5,1	3,8
10. Einstellungen/ Entlassungen	46,5	31,4	36,3	34,7	40,3	38,8
11. Arbeits-Organisation	18,2	34,7	29,4	17,0	38,7	32,9
12. Neue Technologien	11,3	7,3	8,6	16,7	9,6	11,4
13. Sonstiges	10,2	18,9	16,1	16,2	30,3	26,6

* Mehrfachnennungen möglich

Um diese These weiter zu erhärten, sollen im Folgenden die Antwortvorgaben 1, 2, 3, 4, 5 und 6 zur Variable „Variation der Arbeitszeit", die Antwortvorgaben 8, 9 und 10 zur Variable „Variation des Personalbestands", die Antwortvorgaben 7 und 11 zur Variable „Variation der Arbeitsorganisation" zusammengefasst werden. Die Antwortvorgabe 12 wird als Variable „Variation der Technologie" übernommen und die Variable 13 wird vernachlässigt. Tabelle 6 zeigt, dass in der Bewältigung von Schwankungen nach wie vor noch die Variation der Arbeitszeiten dominiert, aber in Relation zu 2005 insbesondere die Variation des Personalbestands, aber auch die Variation der Arbeitsorganisation an Bedeutung gewonnen haben. Während in 2005 auf die Variation der Arbeitszeiten noch 87,8% der Nennungen entfielen, sind es in 2007 „nur" noch 75,3%. Dagegen haben sich im gleichen Zeitraum die auf die Variation des Personalbestands und der Arbeitsorganisation entfallenden Nennungen von 31,3% auf 46,2% beziehungsweise von 27,3% auf 33,0% teilweise stark erhöht.

Tabelle 6: Bewältigung von Schwankungen (in %)

	BRD			**NRW**		
	Produzierendes Gewerbe	Dienstleistungsbereich	Insgesamt	Produzierendes Gewerbe	Dienstleistungsbereich	Insgesamt
Variation der Arbeitszeit	80,1	73,0	75,3	67,4	69,1	68,6
Variation des Personals	61,7	38,7	46,2	51,1	45,4	46,9
Variation der Arbeitsorganisation	20,7	38,9	33,0	17,0	41,4	34,9
Variation der Technologie	21,2	24,3	23,3	32,8	37,7	36,4

IV Arbeitszeitformen

1 Übersicht

Bevor wir auf die verschiedenen Arbeitszeitformen eingehen, soll auf der Grundlage der im Rahmen der „Arbeitszeitberichterstattung" durchgeführten Betriebsbefragungen (Bauer u. a. 2002; Groß, Schwarz 2007; Groß, Schwarz 2008) in einem ersten Überblick die Entwicklung der verschiedenen Arbeitszeitformen im Zeitraum von 2001 bis 2007 dargestellt werden. Die vertragliche Wochenarbeitszeit der Vollzeitbeschäftigten ist in diesem Zeitraum von 37,4 auf 39,2 Wochenstunden angestiegen. Die bezahlten Überstunden haben sich auf dem Niveau von 1,0 Überstunde pro Beschäftigten pro Woche stabilisiert. Die Teilzeitbeschäftigung hat stetig zugenommen. Die Samstagsarbeit ist leicht angestiegen, während die Sonntagsarbeit leicht gefallen ist. Versetzte Arbeitszeiten haben relativ stark zugenommen. Schichtarbeit hat – nach einem hohen Wert in 2005 – in 2007 gegenüber 2001 leicht zugenommen. Arbeitszeitkonten haben sich nach einem rapiden Zuwachs in den letzten Jahren auf dem hohen Niveau von knapp unter 50 Prozent stabilisiert. Vertrauensarbeitszeit ist nur leicht angewachsen. Vertragliche Wochenarbeitszeit, versetzte Arbeitszeiten und Arbeitszeitkonten sind die Arbeitszeitformen, die im Zeitraum von 2001 bis 2007 einen relativ starken Zuwachs verzeichnen. Diesen Arbeitszeitformen gilt daher bei den nachfolgenden Analysen unser Hauptaugenmerk (Tabelle 1).

Tabelle 1: Arbeitszeitformen 2001, 2005 und 2007

	BRD 2001*	BRD 2005**	BRD 2007***	NRW 2005**	NRW 2007***
Vertragliche Wochenarbeitszeit von Vollzeitbeschäftigten	37,4	38,8	39,2	38,8	39,2
Überstunden pro Beschäftigten pro Woche	0,7	1,0	1,0	1,0	1,0
Beschäftigte in Teilzeit	20,0	21,3	23,2	24,7	27,1
Beschäftigte in Samstagsarbeit	18,0	20,2	20,3	21,5	25,9
Beschäftigte in Sonntagsarbeit	11,0	9,5	9,9	9,4	12,0
Beschäftigte in versetzten Arbeitszeiten	15,0	23,8	24,3	23,0	22,8
Beschäftigte in Schichtarbeit	18,0	21,0	18,7	18,6	21,2
Beschäftigte in Arbeitszeitkonten	40,0	48,0	47,0	43,0	47,8
Beschäftigte in Vertrauensarbeitszeit		9,3	9,8	8,1	7,9

* Bauer u. a. 2002; ** Groß, Schwarz 2007; *** Groß, Schwarz 2007

2 Vollzeit- und Teilzeitbeschäftigung

23,2% (NRW: 24,7%) der Beschäftigten arbeiten in Teilzeit. Die Teilzeitquote ist damit im Zeitraum von 2001 bis 2007 leicht, aber kontinuierlich gestiegen. In unserer Beschäftigtenbefragung von 2003 (Bauer u. a. 2004) betrug die Teilzeitquote indes schon 26 %. Nach den Ergebnissen der Berechnung des Arbeitsvolumens durch das Institut für Arbeitsmarkt- und Berufsforschung (IAB) liegt die Teilzeitquote in 2007 bei 33,5% (Bach u. a. 2007). Wir stellen fest, dass die Teilzeitquote in Beschäftigtenbefragungen in der Regel deutlich höher ausfällt als in Betriebsbefragungen. Wir sehen dies in zwei Aspekten begründet. Zum einen dürfte in den Mittel- und Großbetrieben die genaue Anzahl der Teilzeitbeschäftigten, insbesondere die der geringfügig Beschäftigten den bei Betriebsbefragungen üblicherweise antwortenden Personalverantwortlichen nicht immer bekannt sein und daher eher unterschätzt werden. Zum anderen fragen wir in Betriebsbefragungen nach dem prozentualen Anteil der Teilzeitbeschäftigten, so dass wir davon ausgehen können, dass es sich dabei um mehr oder weniger grobe Schätzungen handelt, die sich als Unterschätzungen der faktisch in Teilzeitarbeit tätigen Beschäftigten auswirken.

Mit steigender Betriebsgröße sinkt die Teilzeitquote. Teilzeitbeschäftigung findet überwiegend in Klein- und Mittelbetrieben (1-249 Beschäftigte) des Dienstleistungsbereichs statt. Über zwei Drittel (68,0%) der Teilzeitbeschäftigten sind dort tätig. Mit der Teilzeitquote korrespondiert die Frauenquote. Betriebe mit einer hohen Teilzeitquote weisen auch eine hohe Frauenquote auf. Das Produzierende Gewerbe weist mit 8,3% eine unterdurchschnittliche Teilzeitquote auf, wohingegen diese im Dienstleistungsbereich mit 31,0% weit über dem Durchschnitt liegt (ohne Tabelle).

Die vertragliche Wochenarbeitszeit der Vollzeitbeschäftigten beträgt im Jahr 2007 im Durchschnitt 39,2 Stunden (NRW: 39,2 Stunden). Damit ist diese gegenüber den Werten, die wir in 2001 und 2005 ermittelten (37,4 beziehungsweise 38,8 Wochenstunden), deutlich gestiegen. Die Berechnung des Arbeitsvolumens durch das IAB kommt für die tarifliche/betriebsübliche Wochenarbeitszeit von Vollzeitbeschäftigten zu einer ähnlichen (allerdings in den Differenzen abgeschwächten) Trendaussage (Bach u. a. 2007). Wir sehen dies vor allem darin begründet, dass im Zeitraum von 2001 bis 2007 nach unseren Daten der Anteil der nicht tarifgebundenen Betriebe von 58%, in denen 38,3% der Beschäftigten tätig waren, (Bauer u. a. 2002, 98) auf 73% der Betriebe mit 40,2% der Beschäftigten gestiegen ist. In diesen sind die vertraglichen Wochenarbeitszeiten der Vollzeitbeschäftigten mit 40,3 Wochenstunden deutlich höher als in den tarifgebundenen Betrieben, bei denen der Vergleichswert bei 38,8 Wochenstunden liegt (ohne Tabelle). Auch werden in den nicht tarifgebundenen Betrieben mit 1,4 Überstunden pro Vollzeitbeschäftigten deutlich mehr bezahlte Überstunden geleistet als in den tarifgebundenen Betrieben, die auf 1,1 bezahlte Überstunden pro Vollzeitbeschäftigten pro Woche kommen. Demnach liegen die effektiven Wochenarbeitszeiten der Vollzeitbeschäftigten in den nicht tarifgebundenen Betrieben bei 41,7 Wochenstunden und damit um 1,8 Wochenstunden höher als in den tarifgebundenen Betrieben (39,9 Wochenstunden). Im Durchschnitt beträgt in 2007 die effektive Wochenarbeitszeit der Vollzeitbeschäftigten 40,5 Wochenstunden und liegt damit um 0,8 Wochenstunden über dem Wert, den wir 2003 für die Bundesrepublik Deutschland im Rahmen einer internationalen Betriebsbefragung zu Betriebs- und Arbeitszeiten (Bauer u. a. 2005; Delsen u. a. 2007) ermittelt haben (ohne Tabelle).

3   Überstundenarbeit

In einer üblichen Woche im September 2007 hat jeder Beschäftigte durchschnittlich 1,0 Überstunde pro Woche geleistet (Tabelle 2). Wir gehen davon aus, dass
es sich dabei um bezahlte Überstunden handelt, da die Betriebe im Unterschied
zu Beschäftigten über unbezahlte Überstunden keine Aussagen machen (können)
und die in Freizeit ausgeglichenen Überstunden wahrscheinlich bei Arbeitszeitkonten verorten[23]. Die bezahlten Überstunden nehmen mit steigender Betriebsgröße sowohl im Produzierenden Gewerbe als auch im Dienstleistungsbereich
ab. In den Großbetrieben (250 und mehr Beschäftigte) leistet jeder Beschäftigte
nur noch knapp die Hälfte der Überstunden (0,7 Stunden), die in Kleinbetrieben
(1-19 Beschäftigte) pro Beschäftigten anfallen (1,2 Stunden). Im Produzierenden
Gewerbe entfallen auf jeden Beschäftigten in der Bundesrepublik Deutschland
mehr als doppelt (1,6 Stunden) und in Nordrhein-Westfalen sogar mehr als dreimal soviel Überstunden (2,1 Stunden) wie im Dienstleistungsbereich (BRD: 0,6
Stunden; NRW: 0,6 Stunden). Die meisten Überstunden pro Beschäftigten werden im primären Sektor (3,4 Stunden) und im Baugewerbe (1,7 Stunden) geleistet. Hier entfallen auf jeden Beschäftigten siebenmal beziehungsweise dreimal so
viele Überstunden wie auf die Beschäftigten in den sozialen Dienstleistungen
(0,5 Stunden), die sich am unteren Ende der „Überstundentabelle" befinden (Tabelle 2). Über drei Viertel (77,0%) aller bezahlten Überstunden werden in Klein-
und Mittelbetrieben erbracht (ohne Tabelle). Bezahlte Überstundenarbeit ist also
wesentlich ein Phänomen der Klein- und Mittelbetriebe. Insbesondere in Kleinbetrieben werden Arbeitszeitregelungen häufiger informell vereinbart und praktiziert als in den anderen Betriebsgrößenklassen. Daher vermuten wir einen Zusammenhang zwischen Überstundenarbeit und formeller Regulierungspraxis. In
der Tat werden in Betrieben mit betrieblicher Interessenvertretung mit 0,7 Überstunden pro Beschäftigten pro Woche deutlich weniger Überstunden geleistet als
in den Kontrastbetrieben, in denen der Vergleichwert 1,2 Überstunden beträgt.
Bekräftigt wird dieser Befund dadurch, dass in Betrieben mit kollektiven Arbeitszeitregelungen (Tarifvertrag, Betriebsvereinbarung) deutlich weniger Überstunden anfallen (0,8 beziehungsweise 0,9 Stunden) als in Betrieben, in denen
die Arbeitszeit informell oder durch Anweisungen der Vorgesetzten geregelt ist.
Hier leistet jeder Beschäftigte pro Woche 1,4 Überstunden (ohne Tabelle).

---

[23]   Unterstützt wird diese Annahme dadurch, dass dieser Wert deutlich unter dem liegt, den wir in
unserer Beschäftigtenbefragung im Jahr 2003 für Überstunden insgesamt ermittelt haben. Den Befunden zufolge hatte seinerzeit jeder Beschäftigte pro Woche im Durchschnitt 2,7 Überstunden
geleistet. Von diesen waren 0,7 Stunden bezahlte, 0,9 Stunden unbezahlte und 1,1 Stunden in
Freizeit ausgeglichene Überstunden (Bauer u. a. 2004, 51). Zu ähnlichen Ergebnissen kommt Anger (2006, 189 ff), die auf der Grundlagen der Daten des Sozioökonomischen Panels für das Jahr
2005 durchschnittlich 2,5 Überstunden pro Woche pro Vollzeitbeschäftigten ermittelte.

Tabelle 2: Überstunden nach Wirtschaftszweigen (in Wochenstunden)

	BRD				NRW
	1-19	20-249	250+	Insgesamt	
Produzierendes Gewerbe davon:	2,1	1,8	1,1	1,6	2,1
Primärer Sektor	4,6	3,2	1,5	3,4	
Sekundärer Sektor	1,3	1,5	1,2	1,3	
Bau	2,0	2,3	(0,1)	1,7	
Dienstleistungs-- Bereich davon:	0,9	0,6	0,4	0,6	0,6
distributive	1,1	0,8	1,1	1,0	
unternehmensbezogene	0,9	0,6	0,4	0,7	
soziale	0,8	0,5	0,2	0,5	
persönliche	0,8	0,6	0,2	0,7	
Insgesamt	1,2	1,0	0,7	1,0	1,0

4 Wochenendarbeit

In 2007 arbeiten 20,3% der Beschäftigten samstags und 9,9% der Beschäftigten sonntags. Gegenüber 2005 haben sich damit bei Samstags- und Sonntagsarbeit so gut wie keine Veränderungen ergeben (Tabelle 1). Der Anteil der Samstagsbeschäftigten ist in den Klein- und Mittelbetrieben (22,0%) merklich höher als in den Großbetrieben (16,7%). Dagegen variiert der Anteil der Sonntagsbeschäftigten nicht mit der Betriebsgröße (Tabelle 3). Die Beschäftigten in der Land- und Forstwirtschaft, im Hotel- und Gaststättengewerbe sowie im Einzel- und Großhandel sind überdurchschnittlich häufig in Samstagsarbeit tätig (ohne Tabelle). Analog verhält es sich bei der Sonntagsarbeit. Hier sind es auch die Beschäftigten aus dem Hotel- und Gaststättengewerbe und aus der Land- und Forstwirtschaft, die überdurchschnittlich häufig an Sonntagen arbeiten. Hinzu kommen noch die Beschäftigten aus dem Gesundheitsbereich, wo insbesondere die Beschäftigten in den großen Krankenhäusern überdurchschnittlich häufig an Sonntagen arbeiten. Samstagsarbeit ist in einem reichlichen Drittel der Fälle (38,6%) Sonntagsarbeit, wohingegen Sonntagsarbeit fast ausnahmslos (95,3%) mit Samstagsarbeit verbunden ist.

Samstagsarbeit ist zum Teil Überstundenarbeit. Darauf verweist der Befund, dass in Betrieben mit Samstagsarbeit deutlich mehr Überstunden (BRD: 1,2

Stunden; NRW: 1,4 Stunden) geleistet werden als in den Betrieben, die samstags nicht produzieren (BRD: 0,5 Stunden; NRW: 0,5 Stunden). Demgegenüber unterscheiden sich Betriebe mit Sonntagsarbeit hinsichtlich ihres Überstundenaufkommens nicht nennenswert von denen, die sonntags nicht in Gang sind (1,0 Stunden: 0,9 Stunden). Anders als Samstagsarbeit ist Sonntagsarbeit häufig auch Schichtarbeit. Die Beschäftigten, die in kontinuierlichen Schichtsystemen tätig sind und damit zwingend auch an Sonntagen arbeiten müssen, machen knapp zwei Drittel (64,0%) der Sonntagsbeschäftigten aus (ohne Tabelle).

Tabelle 3: Samstags- und Sonntagsbeschäftigte nach Wirtschaftsbereichen und Betriebsgrößenklassen

	Beschäftigt in Samstagsarbeit	Beschäftigte in Sonntagsarbeit
Produzierendes Gewerbe		
1-249	18,4	4,1
250+	17,9	6,5
Insgesamt	18,2	5,1
Dienstleistungsbereich		
1-249	23,6	13,5
250+	15,7	9,7
Insgesamt	21,4	12,5
Insgesamt		
1-249	22,0	10,7
250+	16,7	8,3
Insgesamt	20,3	9,9

5   Versetzte Arbeitszeiten

Knapp ein Viertel (BRD: 24,3%; NRW: 21,8%) der Beschäftigten arbeitet in versetzten Arbeitszeiten. Diese sind Arbeitszeitregelungen, denen zufolge bei-spielsweise in einer Abteilung eine Gruppe von Beschäftigten von 7-14 Uhr, eine zweite von 9-16 Uhr und eine dritte von 11-18 Uhr tätig ist. Im Zeitraum von 2001 und 2007 hat sich der Anteil der Beschäftigten in versetzten Arbeitszeiten kontinuierlich und deutlich erhöht. In 2001 betrug er 15% (Bauer u. a. 2002), in 2003 lag er bei 17,8% (Bauer u. a. 2005), in 2005 belief er sich auf 23,8% (Groß, Schwarz 2007, 70ff) und in 2007 sind 24,3% der Beschäftigten in versetzten Arbeitszeiten tätig. Diese Arbeitszeitform hat vor allem im Dienstleistungsbe-reich zugelegt. Während in 2001 und 2003 noch 23% beziehungsweise 21,2% der Beschäftigten des Dienstleistungsbereichs in versetzten Arbeitszeiten arbeite-ten, sind es in 2005 schon 29,7% und in 2007 24,9% der Beschäftigten (Tabelle 4).

Versetzte Arbeitszeiten haben nicht nur in der Bundesrepublik Deutschland, sondern auch in anderen europäischen Ländern an Bedeutung gewonnen (Bauer u. a. 2005); denn mit versetzten Arbeitszeiten können relativ kurzfristig ge-wünschte Betriebszeiten eingerichtet werden, die von überlangen Wochenar-beitszeiten bis an und teilweise sogar über das Niveau von Zwei-Schicht-Systemen reichen. Teilweise ersetzen versetzte Arbeitszeiten sogar Schichtarbeit; dies ist insbesondere in den britischen Betrieben des Produzierenden Gewerbes und den portugiesischen Betrieben des Dienstleistungsbereichs der Fall (Bauer u. a. 2005, 61). Darauf verweisen auch die oben dargestellten Befunde zur Konsti-tution von Betriebszeiten. Zugleich können versetzte Arbeitszeiten aufgrund ihrer Elastizität flexibler als Schichtarbeit eingesetzt werden. Schließlich sind, wie oben dargestellt, versetzte Arbeitszeiten kostengünstiger als Schichtarbeit; denn für jene müssen so gut wie keine Zuschläge gezahlt werden, die jedoch für diese in der Regel anfallen (Bauer u. a. 2005, 123ff). Diese Gründe dürften die zunehmende Attraktivität von versetzten Arbeitszeiten erklären.

Tabelle 4:   Beschäftigte in versetzten Arbeitszeiten nach Betriebsgrößen und Wirtschaftsbereichen (in %)

	Produzierendes Gewerbe	**Dienstleistungs-bereich**	**Insgesamt**
1-249	16,9	25,7	23,0
250+	27,6	22,9	24,9
Insgesamt	21,2	24,9	24,3

Die Dauer von versetzten Arbeitszeiten hat sich gegenüber 2005 verringert und hat sich auf dem Niveau, das wir für 2003 ermittelt haben, stabilisiert. Die wöchentliche Dauer von versetzten Arbeitszeiten betrug in 2003 durchschnittlich 71,5 Wochenstunden (Bauer u. a. 2005, 65), stieg in 2005 auf 80,6 Wochenstunden an (Groß, Schwarz 2007, 72) und liegt in 2007 wieder bei 70 Wochenstunden (Tabelle 5). Die tägliche Dauer von versetzten Arbeitszeiten liegt mit durchschnittlich 13 beziehungsweise 14 Stunden knapp unter dem für Zwei-Schicht-Systeme üblichen Niveau von 15 oder 16 Stunden pro Tag und weit über der Arbeitszeitdauer, die mit Überstundenarbeit in der Regel zu erreichen ist.

Tabelle 5: Anzahl der Tage, tägliche und wöchentliche Dauer von versetzten Arbeitszeiten (Dauer in Stunden)

	Produzierendes Gewerbe	Dienstleistungsbereich	Insgesamt
Tage pro Woche	5,3	5,1	5,1
Tägliche Dauer	13,2	13,7	13,7
Wöchentliche Dauer	70	70	70

Die hohe Elastizität von versetzten Arbeitszeiten besteht darin, dass diese beispielsweise mit einer Dauer von 39-48 Wochenstunden einer wöchentlichen Betriebszeit entspricht, die auch mit überlangen tatsächlichen Wochenarbeitszeiten von Vollzeitbeschäftigten, also mit Überstundenarbeit erreicht werden könnte. Bei einer Dauer von 49-79 Wochenstunden wird mit versetzten Arbeitszeiten eine wöchentliche Betriebszeit erzielt, die oberhalb dessen, was nur mit überlangen tatsächlichen Wochenarbeitszeiten von Vollzeitbeschäftigten erreichbar ist, aber unterhalb eines Zwei-Schicht-Systems liegt. Mit einer Dauer von 80-119 Wochenstunden wird mit versetzten Arbeitszeiten eine wöchentliche Betriebszeit erreicht, die für gewöhnlich nur mit einem Zwei-Schicht-System beziehungsweise einem Drei-Schicht-System zu erzielen ist. Wenn die Dauer von versetzten Arbeitszeiten sogar 120 und mehr Wochenstunden beträgt, dann entspricht dies einer wöchentlichen Betriebszeit, die nur mit einem Drei-Schicht-System erreichbar ist.

In der Tat werden versetzte Arbeitszeiten für alle vier Kategorien unterschiedlicher Betriebszeitdauer eingesetzt. 13,4% der Beschäftigten in versetzten Arbeitszeiten arbeiten in solchen Systemen, denen eine wöchentliche Betriebszeit von bis zu 48 Stunden entspricht. Der Großteil (62,2%) arbeitet in versetzten Arbeitszeiten mit einer wöchentlichen Betriebszeitdauer von 49 bis zu 79 Stunden. Weitere 18,2% sind in solchen Systemen von versetzten Arbeitszeiten tätig, mit denen wöchentliche Betriebszeiten von 80 bis zu 119 Stunden erreicht werden. 6,2% der Beschäftigten arbeiten in versetzten Arbeitszeiten, mit denen sogar wöchentliche Betriebszeiten von 120 bis zu 168 Stunden erzielt werden (ohne Tabelle).

Diese Ergebnisse veranschaulichen die Bandbreite, die den Betrieben für die Nutzung von versetzten Arbeitszeiten zur Verfügung steht und auch faktisch realisiert wird. Mit versetzten Arbeitszeiten können also die Betriebe relativ kurzfristig und relativ kostengünstig die Betriebszeit einrichten, die für die Produktion von Gütern und Dienstleistungen jeweils erforderlich ist. Diese Arbeitszeitform ist offensichtlich besonders für Tätigkeitsbereiche geeignet, in denen der Arbeitskräfteeinsatz möglichst schnell und „passgenau" an einen letztlich nicht antizipierbaren, im Tages- oder Wochenverlauf stark schwankenden Arbeitsanfall angepasst werden muss.

6   Schichtarbeit

In 2007 arbeitet knapp ein Fünftel der Beschäftigten in der Bundesrepublik Deutschland (18,7%) und über ein Fünftel der Beschäftigten in Nordrhein-Westfalen (21,2 %) in Schichtarbeit. In 2001 (Bauer u. a. 2002, 144), in 2003 (Bauer u. a. 2005, 120) und in 2005 (Groß, Schwarz 2007, 75ff) betrug der Anteil der Schichtbeschäftigten 18,0%, 18,3% und 21,0%. Der Anteil der Schichtbeschäftigten hat damit gegenüber 2001 und 2003 leicht zu- und gegenüber 2005 leicht abgenommen. Schichtarbeit nimmt mit steigender Betriebsgröße zu. Dies gilt für das Produzierende Gewerbe ebenso wie für den Dienstleistungsbereich. Schichtarbeit ist ein Großbetriebsphänomen. Anteilsmäßig arbeiten im Produzierenden Gewerbe über doppelt so viele Beschäftigte in Großbetrieben (37,7%) in Schichtarbeit wie in Klein- und Mittelbetrieben (16,4%). Auch im Dienstleistungsbereich ist der Anteil der Schichtbeschäftigten in Großbetrieben (20,1%) deutlich höher als in den Klein- und Mittelbetrieben (13,3%). Schichtarbeit kommt im Produzierenden Gewerbe weitaus häufiger zum Einsatz als im Dienstleistungsbereich. Hier sind 15,2% der Beschäftigten in Schichtarbeit tätig, dort sind es anteilsmäßig mit 24,8 % um über die Hälfte mehr (Tabelle 6).

Tabelle 6:   Beschäftigte in Schichtarbeit nach Betriebsgröße und Wirtschaftsbereichen (in %)

	Produzierendes Gewerbe	**Dienstleistungs-bereich**	**Insgesamt**
1-249	16,4	13,3	14,3
250+	37,7	20,1	27,7
Insgesamt	24,8	15,2	18,7

Die durchschnittliche Schichtdauer liegt bei 110 Wochenstunden. Damit ist diese gegenüber 2005 um rund 9 Stunden zurückgegangen. Zusammen mit dem gegenüber 2005 feststellbaren leichten Rückgang des Anteils von Schichtbeschäftigten erklärt der Rückgang der Schichtdauer den oben dargestellten Befund, dass Schichtarbeit weniger noch als in 2005 zur Betriebszeitdauer beiträgt. Da die durchschnittliche Betriebszeit im Zeitraum von 2005 bis 2007 annähernd gleich geblieben ist, ist der „Konstitutionsverlust" von Schichtarbeit durch versetzte Arbeitszeiten und die effektiven Wochenarbeitszeiten von den Beschäftigten, die weder in Schicht noch in versetzten Arbeitszeiten tätig sind, kompensiert worden. Anteilsmäßig sind die meisten Schichtbeschäftigten (41,1%) in Schichtsystemen tätig, in denen an 6 oder 7 Tagen in der Woche täglich 24 Stunden produziert wird. 2005 betrug der Vergleichswert 38,3%. Weitere 26,9% der Schichtbeschäftigten arbeiten in Systemen, in denen an 5 Tagen in der Woche täglich 24 Stunden „der Betrieb läuft". In 2005 waren dies 26,3% der Schichtbeschäftigten. Die restlichen 30,0% der Schichtbeschäftigten sind in „sonstigen Schichtsystemen" tätig. Mit dieser „Restkategorie" haben wir all die Schichtsysteme ermittelt, die in der Regel weniger als 24 Stunden am Tag laufen. Der Vergleichswert für 2005 liegt bei 35,3% (Groß, Schwarz 2007, 77). An der Verteilung der Schichtbeschäftigten auf die unterschiedlichen Schichtsysteme hat sich also im Zeitraum von 2005 bis 2007 kaum etwas geändert.

7   Arbeitszeitkonten

Arbeitszeitkontenmodelle sind eine Form der Zeitbewirtschaftung, bei der Zeitguthaben und/oder Zeitschulden angespart werden können, die innerhalb eines vereinbarten Zeitraums ausgeglichen werden müssen. Für diesen Ausgleich gilt die tarifliche/ vertraglich vereinbarte Wochenarbeitszeit als die Bezugsgröße, die im Durchschnitt wieder erreicht werden muss. Arbeitszeitkontenmodelle ermöglichen eine Abkehr vom ansonsten starren wöchentlichen Bezugszeitraum für die Realisierung der tariflichen/vertraglich vereinbarten Arbeitszeiten. Dadurch kann (im Rahmen der gesetzlichen Bestimmungen) die tatsächliche wöchentliche Arbeitszeit mal über und mal unter der tariflichen oder vertraglich vereinbarten Arbeitszeit liegen, solange diese im Durchschnitt im vereinbarten Ausgleichszeitraums wieder erreicht wird, solange also Zeitguthaben und Zeitschulden im vereinbarten Zeitraum sich ausgleichen. Arbeitszeitkontenmodelle stellen so gesehen eine widersprüchliche Einheit von De-Regulierung und Re-Regulierung dar (Groß, Seifert, Sieglen 2007). Auf der einen Seite werden mit Arbeitszeitkontenmodellen die Möglichkeiten der Arbeitszeitflexibilisierung immens ausgeweitet; denn mit Arbeitszeitkontenmodellen können die Dauer, die Lage und die Verteilung der Arbeitszeit gleichermaßen variiert werden. Auf der anderen

Seite gelingt diese Arbeitszeitvariation nur auf der Grundlage klar definierter Regelungen. Ober- und Untergrenzen von Zeitguthaben und -schulden müssen ebenso festgelegt werden wie die Ausgleichszeiträume, innerhalb derer „Zeitsoll" und „Zeithaben" sich zu Null addieren müssen. Zu diesem Regelungsgerüst gehört auch die Sicherung der Arbeitszeitkontenmodelle gegen die Insolvenz von Betrieben und Unternehmen. Dieses hier idealtypisch skizzierte Regelungsgerüst darf aber nicht darüber hinwegtäuschen, dass Arbeitszeitkontenmodelle in der betrieblichen Praxis nicht immer regelkonform funktionieren, sondern die angesparten Zeitguthaben nicht immer nur durch Zeit, sondern bei Fehlverläufen auch durch Geld ausgeglichen werden oder sogar ganz verfallen (Bauer u. a. 2002, 181ff).

Mit Arbeitszeitkonten gewinnen die Betriebe die Möglichkeit, den Arbeitskräfteeinsatz und die Betriebszeiten kostengünstig, weil teure Überstunden entfallen, und ohne Einbußen an Flexibilität an die konjunkturellen und saisonalen Schwankungen des Arbeitsanfalls anzupassen. Darüber hinaus dürften Arbeitszeitkontenmodelle Produktivitätssteigerungseffekte haben, weil durch die „passgenauen" Abstimmungen von Arbeitskräfteeinsatz und Arbeitsanfall unproduktive Leerzeiten vermieden werden. So gesehen können Arbeitszeitkontenmodelle als eine Form der „kontrollierten Flexibilisierung" (Seifert 2001) angesehen werden, die den Betrieben erweiterte Möglichkeiten der Arbeitszeitflexibilisierung und den Beschäftigten erweitere Möglichkeiten der Ausgestaltung von Zeitsouveränität eröffnen kann.

Tabelle 7: Entwicklung von Gleitzeitarbeit und Arbeitszeitkonten 1987 - 2007 in Westdeutschland (in %)

	Beschäftigtenbefragungen		Betriebsbefragungen	
	Gleitzeitarbeit	Arbeitszeitkonto	Gleitzeitarbeit	Arbeitszeitkonto
1987	14,0			
1989	19,0			
1990			14,8	
1993	22,0			
1995	28,0			
1996*			9,9	
1999		38,0		
2001				40,0
2003		42,0		
2003**			-	-
2005				48,0
2007				47,0

*   Dieser Wert bezieht sich auf die Produktionsbereiche der Betriebe des verarbeitenden Gewerbes.
** Dieser Wert wurde in der international vergleichenden Betriebsbefragung zu Betriebszeiten, Arbeitszeiten und Beschäftigung in Deutschland, Frankreich, Großbritannien, den Niederlanden, Portugal und Spanien nicht abgefragt.

Tabelle 7 zeigt die steile Karriere von Arbeitszeitkontenmodellen (und von Gleitzeitarbeit als deren „Vorläufermodell") im Zeitraum von 1987 bis 2007: der Anteil von Gleitzeitbeschäftigten stieg von 1987 bis 1995 von 14,0% auf 28,0% und verdoppelte sich damit; Gleitzeitarbeit ging dann in das hinsichtlich der Flexibilisierungsmöglichkeiten avanciertere Modell von Arbeitszeitkonten über, in denen 1999 schon 38% der Beschäftigten tätig waren. Deren Anteil stieg dann noch einmal um rund 10 Prozentpunkte bis 2007. Mittlerweile wird für fast jeden zweiten Beschäftigten ein Arbeitszeitkonto geführt (Tabelle 7).

Der Anteil von Beschäftigten in Arbeitszeitkonten steigt mit zunehmender Betriebsgröße. Dies gilt für das Produzierende Gewerbe wie für den Dienstleistungsbereich. In den Großbetrieben (250 und mehr Beschäftigte) sind weit über die Hälfte (57,1%) der Beschäftigten in Arbeitszeitkontenmodellen tätig; in den Großbetrieben des Produzierenden Gewerbes sind es sogar schon 6 von 10 Beschäftigten, für die ein Arbeitszeitkonto geführt wird (Tabelle 8)[24]. Die gegenüber dem Produzierenden Gewerbe geringere Verbreitung von Arbeitszeitkontenmodellen im Dienstleistungsbereich sehen wir in verschiedenen Faktoren begründet. Dafür ist zunächst der Betriebsgrößeneffekt verantwortlich: Arbeitszeitkonten werden unterdurchschnittlich wenig bei den persönlichen (34,1%) und den distributiven Dienstleistungen (34,9%) geführt. In diesen Wirtschaftszweigen ist auch der Anteil der Kleinbetriebe verhältnismäßig hoch. Demgegenüber sind überdurchschnittlich viele Beschäftigte im Produzierenden Gewerbe in Arbeitszeitkontenmodellen tätig, was auch auf den überproportional hohen Anteil an Großbetrieben in diesem Wirtschaftsbereich zurückzuführen ist.

Es kommt hinzu, dass im Kernbereich des Produzierenden Gewerbes, im Sekundären Sektor, 56,9% der Beschäftigten in Arbeitszeitkontenmodellen arbeiten. Damit steht der sekundäre Sektor bei Arbeitszeitkonten an der Spitze aller Wirtschaftszweige und prägt damit nicht nur den Durchschnitt im Produzierenden Gewerbe, sondern auch insgesamt; ein knappes Drittel (29,0%) der Beschäftigten in Arbeitszeitkontenmodellen ist nämlich im Sekundären Sektor tätig (ohne Tabelle). Dieser Wirtschaftsbereich ist – stichwortartig formuliert – durch starken internationalen Konkurrenzdruck, teilweise heftige Schwankungen der Geschäftstätigkeit, hohe Fertigungstiefe, kundenspezifische Auftragsproduktion und Sonderanfertigungen, einen qualitativ hohen Kundenservice und termingerechte Auftragsbearbeitung gekennzeichnet. Mit diesen Anforderungen steigt der

---

[24] Die stärkere Verbreitung von Arbeitszeitkonten in Großbetrieben dürfte auch in den Fixkosten begründet sein, die relativ unabhängig von der Anzahl der Beschäftigten sind, für die ein Arbeitszeitkonto geführt wird (Anbahnungs- und Verhandlungskosten, Schulungskosten, Softwarekosten, Dokumentations- und Pflegekosten). Die Aufwendungen, die mit diesen Fixkosten verbunden sind, können als ein Hemmnis angesehen werden, das sich mit steigender Betriebsgröße auflösen und kehrseitig dazu mit sinkender Betriebsgröße einstellen und/oder weiter verfestigen dürfte.

Bedarf nach einer hochflexiblen Arbeitszeitgestaltung, für die sich Arbeitszeit-kontenmodelle besonders eignen.

Tabelle 8: Beschäftigte in Arbeitszeitkonten nach Betriebsgröße und Wirtschaftsbereichen (in %)

	Produzierendes Gewerbe	Dienstleistungs-bereich	Insgesamt
1-249	49,7	39,1	42,3
250+	60,0	54,9	57,1
Insgesamt	53,7	43,4	47,0

In den Betriebsbefragungen von 2001, 2005 und 2007 haben wir bei Arbeitszeit-konten nach der maximalen Anzahl der Minusstunden (Zeitschulden), der Plus-stunden (Zeitguthaben) und dem Ausgleichszeitraum gefragt. Damit haben wir die Regelungen erfasst, nach denen Arbeitszeitkonten in der betrieblichen Praxis relativ reibungslos funktionieren. Deren friktionsfreie Funktionstüchtigkeit kann dann als gesichert angesehen werden, wenn alle drei genannten Regelungsbe-standteile zugleich vereinbart sind. Je weniger dies der Fall ist, umso schlechter dürften Arbeitszeitkonten in der betrieblichen Praxis funktionieren und damit sowohl dem betrieblichen Interesse, den Arbeitskräfteeinsatz möglichst genau mit dem Arbeitanfall abzustimmen, als auch dem Beschäftigteninteresse, über flexible, aber verlässlich geregelte Arbeitszeiten möglichst zeitsouverän zu bestimmen, zuwiderlaufen.

Mit den Angaben zu Minusstunden, Plusstunden und Ausgleichszeitraum können wir Grade der Funktionstüchtigkeit von Arbeitszeitkonten unterscheiden. Wir bezeichnen ein Arbeitszeitkontenmodell dann als vollständig geregelt und damit als erwartbar besonders funktionstüchtig, wenn alle drei Regelungsbe-standteile definiert sind. Das Extrem dazu liegt dann vor, wenn kein Regelungs-bestandteil vereinbart ist. Solche Arbeitszeitkontenmodelle sind ungeregelt, jedenfalls formell nicht geregelt. Bei diesen dürfen wir eine stark eingeschränkte Funktionstüchtigkeit erwarten. Zwischen diesen beiden Extremen bewegen sich die beiden anderen Typen. Als fast ungeregelt können die Arbeitszeitkontenmo-delle angesehen werden, bei denen nur ein Regelungsbestandteil definiert ist. Als fast vollständig geregelt können die Arbeitszeitkontenmodelle betrachtet werden, bei denen zwei Regelungsbestandteile vereinbart sind. Aus Gründen einer über-sichtlichen Darstellung der Befunde haben wir für den nachfolgenden Vergleich der Regelung von Arbeitszeitkonten im Zeitraum von 2001 bis 2007 die Typen „vollständig geregelt" und „fast vollständig geregelt" zu dem Typ „gut geregelt"

(hier sind mindestens zwei der oben angeführten Regelungsbestandteile definiert) und die Typen „fast ungeregelt" und „ungeregelt" zu dem Typ „schlecht
geregelt" (hier ist nur einer oder gar keiner der oben angeführten Regelungsbestandteile festgelegt) zusammengefasst.

Tabelle 9 zeigt, dass die Güte der Regelung von Arbeitszeitkonten im Zeitverlauf zugenommen hat. Während 2001 knapp zwei Drittel (63,3%) der Beschäftigten, für die ein Arbeitszeitkonto geführt wird, in gut geregelten und damit in erwartbar funktionstüchtigen Arbeitszeitkontenmodellen arbeiten, sind es
in 2005 und 2007 schon über drei Viertel (77,2% beziehungsweise 76,8%). Dabei haben die Betriebe aller Betriebsgrößenklassen kräftig zugelegt: die Kleinbetriebe im Untersuchungszeitraum um 26,8 Prozentpunkte, die Mittelbetriebe um
12,4 Prozentpunkte und die Großbetriebe um 15,6 Prozentpunkte. Diese Befunde
deuten darauf hin, dass Arbeitszeitkontenmodelle nicht oder nur selten ein für
allemal eingerichtet werden können, sondern nach Maßgabe der teilweise stark
schwankenden betrieblichen Funktionserfordernisse ständig neu abgestimmt und
fein justiert werden müssen. Die Einrichtung von Arbeitszeitkontenmodellen ist
demnach auf in Relation zu anderen Arbeitszeitformen verhältnismäßig zeitauf-
wendige Lernprozesse verwiesen, in denen die Betriebe in Abstimmung mit den
Beschäftigten und ihren betrieblichen und/oder gewerkschaftlichen Interessenvertretungen[25] sukzessive die Güte und Funktionstüchtigkeit von Arbeitszeitkontenmodellen verbessern.

---

[25] Für eine im Interesse der Betriebe wie auch in dem der Beschäftigten funktionstüchtige Regelung
von Arbeitszeitkonten ist die betriebliche Interessenvertretung von besonderer Bedeutung. In Betrieben mit einem Betriebsrat waren in 2001 72,2% der Beschäftigten, für die ein Arbeitszeitkonto
geführt wurde, in gut geregelten Arbeitszeitkontenmodellen tätig. In den Betrieben ohne Betriebs-
rat/Personalrat waren es nur 34,5% der Beschäftigten in Arbeitszeitkontenmodellen. Die Güte von
Arbeitszeitkontenregelungen in Betrieben mit Betriebsrat ist noch gesteigert worden. Die Vergleichswerte für 2005 und 2007 sind: 87,0% gegenüber 57,4% beziehungsweise 86,0% gegenüber
60,0%.

Tabelle 9:   Regelung von Arbeitszeitkonten 2001-2007

	1-19 Beschäftigte		20-249 Beschäftigte		250+ Beschäftigte		Insgesamt	
	gut geregelt	schlecht geregelt	gut geregelt	schlecht geregelt	gut geregelt	schlecht geregelt	gut geregelt	schlecht geregelt
2001	31,2	68,8	60,5	39,5	74,2	25,8	63,3	36,7
2005	50,3	49,7	74,7	25,3	90,0	10,0	77,2	22,8
2007	58,0	42,0	72,9	27,1	89,8	10,2	76,8	23,2

V Betriebliche Altersstrukturen

1 Erwerbsbeteilung von älteren Beschäftigten

Die Erwerbsquote von Beschäftigten im Alter von 55 bis 64 Jahren liegt im Jahr 2007 bei 51,5% und damit über dem Durchschnitt (44,7%) der Mitgliedsstaaten der Europäischen Union (EU-27) - und auch über dem Durchschnitt (46,6%) der früheren EU-15 (EUROSTAT 2008). Hierbei ist allerdings zu berücksichtigen, dass im Jahr 2005 die Ermittlung der Erwerbsbeteiligung durch den Mikrozensus, dessen Daten in die EUROSTAT-Statistiken eingehen, in wesentlichen Punkten abgeändert wurde: Erstens bildet seit 2005 das Labour-Force-Konzept der Internationalen Arbeitsorganisation (ILO) die Grundlage für die Erfassung der Erwerbstätigkeit. Danach gilt eine Person ab dem 15. Lebensjahr bereits dann als erwerbstätig, wenn diese im definierten Berichtszeitraum eine Stunde in einem bezahlten Beschäftigungsverhältnis, als Selbständige oder als mithelfende Familienangehörige gearbeitet hat. Dadurch wird auf der einen Seite das Arbeitsmarktgeschehen insbesondere im Bereich der geringfügigen, temporären und/oder saisonalen Beschäftigung besser abgebildet. Auf der anderen Seite steht der zeitliche Umfang der Erwerbstätigkeit nun weniger im Mittelpunkt als früher. Zweitens wird seit 2005 die Ermittlung der Erwerbstätigkeit über alle Kalenderwochen des Jahres verteilt durchgeführt. Statt einer Momentaufnahme von Ende April – wie dies bis dahin der Fall war – werden nun Jahresdurchschnittsergebnisse verwendet. Saisonale Schwankungen werden dadurch zwar weitgehend ausgeblendet, Veränderungen des Niveaus sind damit aber unausweichlich. Drittens gilt seit 2005 für alle Befragten des Mikrozensus eine Auskunftspflicht für alle Fragen zur Ausbildung – mit der Folge deutlich sinkender Antwortausfälle, die im Jahr 1993 in der Spitze bei den Erwerbstätigen ein Niveau von hochgerechnet rund 3,4 Millionen erreichten und von rund 2,4 Millionen in 2004 auf rund 0,2 Millionen in 2005 sich verringert haben (Reinberg, Hummel 2007).

Diese veränderte Ermittlung der Erwerbstätigkeit führte in 2005 zu einer gegenüber 2004 um rund 0,9 Millionen höheren Beschäftigtenzahl. Dieser Beschäftigungszuwachs wird in 2005 durch vergleichbare Erwerbsstatistiken nicht bestätigt. Weder die Beschäftigtenstatistik einschließlich der Statistik der geringfügig entlohnten Beschäftigung der Bundesagentur für Arbeit, die rund 80% der Gesamtbeschäftigung abdecken, noch die Personalstandsstatistik für Beamte,

Richter und Soldaten stützen den im Mikrozensus für 2005 ausgewiesenen Beschäftigungsanstieg. Dieser scheint demnach wesentlich durch das neue Ermittlungsdesign bedingt: „Der Anstieg der Erwerbstätigkeit im Mikrozensus wird durch keine andere Statistik gestützt. Er scheint also eher dem veränderten Erhebungskonzept geschuldet zu sein als der realen Entwicklung" (Reinberg, Hummel 2007). Ein Blick auf die einzelnen Qualifikationsgruppen zeigt, dass im Mikrozensus in 2005 aufgrund der Auskunftspflicht zu Fragen der Ausbildung die Antwortausfälle um 2.182.000 Millionen (-91%) gesunken sind, aber die Beschäftigung bei den Erwerbstätigen ohne Berufabschluss um 1.134.000 Millionen (+ 27%), bei denen mit abgeschlossener Lehre oder Fachschule um 1.648.000 Millionen (+ 8%) und bei den „Akademikern" (Hochschul- oder Fachhochschulabschluss) um 294.000 Tausend (+5%) gestiegen ist. Aufgrund des veränderten Ermittlungsdesigns haben sich demnach mehr Befragte als erwerbstätig verortet als früher (Reinberg, Hummel 2007).

Nach EUROSTAT ist diese Erwerbsquote in Deutschland im Zeitraum von 2001 bis 2007 um 13,6 Prozentpunkte gestiegen (von 37,9% in 2001 auf 51,5% in 2007). Diese deutliche Steigerung der Erwerbsquote von älteren Beschäftigten ist nicht allein auf das geänderte Konzept der Ermittlung von Erwerbstätigkeit im Mikrozensus zurückzuführen. Dies belegen auch die Daten der Bundesagentur für Arbeit zur Entwicklung der sozialversicherungspflichtigen Beschäftigung: Diese ist im Zeitraum von Dezember 2005 bis Dezember 2006 insgesamt um 1,6%, bei den Beschäftigten über 50 Jahre jedoch um 4,9% angestiegen (Bundesagentur für Arbeit 2007). Diese günstige Beschäftigungsentwicklung für ältere Beschäftigte sieht die Bundesagentur für Arbeit zum einen in dem demographische Effekt begründet, dass neue geburtenstarke Jahrgänge in die Gruppe der Älteren im erwerbsfähigen Alter hineingewachsen sind, die eine höhere Erwerbsbeteiligung als die Gruppe aufweist, die aus dem Arbeitsmarkt ausscheidet. Brussig, Wojitkowski (2008) beziffern diesen demographischen Effekt auf 20%. Ihnen zufolge wäre die Erwerbsquote der Beschäftigten im Alter von 55 bis 64 Jahren im Zeitraum von 2001 bis 2006 um 2,1 Prozentpunkte (von 38,0% auf 40,1%) gestiegen, auch wenn es keine Zunahme in der Erwerbsbeteiligung dieser Beschäftigtengruppe gegeben hätte. Gemessen an der faktischen Zunahme der Erwerbsquote von älteren Beschäftigten im Zeitraum von 2001 bis 2005 um 10,5 Prozentpunkte lassen sich folglich 20% dieses Zuwachses auf den demographischen Effekt zurückführen. Zum anderen führt die Bundesagentur für Arbeit die günstige Beschäftigungsentwicklung für ältere Beschäftigte aber auch auf deren geändertes Arbeitsmarktverhalten zurück: Aufgrund des ab 2005 gegenüber bis dahin späteren frühestmöglichen gesetzlichen Renteneintrittsalters von 63 Jahren ist eine verminderte Bereitschaft bei den Beschäftigten feststellbar, den Arbeitsmarkt vor diesem Termin zu verlassen (Bundesagentur für Arbeit 2008).

Allerdings sind aufgrund des veränderten Ermittlungsdesigns des Mikrozensus in der Erwerbsquote von älteren Beschäftigten ab 2005 mehr geringfügig Beschäftigte enthalten als zuvor. Darauf verweist auch das oben genannte Datum eines überproportionalen Anstiegs der gering qualifizierten Beschäftigten im Zeitraum von 2004 bis 2005 (Reinberg, Hummel 2007). Gemäß diesem neuen Ermittlungsdesign werden all die Personen als erwerbstätig eingestuft, die in der Woche vor der Befragung mindestens 1 Stunde gegen Entgelt oder als Selbstständige tätig waren. Ein Bezug von Transferleistungen ist ohne Bedeutung dafür, um als erwerbstätig gezählt zu werden. Der Anteil der älteren Beschäftigten, die Transfergeld (Arbeitslosengeld I und Arbeitslosengeld II) und Rente beziehen, hat zwischen 1996 und 2005 – allerdings von einem niedrigen Niveau ausgehend – kräftig zugenommen. Brussig, Wojtkowski schätzen den Anteil der erwerbstätigen Transfergeld- und Rentenbezieher an den älteren Beschäftigten auf 4% bis 7%.

Deutschland hat, wie oben dargestellt, im internationalen Vergleich, was die Erwerbsquote von älteren Beschäftigten anbelangt, kräftig aufgeholt und liegt in der Europäischen Union im oberen Mittelfeld. Wenngleich aufgrund des abgeänderten Ermittlungskonzepts die Erwerbstätigkeit insbesondere an ihren „Rändern" (geringfügige Beschäftigung, „Mini- und Midi-Jobs, temporäre und saisonale Beschäftigung) besser erfasst wird, ist die Erwerbsquote deswegen auch kein sicherer Indikator für eine Existenz sichernde Beschäftigung. Demographische Entwicklung, Abbau der „passiven" Form der Arbeitsmarktpolitik, d. h. Abbau der bis 2004 geltenden vergleichsweise großzügigen sozialrechtlichen Regelungen des vorzeitigen Ausscheidens aus dem Erwerbsleben (Eichhorst, Sproß 2005), konjunktureller Aufschwung, aber auch die stärkere statistische Berücksichtigung von gering qualifizierten Personen, von geringfügig Beschäftigten und von erwerbstätigen Transfergeld- und Rentenbezieher sind für den kräftigen Anstieg der Erwerbsquote von älteren Beschäftigten verantwortlich.

Deutschland hat die Zielmarke der Konferenz von Lissabon, der gemäß die Erwerbsbeteiligung von älteren Beschäftigten im Jahr 2010 in allen EU-Mitgliedsstaaten 50% betragen soll, schon im Jahr 2007 erreicht; aber damit dürfte die weitere Optimierung der Beschäftigung von Älteren nicht nur unter dem Aspekt der Bereitstellung von Existenz sichernden Beschäftigungsverhältnissen von arbeitsmarktpolitischer Bedeutung sein. Auch unter dem Stichwort „Fachkräftemangel" wird der Erhalt und Erwerb von spezifischen, für die Produktion von Gütern und Dienstleistungen notwendigen Qualifikationen zunehmend als prekär angesehen. Zwar wird bis 2020 ein Rückgang des Erwerbspersonenpotentials prognostiziert, der sich bis zum Jahr 2025 noch intensivieren dürfte. Daher dürfte zwar die Unterbeschäftigung bis zum Jahr 2020 abnehmen, aber bis dahin Vollbeschäftigung noch nicht erreicht werden: „ Bis 2025 könnte sich die Unterbeschäftigung in Deutschland – rein rechnerisch – halbieren. Dies gilt allerdings nur, wenn der zukünftige Arbeitskräftebedarf nicht nur quantitativ, sondern auch qualifikatorisch gedeckt werden kann. Ansonsten droht Massenarbeitslosigkeit bei gleichzeitigem Fachkräftemangel" (Schur, Zika 2007). Um dem entgegenzuwirken, ist eine Ausschöpfung der Beschäftigungsreserven insbesondere von (gut qualifizierten) älteren Beschäftigten (und von Frauen) zwingend erforderlich. So gesehen steht eine weitere Optimierung der Erwerbstätigkeit von älteren Beschäftigten gerade mit Blick auf den Erhalt von für die Produktion von Gütern und Dienstleistungen notwendigen Qualifikationen nach wie vor auf der arbeitsmarktpolitischen Agenda.

2   Prägende betriebliche Faktoren für die Beschäftigung Älterer

Mit den Daten aus der oben genannten Betriebsbefragung verfügen wir über eine Reihe von Informationen, welche die Nachfrage der Betriebe nach älteren Beschäftigten betreffen. Ein Großteil der Literatur beschäftigt sich auf der Suche nach Erklärungen für die unterdurchschnittliche Erwerbsbeteiligung von älteren Beschäftigten mit deren Arbeitskräfteangebot und in diesem Zusammenhang vor allem mit deren (unterstellten oder faktisch existierenden) Leistungs- und Produktivitätsdefiziten und der Praxis des vorzeitigen Ausscheidens aus dem Erwerbsleben (Frühverrentung und Vorruhestand). Wenig untersucht ist jedoch das Nachfrageverhalten der Betriebe (Boockmann, Zwick 2004). Dieses ist indes eine Schlüsselvariable, um zu erklären, wie und wie viele ältere Beschäftigte in das Erwerbssystem eingebunden sind; denn die Betriebe sind die zentralen Orte, in denen über die individuellen Chancen und Risiken von Einstellung und Entlassung entschieden wird.

In Tabelle 1 sind die Betriebe nach ihren Angaben zur Altersstruktur[26] in drei etwa gleich große Subgruppen unterteilt: a) Betriebe, in denen keine Beschäftigten tätig sind, die 50 Jahre alt und älter sind (0%), b) Betriebe, in denen von dieser Altersgruppe ein Anteil von 1-29% arbeitet (1-29%), und c) Betriebe, in denen von dieser Altersgruppe ein Anteil von 30 und mehr Prozent (30+%) tätig ist. Tabelle 1 zeigt, dass in einem reichlichen Drittel (36,9%) der deutschen Betriebe keine Beschäftigten tätig sind, die 50 Jahre alt und älter sind. Für Nordrhein-Westfalen gilt ein analoger Befund (35,7%). Knapp zwei Drittel (BRD: 63,1%; NRW: 64,3%) der Betriebe haben folglich mindestens einen Beschäftigten eingestellt, der 50 Jahr alt oder älter ist (im Folgenden ältere Beschäftigte

---

[26] Die entsprechende Frageformulierung lautete: „Bitte unterteilen Sie die Beschäftigten in die nachfolgenden Altersgruppen (in Prozent; wenn Sie keine genauen Angaben machen können, schätzen Sie bitte): 15 -29 Jahre, 30 – 49 Jahre, 50 Jahre und älter."

genannt). Zu ähnlichen Befunden kommt das „Betriebspanel" des Instituts für Arbeitsmarkt- und Berufsforschung (IAB), demzufolge im Jahr 2003 in 60% der Betriebe ältere Beschäftigte tätig waren (Schmid 2003). Nach dem IAB war dabei im Zeitraum von 2000 bis 2002 ein steigender Trend der Beschäftigung Älterer zu beobachten, der sich – bei vorsichtiger Interpretation unserer Befunde – fortgesetzt haben dürfte.

Wirtschaftszweige mit einem unterdurchschnittlich niedrigen Anteil von älteren Beschäftigten sind das Baugewerbe (48,4%), der Bereich der persönlichen Dienstleistungen (50,6%) und der Bereich der unternehmensbezogenen Dienstleistungen (61,0%). Wirtschaftszweige mit einem überdurchschnittlich hohen Anteil von älteren Beschäftigten sind demgegenüber der primäre Sektor (72,3%), der sekundäre Sektor (69,2%) und der Bereich der sozialen Dienstleistungen (68,5%) (Tabelle 1). Diese Befunde decken sich weitgehend mit den Alterstrukturanalysen, die für das Jahr 2004 auf der Grundlage der sozialversicherungspflichtig Beschäftigten vorgenommen wurden (Kistler u. a. 2006)[27].

---

[27] Dieser Studie zufolge zählen die Rohstoffgewinnung (nach unserer Wirtschaftszweigsystematik der primäre Sektor), Fahrzeugbau, Maschinenbau, Druckgewerbe, Textilgewerbe (bei uns der sekundäre Sektor) und der öffentliche Dienst insbesondere mit den Bereichen der öffentlichen Verwaltung und von Erziehung und Unterricht (bei uns der Bereich der sozialen Dienstleistungen) zu den Wirtschaftszweigen, welche die höchsten Anteile von 55- bis 64jährige Beschäftigte aufweisen. Demgegenüber rechnet diese Studie das Bauhaupt- und Baunebengewerbe (bei uns der Bau), die Erbringung unternehmensnaher Dienstleistungen (bei uns die unternehmensbezogenen Dienstleistungen) und das Gastgewerbe sowie sonstige Dienstleistungen (bei uns die persönlichen Dienstleistungen) zu den Wirtschaftszweigen, in denen die niedrigsten Anteile von 55- bis 64jährigen Beschäftigten tätig sind (Kistler u. a. 2006, 38ff).

Tabelle 1:   Betriebliche Altersstrukturen und Wirtschaftszweige (in %)

	BRD			NRW		
	0%	**1-29%**	**30%**	**0%**	**1-29%**	**30%**
Primärer Sektor	27,7	26,1	46,3			
Sekundärer Sektor	30,8	36,0	33,2			
Bau	51,6	23,4	25,0			
Produzierendes Gewerbe insgesamt	**39,0**	**29,2**	**31,8**	**39,1**	**47,1**	**13,8**
Distributive Dienstleistungen	32,6	27,6	39,8			
Unternehmensbezogene Dienstleistungen	39,0	28,7	32,3			
Soziale Dienstleistungen	31,5	30,7	37,8			
Persönliche Dienstleistungen	49,4	24,5	26,0			
Dienstleistungen insgesamt	**36,2**	**28,3**	**35,5**	**34,7**	**31,8**	**33,5**
Insgesamt	**36,9**	**28,6**	**34,6**	**35,7**	**35,0**	**29,3**

In Tabelle 1 steht die „Betriebsperspektive" im Vordergrund der Betrachtung. Hier wird gefragt, wie hoch der Anteil der Betriebe ist, in denen kein oder mindestens ein älterer Beschäftigter tätig ist. Diese Befunde sollen nun im Lichte der „Beschäftigtenperspektive" überprüft werden. Hier wird gefragt, wie hoch ist in den Betrieben der Anteil der Beschäftigten in den oben genannten drei Altersgruppen[28]. Zur übersichtlicheren Lesbarkeit der Befunde haben wir in Tabelle 2 die Spalte „Kennziffer" angeführt. In ihr ist die prozentuale Abweichung des Anteils älterer Beschäftigten vom Durchschnittswert dargestellt. Tabelle 2 zeigt, dass knapp ein Viertel (24,4%) der Beschäftigten der Altersgruppe der 50- bis 65jährigen zuzurechnen ist. Über die Hälfte (53,2%) der Beschäftigten gehören der Altersgruppe der 30- bis 49jährigen an und gut ein Fünftel (22,4%) der Beschäftigten zählt zur jüngsten Altersgruppe (15-29 Jahre). Hiervon weichen die nordrhein-westfälischen Betriebe insofern leicht ab, als sie in der jüngsten Altersgruppe mit 25% einen höheren Wert und bei den älteren Beschäftigten mit 23,3% einen niedrigen Wert als im bundesrepublikanischen Durchschnitt aufweisen. Die in Tabelle 1 dargestellten Befunde werden durch die in Tabelle 2 angeführten Ergebnisse weitgehend bestätigt. Wie dort an den Werten in der Spalte „Kennziffer" zu ersehen ist, arbeitet insbesondere in den Bereichen des primären Sektors und der sozialen Dienstleistungen ein überdurchschnittlich hoher Anteil von älteren Beschäftigten. Im primären Sektor liegt der entsprechende Wert um 21 Prozent, im Bereich der sozialen Dienstleistungen um 13 Prozent über dem Durchschnittswert. Gering ist demgegenüber der Anteil der älteren Beschäftigten im Baugewerbe (minus 21 Prozent), im Bereich der persönlichen Dienstleistungen (minus 16 Prozent) und im Bereich der unternehmensbezogenen Dienstleistungen (minus 12 Prozent).

Tabelle 2 zeigt auch, dass die Betriebsgröße keine nennenswerte Rolle für die Beschäftigung von Älteren spielt. Dies gilt jedenfalls für die Wirtschaftszweige, die wie der sekundären Sektor, der Bereich der distributiven Dienstleistungen und der Bereich der sozialen Dienstleistungen überproportional viele Großbetriebe (250 und mehr Beschäftigte) aufweisen[29].

---

[28] Zur Frageformulierung siehe Fußnote 1.
[29] Wegen zu geringer Fallzahlen können wir für Nordrhein – Westfalen nur die Werte für die großen Wirtschaftsbereiche darstellen. Hierbei ist anhand der „Kennziffern" zu beobachten, dass die nordrhein – westfälischen Betriebe in der Nachfrage nach älteren Beschäftigten nicht nennenswert vom bundesrepublikanischen Durchschnitt abweichen.

Tabelle 2: Alterststrukturen, Wirtschaftszweige und Betriebsgrößen (in %)

		BRD				NRW			
		1-249 Beschäftigte	250+ Beschäftigte	Insgesamt		1-249 Beschäftigte	250+ Beschäftigte	Insgesamt	
	Alter				Kennziffer*				Kennziffer*
Primä-	15-29	20,6	(16,2)	19,7					
rer	30-49	49,0	(57,8)	50,7					
Sektor	50+	30,4	(26,0)	29,6	121				
Sekun-	15-29	21,1	21,5	21,3					
därer	30-49	55,4	54,7	55,1					
Sektor	50+	23,5	23,8	23,6	97				
Bau	15-29	25,4	(21,5)	25,2					
	30-49	55,7	(53,3)	55,6					
	50+	19,9	(25,2)	19,2	79				
Produ-	15-29	22,2	21,3	21,9		24,2	17,4	19,7	
zieren-	30-49	54,7	54,8	54,8		58,3	57,3	57,6	
des Gewerbe insgesamt	50+	23,1	23,9	23,3	95	17,5	25,3	22,7	97
Distri-	15-29	22,4	25,0	22,8					
butive	30-49	52,4	50,4	52,1					
Dienstleistungen	50+	25,2	24,6	25,1	103				
Unter-	15-29	26,5	17,8	24,0					
neh-	30-49	53,5	57,1	54,5					
mensbezogene Dienstleistungen	50+	20,0	25,1	21,5	88				
Soziale	15-29	18,5	20,0	19,1					
Dienst-	30-49	53,8	52,7	53,4					
leistungen	50+	27,7	27,3	27,5	113				
Persön-	15-29	34,3	(20,6)	33,6					
liche	30-49	45,8	(51,9)	46,0					
Dienstleistungen	50+	19,9	(27,5)	20,4	84				
Dienst-	15-29	23,5	20,2	22,6		28,3	21,8	26,4	
leis-	30-49	52,1	53,3	52,4		49,3	51,9	50,0	
tungsbereich insgesamt	50+	24,4	26,5	25,0	102	22,4	26,3	23,6	102
Insge-	15-29	23,1	20,7	22,4		27,9	20,1	25,0	
samt	30-49	52,9	56,9	53,2		50,3	54,0	51,7	

		BRD				NRW		
	1-249 Beschäftigte	250+ Beschäftigte	Insgesamt		1-249 Beschäftigte	250+ Beschäftigte	Insgesamt	
Alter				Kennziffer*				Kennziffer*
50+	24,0	25,4	24,4	100	21,4	25,9	23,3	100

* indiziert die prozentuale Abweichung vom Durchschnittswert des Anteils der Beschäftigten, die 50 Jahre und älter sind, an der Gesamtbelegschaft; Werte in Klammern bei n < 30

Anhand der von uns abgefragten betrieblichen Merkmale wie Betriebstyp (privatwirtschaftlicher Betrieb, Betrieb des öffentliches Dienstes oder gemeinnütziger Betrieb), Tarifbindung, Existenz eines Betriebsrats oder Personalrats, gesellschaftliche Verantwortung der Betriebe, Betriebszeit, Beschäftigungsentwicklung und Bewältigung von Schwankungen der Nachfrage oder der Geschäftstätigkeit wollen wir nun analysieren, welche von diesen Faktoren die Beschäftigung Älterer positiv oder negativ beeinflusst.

Wie anhand der „Kennziffern" in den Tabellen 3 (BRD) und 4 (NRW) ersichtlich ist, sind ältere Beschäftigte in den Betrieben und Dienststellen des öffentlichen Dienstes signifikant häufiger tätig als in den privatwirtschaftlich operierenden Betrieben. Hier liegt der Anteil älterer Beschäftigter um 6 Prozent unter, dort um 23 Prozent über dem Durchschnittswert. Auch in den gemeinnützigen „Non-Profit-Betrieben" ist beim Anteil älterer Beschäftigter ein Plus von 11 Prozent festzustellen. Ein weiterer, die Beschäftigung Älterer positiv beeinflussender Faktor ist die Existenz eines Betriebsrats oder Personalrats. Sofern in den Betrieben oder Dienststellen eine betriebliche Interessenvertretung existiert, liegt der Anteil älterer Beschäftigter um 8 Prozent über dem Durchschnitt. Im gegenteiligen Fall hingegen ist ein Minus von 10 Prozent beobachtbar.

Die Variable, in der die Variablen „Tarifbindung" und „Existenz eines Betriebsrats/Personalrats" kombiniert sind, zeigt, dass die Tarifbindung kaum Einfluss auf die Beschäftigung Älterer hat: Tarifgebundene Betriebe ohne betriebliche Interessenvertretung weisen hinsichtlich der Beschäftigung von Älteren ein Minus von 6 Prozent auf, wohingegen bei tarifgebundenen Betrieben mit einer betrieblichen Interessenvertretung und nicht tarifgebundenen Betriebe mit einer betrieblichen Interessenvertretung ein Plus von 9 beziehungsweise 7 Prozent feststellbar ist. Entscheidenden Einfluss auf die Beschäftigung Älterer hat demnach die Existenz eines Betriebsrats/ Personalrats. Dass tarifgebundene Betriebe – für sich betrachtet – einen höheren Anteil von älteren Beschäftigten (plus 6 Prozent) als nicht tarifgebundene Betriebe (minus 7 Prozent) ausweisen, liegt darin begründet, dass in der überwiegenden Mehrheit der tarifgebundenen Betriebe auch eine betriebliche Interessenvertretung existiert[30]. Eindeutig negative Konsequenzen für die Beschäftigung Älterer haben jedoch die Betriebe, die weder tarifgebunden sind noch eine betriebliche Interessenvertretung aufweisen (minus 11 Prozent).

Vorteilhaft für die Beschäftigung Älterer wirkt sich dagegen die von den Betrieben praktizierte gesellschaftliche Verantwortung aus: in den Betrieben, die ein hohes Maß an gesellschaftlicher und beschäftigungspolitischer Verantwortung angegeben haben[31], ist ein merklich höherer Anteil von älteren Beschäftigten (plus 6 Prozent) tätig ist als in den Betrieben, welche die Frage nach der gesellschaftlichen Verantwortung verneint haben (minus 5 Prozent).

Mit steigender Betriebszeit sinkt der Anteil der älteren Beschäftigten (von 25,7% auf 23,9%). Dies liegt, wie wir in Kapitel 5 noch zeigen werden, an der für lange Betriebszeiten effektivsten Arbeitszeitform der Schichtarbeit, in der unterdurchschnittlich wenig ältere Beschäftigte arbeiten. In Betrieben, die Schwankungen in der Nachfrage und/oder Geschäftstätigkeit bewältigen müssen, arbeiten anteilsmäßig weniger ältere Beschäftigten als in der Kontrastgruppe (22,9% versus 25,4%). Dem liegen Brancheneffekte zugrunde; denn die Betriebe des öffentlichen Dienstes und die gemeinnützigen Betriebe, die überdurchschnittlich hohe Anteile von älteren Beschäftigten aufweisen, sind solchen Schwankungen weitaus weniger häufig ausgesetzt als die privatwirtschaftlichen Betriebe. Betriebe mit einer negativen Beschäftigungsentwicklung weisen einen überdurchschnittlich hohen Anteil von älteren Beschäftigten auf (plus 14 Prozent); demgegenüber arbeiten in den Betrieben, die eine positive Beschäftigungsentwicklung angegeben haben, unterproportional wenig Ältere (minus 10 Prozent). Offensichtlich haben diese Betriebe bei den Neueinstellungen vorrangig Beschäftigte aus der jüngsten und der mittleren Altersgruppe eingestellt.

Bei den die Beschäftigung Älterer positiv beeinflussenden Faktoren „öffentlicher Dienst" und „Non-Profit-Betrieb", „Existenz eines Betriebsrats/Personalrats" und „gesellschaftliche Verantwortung" sind relativ hohe Schnittmengen beobachtbar (Betriebe und Dienststellen des öffentlichen Dienstes haben in der Regel eine betriebliche Interessenvertretung und weisen in der Regel auch ein hohes Maß an gesellschaftlicher und beschäftigungspolitischer Verantwortung auf); diese Faktoren sind systematisch darin miteinander verknüpft, dass sie auf besondere Kündigungsschutzbestimmungen, Mitbestimmung

---

[30] In drei Viertel der tarifgebundenen Betriebe besteht auch eine betriebliche Interessenvertretung.

[31] Als in einem hohen Maße gesellschaftlich und beschäftigungspolitisch verantwortlich definieren wir die Betriebe, welche die Fragen nach gesellschaftlicher und beschäftigungspolitischer Verantwortung bejaht haben und darüber hinaus angegeben haben, dass diese Verantwortung für gesellschaftliche und beschäftigungspolitische Belange auch schriftlich fixierter und ständig überprüfter Bestandteil der „Unternehmensphilosophie" ist. Siehe dazu auch Kapitel VI.

und Mitwirkung bei betrieblichen Personalmaßnahmen verweisen. Diese Faktoren wirken sich offensichtlich als (institutionelle oder freiwillig übernommene) Kündigungshemmnisse und damit als förderlich für die Beschäftigung Älterer aus[32].

Tabelle 3:   Betriebliche Merkmale und Altersstrukturen in der BRD (in %)

		15-29 Jahre	30-49 Jahre	50+ Jahre	Kennziffer*
Betriebstyp	privatwirtschaftlich	24,1	53,0	22,9	94
	Öffentlicher Dienst	14,9	55,0	30,1	123
	Non-Profit-Betrieb	20,6	52,2	27,2	111
Tarifbindung	ja	20,8	53,4	25,8	106
	nein	24,7	52,7	22,6	93
Existenz eines Betriebsrats	ja	19,6	54,0	26,4	108
	nein	25,6	52,4	22,0	90
Tarifbindung / Betriebsrat	tarifgebunden und Betriebsrat	19,4	54,1	26,5	109
	tarifgebunden, kein Betriebsrat	26,0	51,1	22,9	94
	nicht tarifgebunden, aber Betriebsrat	21,5	52,5	26,0	107
	weder tarifgebunden noch Betriebsrat	25,5	52,8	21,7	89
Gesellschaftliche Verantwortung	hohes Ausmaß an gesellschaftlicher Verantwortung	18,9	55,2	25,9	106
	keine gesellschaftliche Verantwortung	24,7	52,1	23,2	95
Betriebszeit	bis 39,9 Stunden	22,1	52,2	25,7	105
	40-79,9 Stunden	21,4	54,6	24,0	98
	80 und mehr Stunden	24,4	51,7	23,9	98
Schwankungen	ja	23,9	53,2	22,9	94
	nein	21,4	53,2	25,4	104
Beschäftigungsentwicklung seit 2002	gesunken	18,1	54,1	27,8	114
	gleich geblieben	23,7	51,8	24,5	100
	gestiegen	23,7	54,4	21,9	90
Insgesamt		22,4	53,2	24,4	100

*indiziert die prozentuale Abweichung vom Durchschnittswert des Anteils der Beschäftigten, die 50 Jahre und älter sind (24,4%).

---

[32] Zu ähnlichen Resultaten kommen Boockman und Zwick (2004) anhand einer Auswertung der Daten des „Betriebspanel" für Baden-Württemberg.

Tabelle 4: Betriebliche Merkmale und Altersstrukturen in NRW (in %)

		15-29 Jahre	30-49 Jahre	50+ Jahre	Kennziffer*
Betriebstyp	privatwirtschaftlich	26,6	50,8	22,6	97
	Öffentlicher Dienst	16,4	54,2	29,2	125
	Non-Profit-Betrieb	(23,2)	(54,3)	(22,5)	(97)
Tarifbindung	ja	25,0	52,5	22,5	97
	nein	25,1	52,5	22,4	96
Existenz eines Betriebsrats	ja	22,5	53,2	24,3	104
	nein	28,2	49,8	22,0	94
Tarifbindung / Betriebsrat	tarifgebunden und Betriebsrat	22,0	53,5	24,5	105
	tarifgebunden, kein Betriebsrat	(33,9)	(49,5)	(16,6)	(71)
	nicht tarifgebunden, aber Betriebsrat	(26,6)	(52,0)	(22,4)	(96)
	weder tarifgebunden noch Betriebsrat	25,0	54,0	21,0	90
Gesellschaftliche Verantwortung	hohes Ausmaß an gesellschaftlicher Verantwortung	22,3	54,2	23,5	101
	keine gesellschaftliche Verantwortung	30,2	49,0	20,8	89
Betriebszeit	bis 39,9 Stunden	23,5	50,5	26,0	111
	40-79,9 Stunden	26,1	51,3	22,6	97
	80 und mehr Stunden	23,3	54,5	22,5	97
Schwankungen	ja	29,7	48,6	21,7	93
	nein	21,4	54,1	24,5	105
Beschäftigungsentwicklung seit 2002	gesunken	15,8	59,3	24,9	107
	gleich geblieben	28,4	47,3	24,3	104
	gestiegen	26,8	53,2	20,0	86
Insgesamt		25,0	51,7	23,3	100

* indiziert die prozentuale Abweichung vom Durchschnittswert des Anteils der Beschäftigten, die 50 Jahre und älter sind (23,3%); Werte in Klammern: n< 30.

Von Interesse ist zu klären, ob die Faktoren „Betriebsrat/Personalrat" und „gesellschaftliche Verantwortung" sich auch in den privatwirtschaftlich operierenden Betrieben günstig auf die Beschäftigung Älterer auswirken, oder ob dies vornehmlich für die Betriebe des öffentlichen Dienstes und die gemeinnützigen Betriebe gilt. Letztere unterstehen nicht ausschließlich den „Marktgesetzlichkeiten", sondern orientieren sich in der Produktion von Dienstleistungen auch an gesellschaftlich definierten Zielen. So ist beispielsweise die Versorgung mit Sicherheit und Gesundheit rund um die Uhr ein von der Gesellschaft definiertes und für wünschenswert erachtetes Ziel, an dem sich insbesondere Betriebe aus dem Bereich der sozialen Dienstleistungen orientieren (müssen). Für diese Gruppe von Betrieben zählt „gesellschaftliche Verantwortung" zum integralen Bestandteil ihrer Dienstleistungsarbeit. „Gesellschaftliche Verantwortung" gehört hier gewissermaßen per definitionem zum Tätigkeits- und Aufgabenprofil. Auch sind in diesen Betrieben, wie oben gezeigt, in der Regel die „Austauschbeziehungen" zwischen Kapital und Arbeit durch die Mitbestimmung und Mitwirkung von gewerkschaftlichen und betrieblichen Interessenvertretungen reguliert. Die Frage ist also, ob sich der positive Einfluss der Faktoren „Betriebsrat" und „gesellschaftliche Verantwortung" auf die Beschäftigung Älterer auch dann noch nachweisen lässt, wenn man differenziert zwischen nur am Markt operierenden privatwirtschaftlichen Betrieben und Betrieben des öffentlichen Dienstes sowie gemeinnützigen Betrieben, für deren Produktion von Dienstleistungen auch gesellschaftliche und/oder soziale Zielsetzungen verbindlich sind.

Zur Analyse dieser Frage bilden wir sechs Untersuchungsgruppen, in denen die Variablen „Tarifbindung", „Betriebsrat/Personalrat" und „gesellschaftliche Verantwortung" miteinander kombiniert werden. Wir unterscheiden zunächst drei Gruppen der gewerkschaftlichen und betrieblichen Interessenvertretung: a) die Gruppe von Betrieben, die tarifgebunden sind und in denen ein Betriebsrat/Personalrat existiert; b) die Gruppe von Betrieben, die entweder tarifgebunden sind oder in denen ein Betriebsrat/Personalrat existiert; c) die Gruppe von Betrieben, die weder tarifgebunden sind noch einen Betriebsrat/Personalrat aufweisen. Diese drei Gruppen werden dann danach unterschieden, ob die Betriebe die Frage nach der gesellschaftlichen Verantwortung bejaht oder verneint haben. So ergeben sich sechs Untersuchungsgruppen: a) die Gruppe von Betrieben mit gewerkschaftlicher und betrieblicher Interessenvertretung und gesellschaftlicher Verantwortung (vollständige Interessenvertretung mit CSR); b) die Gruppe von Betrieben mit gewerkschaftlicher und betrieblicher Interessenvertretung ohne gesellschaftliche Verantwortung (vollständige Interessenvertretung ohne CSR); c) die Gruppe von Betrieben mit gewerkschaftlicher oder betrieblicher Interessenvertretung und gesellschaftlicher Verantwortung (unvollständige Interessenvertretung mit CSR); d) die Gruppe von Betrieben mit gewerkschaftlicher oder betrieblicher Interessenvertretung ohne gesellschaftliche Verantwortung (unvollständige Interessenvertretung ohne CSR); e) die Gruppe von Betrieben ohne gewerkschaftliche und betriebliche Interessenvertretung und gesellschaftlicher

Verantwortung (keine Interessenvertretung mit CSR); f) die Gruppe von Betrieben ohne gewerkschaftliche und betriebliche Interessenvertretung ohne gesellschaftliche Verantwortung (keine Interessenvertretung ohne CSR). Zur Klärung der oben genanten Frage werden sodann bei diesen sechs Untersuchungsgruppen - differenziert nach privatwirtschaftlich operierenden Betrieben auf der einen Seite und Betrieben des öffentlichen Dienstes sowie gemeinnützigen Betrieben auf der anderen Seite - die Altersstrukturen verglichen.

Tabelle 5:   Altersstrukturen nach Interessenvertretung, gesellschaftlicher Verantwortung und Betriebstypen (in %)

(IV = Interessenvertretung)	Privat-wirtschaft		Kenn-ziffer*	Öffentlicher Dienst/ Non-Profit-Betriebe		Kenn-ziffer*	Insgesamt		Kenn-ziffer*
	Alters-gruppen			Al-tersgruppen			Alters-gruppen		
Vollstän-dige IV und CSR	15-29	19,8		15-29	16,9		15-29	19,0	
	30-49	54,9		30-49	54,1		30-49	54,5	
	50+	25,3	104	50+	29,0	119	50+	26,5	109
Vollstän-dige IV ohne CSR	15-29	23,8		15-29	19,3		15-29	21,1	
	30-49	52,3		30-49	51,8		30-49	52,5	
	50+	23,9	98	50+	28,9	119	50+	26,4	109
Unvoll-ständige IV und CSR	15-29	25,1		15-29	15,6		15-29	22,2	
	30-49	52,6		30-49	55,7		30-49	53,3	
	50+	22,3	92	50+	28,7	118	50+	24,5	101
Unvoll-ständige IV ohne CSR	15-29	28,9		15-29	(17,2)		15-29	28,0	
	30-49	48,8		30-49	(54,5)		30-49	48,8	
	50+	22,3	92	50+	(28,3)	(116)	50+	23,2	95
Keine IV und CSR	15-29	26,5		15-29	18,5		15-29	25,6	
	30-49	52,1		30-49	52,8		30-49	52,2	
	50+	21,4	88	50+	28,6	118	50+	22,2	91
Keine IV ohne CSR	15-29	25,0		15-29	(33,6)		15-29	25,2	
	30-49	53,9		30-49	(41,6)		30-49	53,6	
	50+	21,1	87	50+	(24,8)	(102)	50+	21,2	87
Insgesamt	15-29	24,1		15-29	17,6		15-29	22,5	
	30-49	53,0		30-49	53,7		30-49	53,2	
	50+	22,9	94	50+	28,7	118	50+	24,3	100

*indiziert die prozentuale Abweichung vom jeweiligen Durchschnittswert des Anteils der Beschäftigten, die 50 Jahre und älter sind (24,3%); Werte in Klammern: n< 30

Tabelle 5 zeigt, dass die Faktoren „gewerkschaftliche und betriebliche Interessenvertretung" sowie „gesellschaftliche Verantwortung" nicht nur im öffentlichen Dienst und in den gemeinnützigen Betrieben, sondern auch in den privatwirtschaftlich organisierten Betrieben die Beschäftigung Älterer begünstigen. Die (das prozentuale Plus oder Minus vom Gesamtdurchschnittswert der

Beschäftigung Älterer ausweisenden) Kennziffern zeigen, dass in der Privatwirtschaft der Anteil dieser Beschäftigtengruppe in dem Maße abnimmt, in dem die Betriebe auf gewerkschaftliche oder betriebliche Interessenvertretung oder auf die Übernahme von gesellschaftlicher Verantwortung verzichten; die Kennziffern fallen dort von plus 4 Prozent auf minus 13 Prozent. Dieser Trend gilt auch für die Betriebe insgesamt; hier sinken die Kennziffern von plus 9 Prozent auf minus 13 Prozent. Dieser Trend kann für den öffentlichen Dienst und die gemeinnützigen Betriebe nicht behauptet werden, weil hier bei einer nicht nennenswert fallenden Tendenz alle Untersuchungsgruppen fast durchgängig ein überproportional hohes Niveau der Beschäftigung von Älteren aufweisen (Tabelle 5).

3   Betriebliche Einschätzungen der Bedeutung von älteren Beschäftigten

Die bislang herausgearbeiteten Befunde werden durch die betrieblichen Einschätzungen über die Berücksichtigung von älteren Beschäftigten in der betrieblichen Personal- und Sozialpolitik bestätigt[33]. Auch hier sind es die Betriebe des öffentlichen Dienstes und die gemeinnützigen Einrichtungen, die Betriebe mit einer betrieblichen Interessenvertretung und/oder die Betriebe mit einem hohen Maße an gesellschaftlicher/beschäftigungspolitischer Verantwortung, die in Relation zu den jeweiligen Kontrastbetrieben die Berücksichtigung von älteren Beschäftigten in den betrieblichen Personal- und Sozialstrategien für weitaus relevanter erachten: Für die Betriebe des öffentlichen Dienstes und für die gemeinnützigen Einrichtungen ist die Berücksichtigung von älteren Beschäftigten in einem weitaus höheren Maße (65,6% beziehungsweise 63,2%) von Bedeutung als für die privatwirtschaftlich organisierten Betriebe (43,5%). Ähnlich starke Relevanzunterschiede gelten für die Betriebe mit betrieblicher Interessenvertretung (63,2% versus 43,6 %) und für die Betriebe mit einem hohen Maß an gesellschaftlicher/beschäftigungspolitischer Verantwortung (66,7% versus 31,6%) in Relation zu den jeweiligen Kontrastbetrieben. Auch bei diesen Einschätzungen spielt die Tarifbindung der Betriebe für sich genommen keine entscheidende Rolle; nur in Kombination mit der Existenz eines Betriebsrats/Personalrats heben sich tarifgebundene Betriebe deutlich von den Betrieben ab, die weder tarifgebunden sind noch über eine betriebliche Interessenvertretung verfügen (65,5% versus 42,8%) (Tabelle 6).

---

[33] Die entsprechende Frageformulierung lautete: „Die Berücksichtigung der Beschäftigten, die 50 Jahre und älter sind, in der Sozial- und Personalpolitik Ihres Betriebes ist sehr wichtig, wichtig, weniger wichtig, überhaupt nicht wichtig."

Dies gilt für die Bundesrepublik Deutschland ebenso wie für Nordrhein-Westfalen Hier allerdings setzen sich die Betriebe des öffentlichen Dienstes (94,1% versus 40,0%) in ihren Relevanzbeurteilungen noch deutlicher von den privatwirtschaftlich organisierten Betrieben ab. Auch hier kommt den älteren Beschäftigten in den Betrieben mit betrieblicher Interessenvertretung (82,2% versus 40,2%) und/oder in den Betrieben, für die ein hohes Maß an gesellschaftlicher/beschäftigungspolitischer Verantwortung zur „Unternehmensphilosophie" zählt (70,9% versus 26,4%), ein weitaus höhere Bedeutung zu als in den jeweiligen Kontrastbetrieben (Tabelle 6).

Tabelle 6: Betriebliche Merkmale und Relevanz von älteren Beschäftigten in der BRD (in %)

BRD		Berücksichtigung von älteren Beschäftigten ist …			
		sehr wichtig	wich-tig	weniger wichtig	über-haupt nicht wichtig
Betriebstyp	privatwirtschaftlich	11,2	32,3	31,3	25,3
	öffentlicher Dienst	10,3	55,3	17,2	17,1
	Non-Profit-Betrieb	20,7	42,5	27,9	8,9
Tarifbindung	ja	13,6	37,9	33,5	15,0
	nein	11,3	32,4	29,7	26,6
Existenz eines Beteriebrats	ja	16,7	47,5	24,5	11,2
	nein	11,3	32,3	31,2	25,1
Tarifbin-dung/Betriebsrat	tarifgebunden und Betriebsrat	16,5	49,0	26,1	8,4
	tarifgebunden, kein Betriebsrat	12,7	34,4	35,9	17,0
	nicht tarifgebunden, aber Betriebsrat	18,0	40,8	20,2	21,0
	weder tarifgebunden noch Betriebsrat	11,1	31,7	30,2	26,9
Gesellschaftliche Verantwortung	hohes Ausmaß an gesellschaftlicher Verantwortung	18,8	47,9	20,1	13,2
	keine gesellschaftliche Verantwortung	6,3	25,3	36,7	31,7
Insgesamt		11,7	33,9	30,5	23,9

NRW		Berücksichtigung von älteren Beschäftigten ist ...			
		sehr wichtig	wichtig	weniger wichtig	überhaupt nicht wichtig
Betriebstyp	privatwirtschaftlich	10,2	29,8	34,6	25,3
	öffentlicher Dienst	6,0	88,1	5,8	0,1
	Non-Profit-Betrieb	(15,0)	(68,2)	(3,5)	(13,3)
Tarifbindung	ja	11,9	43,3	25,3	19,5
	nein	10,1	30,4	34,4	25,1
Existenz eines Beteriebrats	ja	22,0	66,2	11,0	0,8
	nein	9,8	31,4	33,1	25,7
Tarifbindung / Betriebsrat	tarifgebunden und Betriebsrat	24,5	63,7	11,1	0,7
	tarifgebunden, kein Betriebsrat	9,1	38,8	28,4	23,7
	nicht tarifgebunden, aber Betriebsrat	(11,2)	(76,6)	(10,8)	(1,4)
	weder tarifgebunden noch Betriebsrat	10,3	28,3	35,4	26,0
Gesellschaftliche Verantwortung	hohes Ausmaß an gesellschaftlicher Verantwortung	12,0	58,9	14,6	14,5
	keine gesellschaftliche Verantwortung	5,9	20,7	40,6	32,8
Insgesamt		**10,5**	**34,6**	**31,2**	**23,8**

Werte in Klammern bei n< 30

Auch hier ist zu fragen, ob die die Beschäftigung Älterer begünstigenden Faktoren „gewerkschaftliche und betriebliche Interessenvertretung" und „gesellschaftliche Verantwortung" nur für den öffentlichen Dienst und die gemeinnützigen Betriebe oder nicht auch für die Privatwirtschaft gelten. Ein anhand der beiden extremen Ausprägungen der oben konstruierten sechs Untersuchungsgruppen (siehe Kapitel 2) vorgenommener Vergleich zeigt, dass die privatwirtschaftlich organisierten Betriebe mit gewerkschaftlicher und betrieblicher Interessenvertretung, die zugleich die Frage nach der gesellschaftlichen Verantwortung bejaht haben, zu knapp drei Viertel (72,4%) die Berücksichtigung von älteren Beschäftigten für sehr wichtig oder wichtig erachten; demgegenüber beträgt der Vergleichswert hier bei der Kontrastgruppe nur 39,1% (die entsprechenden Werte für den öffentlichen Dienst und die gemeinnützigen Betriebe liegen bei 76,7% versus 37,6% - ohne Tabelle). Die die Beschäftigung Älterer positiv beeinflussenden Faktoren gelten folglich nicht nur für den öffentlichen Dienst und die gemeinnützigen Betriebe, sondern auch für die Privatwirtschaft.

Die betrieblichen Alterstrukturen entsprechen diesen Einschätzungen, wodurch diese an Sachhaltigkeit gewinnen und nicht als sozial erwünschte Antworten abzuqualifizieren sind. Wie Tabelle 7 zeigt, sinkt der Anteil von älteren Beschäftigten mit dem Grad der Relevanz, den die Betriebe der Berücksichtigung von älteren Beschäftigten in ihrer Personal- und Sozialpolitik zusprechen. In Betrieben, für die ältere Beschäftigte eine sehr hohe Bedeutung haben, liegt der Anteil von älteren Beschäftigten um 15 Prozent über dem Durchschnittswert (Dienstleistungsbereich plus 18 Prozent, produzierendes Gewerbe plus 8 Prozent); demgegenüber verzeichnen die Betriebe, für welche die Berücksichtigung von älteren Beschäftigten überhaupt keine Rolle spielt, ein Minus von 37 Prozent (Dienstleistungsbereich minus 32 Prozent, produzierendes Gewerbe minus 51 Prozent).

Tabelle 7: Relevanz von älteren Beschäftigten und Altersstrukturen (in %)

		Produzierendes Gewerbe		Dienstleistungs- bereich		Insgesamt	
	Alters- gruppen		Kennzif- fer*		Kennziffer*		Kennziffer*
Sehr	15-29	15,8		20,0		18,7	
wichtig	30-49	57,8		51,1		53,2	
	50+	26,4	108	28,9	118	28,1	115
Wichtig	15-29	21,1		20,0		20,3	
	30-49	53,4		53,2		53,3	
	50+	25,4	104	26,8	109	26,4	108
Weniger	15-29	24,9		26,1		25,6	
wichtig	30-49	55,1		52,0		53,2	
	50+	20,0	82	21,9	90	21,2	87
Über-	15-29	30,0		32,5		32,0	
haupt	30-49	58,1		50,9		52,4	
nicht wichtig	50+	11,9	49	16,6	68	15,6	63

* indiziert die prozentuale Abweichung vom Durchschnittswert des Anteils der Beschäftigten, die 50 Jahre und älter sind (=24,4%), an der Gesamtbelegschaft.

4 Qualifikationsmerkmale und ältere Beschäftigte

In der Literatur ist die Frage, ob ältere Beschäftigte gegenüber den jüngeren Beschäftigten Leistungs- oder Produktivitätsdefizite aufweisen, umstritten. Manche halten diese, stichwortartig als „Defizittheorie des Alterns" bezeichnete Annahme für überholt (Kistler u. a. 2006), andere erachten diese für empirisch nicht fundiert (Schmid 2004), wiederum andere sehen durchaus Produktivitätsdefizite bei älteren Beschäftigten (Schneider 2006). Wir haben in dieser Befragung die Betriebe gefragt, welche Qualifikationsmerkmale sie für ihren Betrieb als sehr wichtig, wichtig und weniger wichtig erachten. Dabei haben wir uns aus Gründen der Vergleichbarkeit an einer entsprechenden Frageformulierung aus dem „Betriebspanel" des IAB orientiert[34]. Wegen einer übersichtlicheren Darstellung der Befunde haben wir die Prozentwerte der Antwortausprägungen „sehr wichtig" mit dem Gewichtungsfaktor 1,5, „wichtig" mit dem Gewichtungsfaktor 1,0 und „weniger wichtig" mit dem Gewichtungsfaktor 0,5 multipliziert und zu einem Wert aufaddiert[35].

Die Befunde dieser Einschätzungen sind in Tabelle 8 festgehalten. Arbeitsmoral/ Arbeitsdisziplin (137) und Qualitätsbewusstsein (134) nehmen sowohl im Produzierenden Gewerbe (134 beziehungsweise 134) als auch im Dienstleistungsbereich (138 beziehungsweise 134) die ersten beiden Plätze ein. Es folgen auf den Rängen 3 bis 7 Loyalität (131), Erfahrungswissen (130), Flexibilität (128), Teamfähigkeit (128) und Lernbereitschaft (128). Hinsichtlich dieser Qualifikationsmerkmale bestehen zwischen den beiden Wirtschaftsbereichen allenfalls leichte Rangverschiebungen, aber keine nennenswerten Unterschiede. Allein die Eigenschaft der körperlichen Belastbarkeit wird in den beiden Wirtschaftsbereichen unterschiedlich bewertet. Im Produzierenden Gewerbe (124) kommt dieser Eigenschaft eine weitaus höhere Bedeutung zu als im Dienstleistungsbereich (104) [36].

In der Einschätzung der Relevanz der Fähigkeiten/Qualifikationsmerkmale für die Produktion von Gütern und Dienstleistungen unterscheiden sich die nordrhein-westfälischen Betriebe nicht merklich vom bundesrepublikanischen Durchschnitt. In Nordrhein-Westfalen liegen dieselben Qualifikationsmerkmale auf den ersten sieben Rängen wie in der Bundesrepublik Deutschland. In Nordrhein-Westfalen belegt auch die Arbeitsmoral/ Arbeitsdisziplin (139) den ersten

---

[34] Die Frageformulierung lautete: „Geben Sie bitte an, ob die im Folgenden aufgelisteten Eigenschaften für die Mehrheit der Arbeitsplätze in Ihrem Betrieb sehr wichtig, wichtig oder weniger wichtig sind." Dabei wurden folgende Eigenschaften und Qualifikationsmerkmale im Einzelnen abgefragt: Erfahrungswissen, körperliche Belastbarkeit, psychische Belastbarkeit, Kreativität, Arbeitsmoral/Arbeitsdisziplin, Flexibilität, Lernfähigkeit, Qualitätsbewusstsein, theoretisches Wissen, Teamfähigkeit, Loyalität und Lernbereitschaft.

[35] Dabei würde ein Wert von 150 bedeuten, dass alle antwortenden Betriebe die jeweils abgefragte Eigenschaft als sehr wichtig erachtet hätten; ein Wert von 100 würde besagen, dass alle antwortenden Betriebe die jeweils abgefragte Eigenschaft als wichtig ansähen; ein Wert von 50 würde heißen, dass alle antwortenden Betriebe die jeweils abgefragte Eigenschaft für weniger wichtig erachten würden.

[36] Zu ähnlichen Befunden kommt Schmid (2004) anhand einer Auswertung des „Betriebspanels" für Hessen.

Rang. Auf den nächsten Rängen folgen Loyalität (133) und Teamfähigkeit (132), die als Qualifikationsmerkmal insbesondere im Produzierenden Gewerbe (134) von hoher Bedeutung ist. Rang 4 nimmt hier zusammen mit dem Erfahrungswissen (130) das Qualitätsbewusstsein (130) ein, das im Durchschnitt der Bundesrepublik noch auf Platz 2 rangierte.

Auch in Nordrhein-Westfalen ist beobachtbar, dass der körperlichen Belastbarkeit im Produzierenden Gewerbe (128) eine weitaus höhere Bedeutung zugesprochen wird als im Dienstleistungsbereich (100)

Tabelle 8: Qualifikationsmerkmale nach Wirtschaftsbereichen

	BRD					
	Produzierendes Gewerbe	Rang	Dienstleistungsbereich	Rang	Insgesamt	Rang
Arbeitsmoral, Arbeitsdisziplin	134	1	138	1	137	1
Qualitätsbewusstsein	134	1	134	2	134	2
Loyalität	124	7	133	3	131	3
Erfahrungswissen	129	3	131	4	130	4
Flexibilität	128	4	127	7	128	5
Teamfähigkeit	125	6	129	5	128	5
Lernbereitschaft	128	4	128	6	128	5
Lernfähigkeit	121	9	126	8	124	8
Psychische Belastbarkeit	104	11	118	9	114	9
Theoretisches Wissen	105	10	109	10	108	10
Körperliche Belastbarkeit	124	7	104	11	109	11
Kreativität	99	12	104	11	103	12
	NRW					
	Produzierendes Gewerbe	Rang	Dienstleistungsbereich	Rang	Insgesamt	Rang
Arbeitsmoral, Arbeitsdisziplin	137	1	139	1	139	1
Qualitätsbewusstsein	133	3	129	5	130	4
Loyalität	125	6	135	2	133	2
Erfahrungswissen	125	6	131	4	130	4
Flexibilität	127	5	127	6	127	6
Teamfähigkeit	134	2	132	3	132	3
Lernbereitschaft	125	6	124	7	126	7
Lernfähigkeit	133	3	124	7	124	8
Psychische Belastbarkeit	100	11	119	9	102	12
Theoretisches Wissen	112	10	107	10	108	9
Körperliche Belastbarkeit	128	4	100	11	105	10
Kreativität	124	9	99	12	104	11

Vor dem Hintergrund dieser Einschätzungen über die Relevanz von spezifischen Qualifikationsmerkmalen für die Produktion von Gütern und Dienstleistungen gewinnt die Folgefrage, ob diese Qualifikationsmerkmale eher auf jüngere oder eher auf ältere Beschäftigte zutreffen oder ob diesbezüglich kein Unterschied besteht, an Sachhaltigkeit[37]. Mögliche Unterschiede in den Qualifikationsmerkmalen von jüngeren und älteren Beschäftigten können nun vor dem Hintergrund dieser Relevanzbeurteilungen gewertet werden. Aus Gründen der übersichtlicheren Darstellung der Befunde haben wir auch hier die Prozentwerte der Antwortausprägung „trifft eher auf Beschäftigte zu, die jünger als 50 Jahre sind" mit dem Gewichtungsfaktor 1,5, der Antwortausprägung „kein Unterschied" mit dem Gewichtungsfaktor 1,0 und der Antwortausprägung „trifft eher auf Beschäftigte zu, die 50 Jahre und älter sind" mit dem Gewichtungsfaktor 0,5 multipliziert und zu einem Wert aufaddiert[38].

Tabelle 9 zeigt, dass körperliche Belastbarkeit (118), Lernfähigkeit (116) und Lernbereitschaft (111) von den Betrieben eher den jüngeren Beschäftigten zugeschrieben werden; dass hingegen bei Erfahrungswissen (83), Arbeitsmoral/Arbeitsdisziplin (88), Qualitätsbewusstsein (91) und Loyalität (93) die älteren Beschäftigten in Führung liegen. Die nahe bei 100 liegenden Werte für Flexibilität (107), Kreativität (107), psychische Belastbarkeit (104), Teamfähigkeit (103) und theoretisches Wissen (100) verweisen darauf, dass die Betriebe bei diesen Qualifikationsmerkmalen keine Unterschiede zwischen jüngeren und älteren Beschäftigten sehen. Auch hier bestehen zwischen Produzierendem Gewerbe und Dienstleistungsbereich keine nennenswerten Unterschiede. Die eher den jüngeren Beschäftigten zugerechnete Fähigkeit einer höheren körperlichen Belastbarkeit ist im Produzierenden Gewerbe (126) jedoch noch stärker ausgeprägt als im Dienstleistungsbereich (115). In Nordrhein-Westfalen erreicht diese Fähigkeit sogar einen Wert von 142, was bedeutet, dass hier nahezu alle Betriebe diese Fähigkeit eher den jüngeren Beschäftigten zurechnen. In der Zuordnung,

---

[37] Die Frageformulierung lautete: „Geben Sie bitte jetzt zu jeder der im Folgenden aufgelisteten Eigenschaften an, ob diese eher auf Beschäftigte zutreffen, die jünger als 50 Jahre sind, oder eher auf Beschäftigte zutreffen, die 50 Jahre und älter sind, oder ob kein Unterschied besteht." Bei den abgefragten Eigenschaften handelte es sich genau um die, deren Relevanz für den Betrieb insgesamt erfragt worden war. Siehe dazu Fußnote 5.

[38] Dabei würde ein Wert von 150 besagen, dass alle antwortenden Betriebe das jeweils ermittelte Qualifikationsmerkmal eher den jüngeren Beschäftigten zuschreiben würden; ein Wert von 100 hieße, dass alle antwortenden Betriebe hinsichtlich des jeweils ermittelten Qualifikationsmerkmals zwischen jüngeren und älteren Beschäftigten kein Unterschied sähen; ein Wert von 50 würde bedeuten, dass alle antwortenden Betriebe das jeweils ermittelte Qualifikationsmerkmal eher den älteren Beschäftigten zusprechen würden. In die nachfolgende Analyse haben wir zudem nur die Betriebe einbezogen, in denen mindestens ein Beschäftigter oder eine Beschäftigte arbeitet, der oder die 50 Jahre und älter ist. Dadurch hoffen wir, nur die erfahrungsgesättigten Einschätzungen zu berücksichtigen und möglichst viele sozial erwünschte Antworten auszuschließen.

welche Qualifikationsmerkmale eher auf jüngere Beschäftigte und welche eher auf ältere Beschäftigte zutreffen und bei welchen Qualifikationsmerkmalen kein Unterschied zwischen jüngeren und älteren Beschäftigten besteht, unterscheiden sich die nordrhein-westfälischen Betriebe nicht vom bundesrepublikanischen Durchschnitt.

Bemerkenswert ist, dass die älteren Beschäftigten bei den Qualifikationsmerkmalen in Führung liegen, die von den Betrieben generell als besonders bedeutsam (Rang 1 bis 4) für die Produktion von Gütern und Dienstleistungen erachtet werden: Arbeitsmoral/ Arbeitsdisziplin, Qualitätsbewusstsein, Loyalität und Erfahrungswissen. Nach der Einschätzung der Betriebe weisen die älteren Beschäftigten bei diesen Qualifikationsmerkmalen keine Defizite gegenüber den jüngeren Beschäftigten auf. Eher das Gegenteil ist hier der Fall: von den Betrieben werden den älteren Beschäftigten diese Fähigkeiten eher als den jüngeren Beschäftigten zugesprochen.

Auf der anderen Seite zeigt Tabelle 9 auch, dass die so genannte „Defizittheorie des Alterns" weder pauschal verworfen noch pauschal bestätigt werden kann, sondern nach den jeweils von den Betrieben nachgefragten Qualifikationsmerkmalen differenziert betrachtet werden muss. So gewiss nach den in Tabelle 10 dargestellten Ergebnissen die älteren Beschäftigten bei Erfahrungswissen, Arbeitsmoral/Arbeitsdisziplin und Qualitätsbewusstsein vor den jüngeren Beschäftigten rangieren, so gewiss liegen die jüngeren Beschäftigten bei körperlicher Belastbarkeit, Lernfähigkeit und Lernbereitschaft in Führung.

Tabelle 9: Betriebliche Einschätzung der Qualifikationsmerkmale von jüngeren und älteren Beschäftigten

	BRD			NRW		
	Produzierendes Gewerbe	Dienstleistungsbereich	Insgesamt	Produzierendes Gewerbe	Dienstleistungsbereich	Insgesamt
Körperliche Belastbarkeit	126	115	118	142	114	119
Lernfähigkeit	122	115	116	135	113	117
Lernbereitschaft	117	110	111	114	110	110
Flexibilität	109	106	107	114	103	105
Kreativität	105	108	107	100	109	107
Psychische Belastbarkeit	104	104	104	87	105	101
Teamfähigkeit	103	102	103	93	106	104
Theoretisches Wissen	100	100	100	93	97	96
Loyalität	93	93	93	93	94	94
Qualitätsbewusstsein	91	91	91	72	93	89
Arbeitsmoral, Arbeitsdisziplin	91	87	88	99	87	89
Erfahrungswissen	86	82	83	78	85	84

Die Fähigkeiten und Qualifikationsmerkmale spielen auch eine Rolle bei der Frage nach allgemeinen Problemen mit älteren Beschäftigten und bei der Frage, worin im Einzelnen diese Probleme zu sehen sind[39]. Nur ein Fünftel der Betriebe (20,5%) bejaht die Frage nach allgemeinen Problemen bei älteren Beschäftigten. Hierbei unterscheiden sich die Betriebe des produzierenden Gewerbes und des Dienstleistungsbereichs. Hier sind es anteilsmäßig weitaus weniger Betriebe (18,3%) als dort (27,2%), für die ältere Beschäftigte eine problematische Größe darstellen (Tabelle 10). Differenzen zeigen sich auch bei der Betriebsgröße. Klein- und Mittelbetriebe (1-249 Beschäftigte) erachten ältere Beschäftigte weitaus weniger problematisch (20,5%) als Großbetriebe mit 250 und mehr Beschäftigten (30,0%). Diese Differenz gilt insbesondere für das Produzierende Gewerbe. Hier sind es sogar 4 von 10 Großbetrieben, für die ältere Beschäftigte ein Problem darstellen. Diese Differenz dürfte, wie Tabelle 11 zeigt, darin begründet liegen, dass in Relation zu den Klein- und Mittelbetrieben die Großbetriebe den älteren Beschäftigten eine zu geringe Flexibilität (47,3% versus 35,2%) und eine zu eingeschränkte Belastbarkeit (84,1% versus 70,9%) zuschreiben.

Tabelle 10: Probleme mit älteren Beschäftigten (in %)

		Probleme mit älteren Beschäftigten	
		ja	nein
Produzierendes Gewerbe	1-249	27,1	72,9
	250+	38,6	61,4
	Insgesamt	27,2	72,8
Dienstleistungsbereich	1-249	18,3	81,7
	250+	24,6	75,4
	Insgesamt	18,3	81,7
Insgesamt	1-249	20,5	79,5
	250+	30,0	70,0
	insgesamt	20,5	79,5

---

[39] Die entsprechenden Frageformulierung lauteten:" Sehen sie allgemein Probleme bei Beschäftigten, die 50 Jahre und älter sind?" „Welche konkreten Probleme sehen Sie bei Beschäftigten, die 50 Jahre und älter sind: Zu hohe Lohnkosten, ungeeignete Qualifikationsprofile, zu hohe Fehlzeiten und zu viele krankheitsbedingte Ausfälle, passen nicht in die Altersstruktur des Betriebes, eingeschränkte Kündbarkeit, geringe Flexibilität, geringe Einsatzfähigkeit, keine langfristige Perspektive, eingeschränkte körperliche Belastbarkeit, eingeschränkte psychische Belastbarkeit und/oder sonstiges?"

Bei den abgefragten konkreten Problemen, welche die Betriebe bei älteren Beschäftigten sehen, haben wir die oben genannten 11 Antwortvorgaben (siehe Fußnote 9) zu vier Variablen zusammengefasst[40]. Rang 1 mit 71% der Nennungen bei den Problemen, welche die Betriebe bei älteren Beschäftigten sehen, nimmt die eingeschränkte (körperliche und psychische) Belastbarkeit ein. Damit stimmt überein, dass von den Betrieben insbesondere die körperliche Belastbarkeit als Qualifikationsmerkmal den älteren Beschäftigten eher abgesprochen und den jüngeren Beschäftigten eher zugesprochen wurde (siehe Tabelle 9). Mit merklichem Abstand folgt auf Platz 2 das Problem von (wegen Kündigungshemmnissen nicht zu vermeidenden) zu hohen Lohnkosten mit 54,4% der Nennungen. Hierbei bestehen keine nennenswerten Unterschiede zwischen den beiden Wirtschaftsbereichen und Betriebsgrößenklassen. Wiederum mit deutlichem Abstand rangieren auf den Plätzen 3 und 4 die Probleme der „Perspektivlosigkeit" (37,6%) und der geringen Flexibilität (35,4%). Als Qualifikationsmerkmal hatten die Betriebe Flexibilität denn auch eher bei den jüngeren Beschäftigten verortet (siehe Tabelle 9). Hier sind es insbesondere die auf hohen Flexibilitätsbedarf angewiesenen Großbetriebe des produzierenden Gewerbes, die im Unterschied zu den Klein- und Mittelbetrieben (58,1% versus 32,5%) bei der Flexibilitätsfähigkeit der älteren Beschäftigten Probleme sehen, wohingegen sich hierin Klein-, Mittel- und Großbetriebe des Dienstleistungsbereichs kaum unterscheiden. Diese hingegen weisen merkliche Unterschiede darin auf, dass sie mit den älteren Beschäftigten keine langfristigen Perspektiven verbinden können. Klein- und Mittelbetriebe benennen dieses Problem weitaus häufiger (41,7%) als Großbetriebe (14,6%). Dieser für den Dienstleistungsbereich insgesamt geltende Durchschnittswert von 47,1% wird stark von den Klein- und Mittelbetrieben des Bereichs der persönlichen Dienstleistungen geprägt, die dieses Problem zu 83% angeben (ohne Tabelle). Darin dürfte auch schon die Erklärung zu suchen sein; denn beispielsweise das zum Bereich der persönlichen Dienstleistungen gehörende Hotel- und Gaststättengewerbe ist eine Branche, die in einem verhältnismäßig hohen Ausmaß von belastenden, befristeten, geringfügigen und prekären Tätigkeiten gekennzeichnet ist, bei denen auf der einen Seite die Betriebe eher

---

[40] Mithilfe einer Faktorenanalyse haben wir die Variablen, die untereinander stark korrelieren, zu einer Variablen (einem Faktor) zusammengefasst. Dabei haben wir die Ursprungsvariablen „eingeschränkte körperliche Belastbarkeit", „eingeschränkte psychische Belastbarkeit" und „zu hohe Fehlzeiten und zu viele krankheitsbedingte Ausfälle" zur Variablen „eingeschränkte Belastbarkeit" kombiniert. Die Ursprungsvariablen „ geringe Flexibilität", „ungeeignete Qualifikationsprofile" und „geringe Einsatzfähigkeit" haben wir unter der Variablen „geringe Flexibilität" subsumiert. Die Ursprungsvariablen „eingeschränkte Kündbarkeit" und „zu hohe Lohnkosten" haben wir zur Variablen „ hohe Lohnkosten" zusammengefasst. Schließlich haben wir die Ursprungsvariablen „keine langfristige Perspektive" und „passen nicht in die Altersstruktur des Betriebes" in der Variablen „ keine langfristige Perspektive" zusammengebracht.

kurzfristig planen müssen, und in denen die Beschäftigten, vor allem aber die
älteren Beschäftigten keine langfristigen Perspektiven sehen können (Tabelle
11).

Tabelle 11: Konkrete Probleme mit älteren Beschäftigten (in %)

	Produzierendes Gewerbe			Dienstleistungsbereich			Insgesamt		
	1-249	250+	insgesamt	1-249	250+	Insgesamt	1-249	250+	Insgesamt
Eingeschränkte Belastbarkeit	90,0	81,3	89,9	61,5	87,0	61,7	70,9	84,1	71,0
Geringe Flexibilität	32,5	58,1	32,9	36,6	36,2	36,6	35,2	47,3	35,4
Hohe Lohnkosten	54,1	54,6	54,1	54,5	48,9	54,4	54,4	51,8	54,4
Keine langfristige Perspektive	29,9	25,9	29,8	41,7	14,6	41,5	37,8	20,3	37,6

5   Ältere Beschäftigte und Arbeitszeitformen

Bei Vollzeit- und Teilzeitbeschäftigung, bei Schicht-, Samstags- und Sonntagsarbeit, versetzten Arbeitszeiten und bei Arbeitszeitkonten haben wir jeweils
danach gefragt, wie sich die in den jeweiligen Arbeitszeitformen tätigen Beschäftigten auf die drei Altersgruppen verteilen. Tabelle 12 zeigt, dass ältere
Beschäftigte in den Arbeitszeitformen der Sonntagsarbeit (minus 14 Prozent),
der Samstagsarbeit (minus 11 Prozent) und der Schichtarbeit (minus 11 Prozent)
unterrepräsentiert sind. Dies kann Brancheneffekten geschuldet sein; denn Sonn-
tags-, Samstags- und Schichtarbeit findet beispielsweise überdurchschnittlich
häufig im Bereich der persönlichen Dienstleistungen statt, der insgesamt einen
unterdurchschnittlichen Anteil von älteren Beschäftigten aufweist. Dies kann
aber auch darin begründet liegen, dass ältere Beschäftigte sich zunehmend aus
der physisch wie psychisch besonders belastenden Schichtarbeit und der soziale
Belange wenig berücksichtigenden Sonntagsarbeit zurückziehen beziehungswei-

se die Betriebe ältere Beschäftigte für diese besonders belastenden Arbeitszeitformen weniger rekrutieren als jüngere Beschäftigte. Vollzeitbeschäftigte (100)
unterscheiden sich in der Zusammensetzung der Alterstruktur nicht von der, die
für die Gesamtbelegschaft gilt. Allerdings weisen Teilzeitbeschäftigte (105)
einen leicht überdurchschnittlich Anteil von älteren Beschäftigten auf. Dies kann
in durch Altersteilzeit bewirkten Effekten begründet liegen.

Auch bei den Beschäftigten, die in Arbeitszeitkonten tätig sind (105), ist ein
überdurchschnittlicher Anteil von älteren Beschäftigten beobachtbar. Dies liegt
darin begründet, dass für überdurchschnittlich viele Beschäftigte Arbeitszeitkonten in den Betrieben geführt werden, die einen überdurchschnittlich hohen Anteil
von älteren Beschäftigten aufweisen: in Einrichtungen des öffentlichen Dienstes,
in Betrieben mit einer betrieblichen Interessenvertretung und/oder in Betrieben
mit einer gesellschaftlich/beschäftigungspolitisch hoch verantwortlichen „Unternehmensphilosophie". In diesen Betrieben liegen die Anteile der Beschäftigten
in Arbeitszeitkonten um 6,4, 9,3 beziehungsweise 10,9 Prozentpunkte über dem
Durchschnittswert von 47,0% (ohne Tabelle). Bestätigt wird diese Erklärung,
wenn wir die Verteilung der Beschäftigten in Arbeitszeitkonten auf die verschiedenen Wirtschaftszweige betrachten. Der Anteil von Beschäftigten in Arbeitszeitkonten liegt in den Wirtschaftsbereichen deutlich unter dem Durchschnitt, bei
denen auch eine unterdurchschnittliche Beschäftigung von Älteren beobachtbar
war: im Baugewerbe (44,1%), im Bereich der distributiven Dienstleistungen
(34,9%) und im Bereich der persönlichen Dienstleistungen (34,1%) (ohne Tabelle).

Tabelle 12: Altersstrukturen und Arbeitszeitformen (in %)

	15-29 Jahre	30-49 Jahre	50 Jahre und älter	Kennziffer
Sonntagsarbeit	28,6	50,3	21,1	86
Samstagsarbeit	28,2	50,2	21,6	89
Schichtarbeit	24,2	54,0	21,8	89
Versetzte Arbeits- zeiten	24,0	52,8	23,2	95
Arbeit in Arbeits- zeitkonten	21,4	52,9	25,7	105
Teilzeitarbeit	21,4	52,9	25,7	105
Vollzeitarbeit	23,5	52,2	24,3	100
Insgesamt	**22,4**	**53,2**	**24,4**	**100**

6 Altersgerechte und/oder alternsgerechte Arbeitszeitarrangements – eine Annäherung

Die Diskussionen um eine bessere Integration von älteren Beschäftigten in das Erwerbsleben konzentrierten sich zunächst auf die Forderung nach einem altersgerechten Arbeiten. Diese Forderung geht von der Annahme aus, dass die Arbeitsfähigkeit der Beschäftigten nicht in jeder Phase des Erwerbslebens gleich ist und diese den betrieblichen Anforderungen mit zunehmendem Erwerbsalter nicht oder nur noch suboptimal nachkommen können. Gedacht war dabei insbesondere an die körperlichen und psychischen Belastungen, die in höherem Erwerbsalter weniger gut ausgehalten werden können. So gesehen meint altersgerechtes Arbeiten ein (körperlich und psychisch) weniger belastendes Arbeiten (Kistler u. a. 2006). Diese Forderung speist sich wesentlich aus der so genannten „Defizittheorie des Alterns", der gemäß generell Belastungs- und Produktivitätsdefizite bei älteren Beschäftigten unterstellt werden. Altersgerechtes Arbeiten bedeutet in dieser Perspektive die Reduktion von Anforderungen in zeitlicher Hinsicht (beispielsweise kürzere Arbeitszeiten oder Verzicht auf Nacht- und Schichtarbeit), in räumlicher Hinsicht (beispielsweise geringere Mobilität oder geringere Flexibilität) und/oder in qualifikationsbezogener Hinsicht (beispielsweise geringere körperliche, psychische und/oder geistige Belastbarkeit).

Mit der Kritik der „Defizittheorie des Alterns" rückte zunehmend die Forderung nach einem alternsgerechten Arbeiten in den Vordergrund der Diskussion über eine bessere Integration von älteren Beschäftigten in das Erwerbsleben. Unsere Befunde zu den Fähigkeiten und Qualifikationen der verschiedenen Altersgruppen hatten gezeigt, dass in den betrieblichen Einschätzungen den älteren Beschäftigten Fähigkeiten und Qualifikationsmerkmale wie Qualitätsbewusstsein, Loyalität, Erfahrungswissen und Arbeitsdisziplin/Arbeitsmoral eher als den jüngeren Beschäftigten zugeschrieben wurden. Dabei handelte es sich zu einem nicht unerheblichen Teil um solche Fähigkeiten und Qualifikationen, die von der überwiegenden Mehrheit der Betriebe als besonders bedeutsam für die Produktion von Gütern und Dienstleistungen angesehen wurde. Nach unseren Befunden lässt sich die „Defizittheorie des Alterns" weder pauschal bestätigen noch pauschal verwerfen[41].

---

[41] Ein weiterer Einwand gegen diese „Theorie" lässt sich aus der eher lebensweltlichen Perspektive der Vereinbarkeit von Beruf und außerberuflichen Anforderungen anführen. Mit zunehmendem Alter sinken die Anforderungen der Kinderbetreuung und steigen die Anforderungen der Pflege von pflegebedürftigen älteren Personen im familiären Umfeld. Wie sich die außerhalb der Erwerbsarbeit geleistete und lebensphasenspezifisch differierende „Sorgearbeit" auf die Bewältigung beruflicher Anforderungen auswirkt, ist empirisch kaum untersucht. Allein schon deswegen verbieten sich auch pauschalisierte Urteile – zu denen die „Defizittheorie" des Alterns zählt - über die Leistungsfähigkeit von älteren Beschäftigten.

Die Forderung nach einem alternsgerechten Arbeiten zielt nicht mehr allein auf die älteren Beschäftigten, sondern bezieht das gesamte Erwerbsleben der Beschäftigten aller Altersgruppen ein: Die zeitlichen, räumlichen und qualifikationsbezogenen Dimensionen der Arbeitsbedingungen sollen so gestaltet werden, dass die damit verbundenen Belastungen und Anforderungen von allen Beschäftigten über das gesamte Erwerbsleben realisiert werden können. Eckpfeiler einer Strategie alternsgerechten Arbeitens oder der Sicherung einer nachhaltigen Beschäftigungsfähigkeit sind eine umfassende, alle Beschäftigtengruppen einbeziehende betriebliche Weiterbildung, ein präventives betriebliches Gesundheitsmanagement, das nicht nur physische und/oder psychische Schädigungen vermeidet, sondern zur Förderung von Gesundheit beiträgt (Kistler u. a. 2006), und alternsgerechte Arbeitszeitarrangements, bei denen über das gesamte Erwerbsleben die betrieblichen Flexibilitätsanforderungen mit den Interessen der Beschäftigten an planbaren und verlässlichen Arbeitszeiten sowie an Steigerung der Arbeitszeitsouveränität ausbalanciert werden.

Betriebliche Weiterbildung und betriebliches Gesundheitsmanagement waren nicht Gegenstand dieser Betriebsbefragung. Die Organisation der zeitlichen Bedingungen von Arbeit haben wir jedoch bei Arbeitszeitkonten ermittelt. Hier haben wir mit den Fragen nach der maximalen Anzahl der Minusstunden (Zeitschulden), der maximalen Anzahl der Plusstunden (Zeitguthaben) und dem Ausgleichszeitraum nach den Regelungen gefragt, nach denen Arbeitszeitkonten in der betrieblichen Praxis funktionieren. Deren friktionsfreie Funktionstüchtigkeit kann dann als gesichert angesehen werden, wenn alle drei genannten Regelungsbestandteile zugleich vereinbart sind. Je weniger dies der Fall ist, umso eingeschränkter dürften Arbeitszeitkonten in der betrieblichen Praxis funktionieren und damit sowohl dem betrieblichen Interesse an einer möglichst „passgenauen" Anpassung von Arbeitskräfteeinsatz an den Arbeitanfall als auch dem Beschäftigteninteresse an zugleich flexiblen und planbaren Arbeitszeiten und an einer Steigerung der Zeitsouveränität zuwiderlaufen.

Mit den Angaben zu Minusstunden, Plusstunden und Ausgleichszeitraum können wir Grade der Funktionstüchtigkeit von Arbeitszeitkonten bestimmen und unterscheiden. Wir bezeichnen ein Arbeitszeitkontenmodell dann als vollständig geregelt und damit als erwartbar besonders funktionstüchtig, wenn alle drei Regelungsbestandteile definiert sind. Das Extrem dazu liegt dann vor, wenn kein Regelungsbestandteil vereinbart ist. Solche Arbeitszeitkontenmodelle nennen wir ungeregelt. Bei diesen dürfen wir eine stark eingeschränkte Funktionstüchtigkeit erwarten. Zwischen diesen beiden Extremen bewegen sich die beiden anderen Typen. Als fast ungeregelt bezeichnen wir die Arbeitszeitkontenmodelle, bei denen nur ein Regelungsbestandteil definiert ist. Fast vollständig geregelt nennen wir die Arbeitszeitkontenmodelle, bei denen zwei Regelungsbestandteile vereinbart sind.

Da wir auch bei Arbeitszeitkonten die Altersstrukturen der Beschäftigten ermittelt haben, die in dieser Arbeitszeitform tätig sind, vermag die betriebliche Organisation von Arbeitszeitkonten erste Anhaltspunkte dafür liefern, ob diese eher altersspezifisch oder eher altersunspezifisch erfolgt ist. Wenn letzteres der Fall wäre, so ist unsere Annahme, würde dies auf Arbeitszeitarrangements verweisen, bei denen keine Altersgruppe benachteiligt oder privilegiert ist, was als erster Hinweis auf alternsgerechte Arbeitszeitarrangements gewertet werden könnte[42].

Tabelle 13 zeigt dass sich die drei Altersgruppen hinsichtlich der Organisation von Arbeitszeitkonten leicht voneinander unterscheiden. Unterschiede sind zwischen der jüngsten und der ältesten Altersgruppe beobachtbar. Die jüngeren Beschäftigten sind mit 74,1% weniger häufig als die älteren Beschäftigten (79,4%) in Arbeitszeitkontenmodellen tätig, die relativ friktionsfrei funktionieren dürften, weil sie fast oder gänzlich „durchorganisiert" sind. Nur ein Viertel (25,9%) der jüngeren Beschäftigten und sogar nur ein Fünftel (20,6%) der älteren Beschäftigten arbeiten in Arbeitszeitkontenmodellen, bei denen „Funktionsstörungen" zu erwarten sind, die weder mit den Interessen der Betriebe noch mit denen der Beschäftigten vereinbar sind.

---

[42] Hierbei handelt es sich nur um eine erste Annäherung an alternsgerechte Arbeitszeitarrangements. Deren auch nur annähernd exakte Analyse würde als methodologisches Untersuchungsdesign auch eher eine Längsschnitt- als eine Querschnittsanalyse erfordern.

Tabelle 13: Organisation von Arbeitszeitkonten nach Altersgruppen (in %)

	19-29 Jahre	30-49 Jahre	50 Jahre und älter	Insgesamt
Ungeregelt	13,9	12,1	10,8	13,8
Fast ungeregelt	12,0	10,0	9,8	9,4
Fast vollständig geregelt	17,7	16,1	15,7	16,0
Vollständig geregelt	56,4	61,8	63,7	60,8

Es gilt als ein typischer Fehlverlauf bei Arbeitszeitkonten, wenn die Obergrenzen für das Ansammeln von Zeitguthaben nicht eingehalten werden und daher die Zeitguthaben auf dem Arbeitszeitkonto „überlaufen". Diese Fehlverläufe müssen „repariert" werden. Dies kann dadurch erfolgen, dass an der Struktur von Arbeitszeitkonten festgehalten wird und die überschüssigen Zeitguthaben so schnell wie möglich, durch Übertragen auf den nächsten Ausgleichszeitraum und/oder durch Übertragen auf ein anderes Arbeitszeitkonto ausgeglichen werden. Bei diesen „Reparaturmaßnahmen" wird an dem für die Struktur von Arbeitszeitkonten bestandswichtigen Element des Zeitausgleichs festgehalten. Demgegenüber können die „Reparaturmaßnahmen", bei denen die überschüssigen Zeitguthaben finanziell ausgeglichen werden oder schlichtweg verfallen, als „Strukturverletzungen" angesehen werden; denn hierbei werden unter der Hand die überschüssigen Plusstunden wie bezahlte oder unbezahlte Überstunden behandelt.

Tabelle 14 zeigt, dass von diesem Fehlverlauf die verschiedenen Altersgruppen unterschiedlich betroffen sind. Knapp die Hälfte (48,7%) der jüngeren Beschäftigten, die in Arbeitszeitkonten tätig sind, arbeiten in Betrieben, die angegeben haben, dass die Obergrenzen für Zeitguthaben häufig überschritten werden. Davon setzen sich die beiden anderen Altersgruppen ab: 43,8% der mittleren Altersgruppe und 44,2% der älteren Beschäftigten mit Arbeitszeitkonten sind in Betrieben tätig, in denen die Zeitguthaben häufig überschritten werden. Bei den „Reparaturmaßnahmen" sind freilich kaum Unterschiede zwischen den drei Altersgruppen beobachtbar. Diese verteilen sich in etwa zu gleichen Anteilen auf die Maßnahmen, bei denen „Strukturverletzungen" (rund 17% von der jeweiligen Altersgruppe mit Arbeitszeitkonten) vorliegen.

Zusammenfassend kann man festhalten, dass bei der Organisation von Arbeitszeitkonten kaum Benachteiligungen oder Privilegierungen bestimmter Altersgruppen feststellbar sind. Dies verweist darauf, dass die Organisation von Arbeitszeitkonten relativ unabhängig vom Alter der Beschäftigten erfolgt, für die ein Arbeitszeitkonto geführt wird. Diese altersunspezifische Regelung kann im

Fall von Arbeitszeitkonten als ein erster Anhaltspunkt für und Schritt in Richtung auf ein alternsgerechtes Arbeitszeitarrangement gedeutet werden.

Tabelle 14: Einhalten von Obergrenzen für Zeitguthaben nach Altersgruppen (in %)

		15-29 Jahre	30-49 Jahre	50 Jahre und älter	Insgesamt
	Obergrenze für Zeitguthaben wird häufig überschritten	48,7	43,8	44,2	45,6
Maßnahmen bei Überschreiten der Obergrenze	Darunter:				
	Finanzieller Ausgleich	12,0	12,1	9,8	11,2
	Zeitguthaben verfallen	4,9	6,6	8,5	6,3
	Freizeitausgleich	16,8	13,9	12,7	16,4
	Übertragen in den nächsten Ausgleichszeitraum	13,2	9,4	10,4	9,6
	Übertragen auf anderes Arbeitszeitkonto	1,8	1,8	2,8	2,1

VI   Gesellschaftliche Verantwortung

1   Einleitung – Zum Stand der Debatte und der Forschung

Das Thema der gesellschaftlichen Verantwortung von Unternehmen hat Konjunktur und wird zunehmend breit diskutiert. Das Spektrum der dabei thematisierten Aspekte ist äußerst heterogen und die vorgetragenen Argumente sind bisweilen überaus kontrovers (vgl. Braun/Schwarz 2006). „Analysen und Debatten zeigen vorerst und vor allem eines: Im Gegensatz zu anderen Disziplinen der Unternehmensführung wie Kostenkalkulation oder Marketing ist gesellschaftliche Verantwortung von Unternehmen, in der Fachterminologie Corporate Social Responsibility (CSR) genannt, noch ein weitgehend unbeschriebenes und wenig strukturiertes Blatt" (Fockenbrock 2006).

Die Debatte changiert zwischen der These vom Rückzug des Staates aus seiner Verantwortung und einer zunehmenden „Ökonomisierung" der Gesellschaft auf der einen Seite und der Hoffnung auf einen Bedeutungszuwachs der Zivilgesellschaft, von ethischen und moralischen Aspekten im Verhältnis von Politik, Wirtschaft und Gesellschaft auf der anderen Seite. Einerseits wird in der Übernahme gesellschaftlicher Verantwortung von Unternehmen eine Chance gesehen, soziale Innovationen und neue Steuerungsformen auf der Basis von (mehr) Selbstorganisation und Eigenverantwortung einzuführen und durchzusetzen, eine Synergie von wirtschaftlichen und gesellschaftlichen Belangen herzustellen (vgl. Porter/Kramer 2006) und das Verhältnis von Staat, Wirtschaft und Gesellschaft zu modernisieren. In diesem Sinne gilt die Übernahme gesellschaftlicher Verantwortung in Form schlüssiger Konzepte und deren professioneller Umsetzung als Beitrag zum wirtschaftlichen Erfolg eines Unternehmens (Habisch 2006, Mutius 1998, Jasch 2007) und gleichermaßen zum Nutzen der Gesellschaft.

Das gesellschaftliche Engagement von Unternehmen wird als eine neue „Geschäftsstrategie" (Lang/Solms/Nebelung 2005) betrachtet und propagiert, mit der immer mehr europäische Unternehmen erfolgreich „auf mannigfaltigen gesellschaftlichen, wirtschaftlichen und ökologischen Druck" (Europäische Kommission 2001) reagieren.[43] Andererseits wird Ideologieverdacht formuliert und werden primär imagefördernde Ablenkungsmanöver (Christian Aid 2004; CorpWatch 2002) beziehungsweise eine bloße Marketingstrategie auf Seiten der Wirtschaft (vgl. Sauer 2006) vermutet. Dazu passt, CSR als einen (weiteren) Beleg für umfassendes Staats- und Marktversagen zu identifizieren. Bisweilen wird die Übernahme gesellschaftlicher Verantwortung als Managementkonzept aus ökonomischer Perspektive auch gänzlich zurückgewiesen (so Crook 2005) oder zumindest kritisch betrachtet (Ramthun (2005). Jonker und Marberg (2007, 6) stellen fest, dass der Diskurs über CSR derzeit in den Händen der Unternehmen ist. Damit sich CSR in der Praxis weiterentwickeln und auf einer institutionellen Basis etablieren kann, sei ein Paradigmenwechsel erforderlich, der sich an Handlungsprinzipien orientiert und sich von einem rein rhetorischen Umgang mit CSR verabschiedet

Die Europäische Kommission hat eine wichtige Schrittmacherrolle bei der Operationalisierung und Umsetzungsunterstützung gesellschaftlicher Verantwortung von Unternehmen übernommen. Seit dem Gipfel von Lissabon (2000) geht die Europäische Union die praktische Umsetzung der Europäischen Beschäftigungsstrategie unter anderem über das Thema Corporate Social Responsibility (CSR) an. CSR ist demnach ein wesentliches Instrument, um die Ziele der Europäischen Beschäftigungsstrategie zu erreichen. Die EU-Kommission definiert CSR als „ein Konzept, das den Unternehmen als Grundlage dient, auf freiwilliger Basis soziale Belange und Umweltbelange in ihre Unternehmenstätigkeit und in die Wechselbeziehung mit den Stakeholdern zu integrieren" (Europäische Kommission 2001: 8), da sie zunehmend erkennen, dass verantwortliches Verhalten zu nachhaltigem Unternehmenserfolg führt. „Die Unternehmen sehen ihr freiwilliges Engagement als Zukunftsinvestition, die letztlich auch dazu beitragen soll, ihre Ertragskraft zu steigern" (EU-Kommission 2001, 4).

---

[43] Steger und Salzmann (2006) kommen hingegen in einer Studie zu den Einschätzungen und Aktivitäten der relevanten Stakeholder zu dem Ergebnis, dass es „keinen empirischen Beleg dafür (gibt), dass der Druck auf die Unternehmen" hinsichtlich ihres sozialen und ökologischen Engagements steige, die Stakeholder sich hingegen mit dem Thema nur wenig intensiv beschäftigten und sich im Durchschnitt mit dem Engagement der Unternehmen relativ zufrieden zeigen. „Diejenigen Stakeholder, die am intensivsten soziale oder ökologische Standards fordern, sind am unwichtigsten für die Unternehmen – haben also den geringsten Einfluss" (7). Demgegenüber stellen Hoffmann/Gebauer (2007) fest: „Bei der Umsetzung von CSR orientieren sich Unternehmen in erster Linie an den externen Anforderungen der gesellschaftlichen Stakeholder (58%) beziehungsweise den Bewertungen im Rahmen von Ratings oder Rankings (56%)."

Mit dem Grünbuch „Europäische Rahmenbedingungen für die soziale Verantwortung der Unternehmen" (Europäische Kommission 2001) wurden die Grundsteine für die Umsetzung dieses Konzepts gelegt. Dies sind im Wesentlichen:

- Integration der gesellschaftlichen Verantwortung in alle Bereiche eines Unternehmens auf der Grundlage einer dementsprechend ausgerichteten Unternehmensstrategie und -philosophie und im Sinne eines Managementkonzepts.
- Einbeziehung aller relevanten Interessensgruppen bei der Planung und Durchführung des Konzepts der gesellschaftlichen Verantwortung im Sinne eines partizipativen Prozesses.
- Es geht um Maßnahmen von Unternehmen, die auf freiwilliger Basis über gesetzliche Anforderungen hinausgehen.
- Kontrovers diskutiert wird, ob von staatlicher Seite Spielregeln beziehungsweise Rahmenbedingungen - beispielsweise bezüglich der CSR-Berichterstattung - festgelegt werden sollten. Nach einer Studie der Bertelsmann-Stiftung wird dies von der überwiegenden Mehrheit der Unternehmen befürwortet (vgl. Bertelsmann-Stiftung (Hrsg.) 2005: 3). Gesetzliche Auflagen hingegen werden überwiegend abgelehnt (CCCD 2007).
- Eine wesentliche Rolle bei der gesellschaftlichen Verantwortung von Unternehmen spielen die Mitarbeiterinnen und Mitarbeiter eines Unternehmens und die Arbeitnehmervertretungen sowie der Dialog mit diesen.
- Eine zentrale Herausforderung ist auch die Einbindung von kleinen und mittleren Unternehmen. Im Oktober 2004 hat die Generaldirektion Unternehmen eine europaweite Kampagne zur Sensibilisierung der kleinen und mittleren Unternehmen für die soziale Verantwortung der Unternehmen gestartet.

2006 hat die EU-Kommission die Gründung eines „Europäischen Bündnis für soziale Verantwortung der Unternehmen" angeregt (Europäische Kommission 2006). Dieses richtet sich an alle europäischen Unternehmen unabhängig von ihrer Größe. Die Unternehmen sind dazu aufgefordert, freiwillig ihre Unterstützung zu bekunden. Das Bündnis ist konzipiert als ein politisches Dach für neue oder bereits bestehende CSR-Initiativen von Großunternehmen, kleinen und mittleren Unternehmen und ihren Stakeholdern. Das Bündnis soll Anreize für neue Partnerschaften mit allen Stakeholdern schaffen und ihnen in ihren Bemühungen um die Förderung von CSR neue Perspektiven eröffnen. Mit diesem Bündnis hat sich die Europäische Kommission zum Ziel gesetzt, zur weiteren Verbreitung von CSR anzuregen und die Unterstützung und Anerkennung von

CSR als einem Beitrag zur nachhaltigen Entwicklung und zur Strategie für Wachstum und Beschäftigung zu verstärken.

Die Generaldirektion Beschäftigung und Soziales der EU-Kommission versteht die soziale Verantwortung der Unternehmen als integralen Bestandteil der Lissabon Strategie für Wachstum und Beschäftigung (vgl. Spida 2006). Die EU-Kommission unterscheidet zwischen der unternehmensinternen und der - externen, auf das gesellschaftliche Umfeld gerichteten Dimension der sozialen Verantwortung von Unternehmen, und plädiert in ihren Empfehlungen für eine ganzheitliche, d.h. beide Dimensionen unternehmensstrategisch integrierende Sicht. Im Zentrum der internen Dimension sozialverantwortlicher Unternehmensführung stehen „in erster Linie die Arbeitnehmer" beziehungsweise ein nachhaltiges Humanressourcenmanagement (ebd. 9) und damit zugleich auch zentrale Untersuchungsdimensionen dieses Projektes: die Beschäftigungsfähigkeit von älteren Arbeitnehmern und eine alters- und alternsgerechte Gestaltung der Arbeit und Arbeitszeitarrangements. „Heute gilt es für die Unternehmen vor allem, qualifizierte Arbeitskräfte zu gewinnen und zu halten. Zu den von den Unternehmen zu diesem Zweck zu schaffenden Anreizen zählen das lebenslange Lernen, Empowerment, bessere Informationspolitik im gesamten Unternehmen, bessere Vereinbarkeit von Arbeit, Familienleben und Freizeit, größere Diversifizierung bei der Arbeit, gleiches Entgelt und gleiche Berufschancen für Frauen, Gewinnbeteiligung und Kapitalbeteiligung, Sicherung der Beschäftigungsfähigkeit und Sicherheit des Arbeitsplatzes. (...) Eine verantwortungsvolle und insbesondere nichtdiskriminierende Einstellungspolitik könnte die Einstellung von ethnischen Minderheiten angehörenden Personen, älteren Arbeitskräften, Frauen, Langzeitarbeitslosen und benachteiligten Personen erleichtern. Derartige Praktiken sind unerlässlich, sollen die Ziele der europäischen Beschäftigungsstrategie verwirklicht werden: Senkung der Arbeitslosigkeit, Anhebung der Beschäftigungsquote (insbesondere auch der älteren Beschäftigten – Einfügung der Verfasser) und Bekämpfung der sozialen Ausgrenzung" (ebd. 9 f.). „Sozial verantwortungsvolle Umstrukturierung heißt, die Interessen und Belange aller Akteure, die von Veränderungen und einschlägigen Entscheidungen betroffen sind, in ausgewogener Weise berücksichtigen. In der Praxis ist dieser Prozess vielfach genauso wichtig für den Umstrukturierungserfolg wie die eigentlichen Umstrukturierungsmaßnahmen" (ebd. 11).

Aus der international geführten CSR-Diskussion haben sich unter anderem zahlreiche Bemühungen um Operationalisierungen in Form von Anforderungskatalogen für die Unternehmensberichterstattung und Rating-Verfahren (vgl. Bertelsmann-Stiftung 2006) ergeben, in denen Formen flexibler Arbeitszeitgestaltung (auch mit Blick auf spezielle Zielgruppen, wie beispielsweise Ältere) einen bedeutsamen Stellenwert haben (vgl. Loew u. a. 2004).

Einer der zentralen CSR-Promotoren in Deutschland ist der Rat für Nachhaltige Entwicklung, der das freiwillige Engagement von Unternehmen für die Gesellschaft als wichtigen Indikator einer bürgergesellschaftlichen Nachhaltigkeitspolitik betrachtet. 2006 hat der Nachhaltigkeitsrat einen Entwurf mit Handlungsempfehlungen an die Bundesregierung und die Wirtschaft veröffentlicht, verbunden mit einer Einladung zu einem Dialogprozess (Rat für Nachhaltige Entwicklung 2006). Im Mai 2006 diskutierte der Nachhaltigkeitsrat auf zwei Dialogveranstaltungen die formulierten Empfehlungen mit interessierten Akteuren aus Politik, Wirtschaft und Gesellschaft. Ausgangspunkt für das Engagement des Nachhaltigkeitsrats war die Feststellung, dass in Deutschland bisher kein von allen beteiligten Akteuren gemeinsam getragenes Verständnis von CSR existiert. Diesem Mangel will der Rat entgegentreten, um zu einer besseren und breiteren Umsetzung von CSR in Deutschland beizutragen und eine unternehmensbezogene Nachhaltigkeitspolitik voranzutreiben. Konkret möchte der Rat mit seinen Empfehlungen erreichen, erstens mehr Unternehmen zu motivieren, CSR-Maßnahmen zu ergreifen; zweitens die Überzeugungskraft von CSR und die mit ihr zusammenhängenden Betriebsabläufe zu stärken; drittens stärker zwischen CSR-Konzepten für kleine und mittlere Unternehmen auf der einen und für Großunternehmen auf der anderen Seite zu differenzieren; viertens Deutschland davor zu bewahren, den Anschluss an die internationale CSR-Diskussion zu verpassen und schließlich fünftens CSR-Netzwerke zu stärken, da diese ein wichtiges Lern- und Experimentierfeld darstellen.

Im Wesentlichen formuliert der Nachhaltigkeitsrat in seinem Papier jeweils drei Empfehlungen an die Bundesregierung und an die Wirtschaft: Die Bundesregierung soll zum einen den Ordnungsrahmen der sozialen Marktwirtschaft für CSR neu bestimmen, „um das prozedurale Wettbewerbsklima zu verbessern und dem Verbraucher zu ermöglichen, sich ein verlässliches und vergleichbares Bild von der jeweiligen ‚CSR-Leistung' der Unternehmen zu machen" (Rat für nachhaltige Entwicklung 2006: 17). Ferner empfiehlt der Rat der Bundesregierung den Aufbau von Allianzen mithilfe der Einrichtung eines politisch hochrangigen CSR-Gesprächskreises, der „das Klima für CSR verbessern, einen politischen Resonanzboden für gute Beispiele bilden und zugleich neue, übergreifende und ambitionierte CSR-Projekte anregen, unterstützen und begleiten" (ebd.) soll. Drittens wird der Bundesregierung nahe gelegt, selbst mit gutem Beispiel voran zu gehen, etwa mithilfe der Unterstützung sozialethischer Fonds durch die Renten- und Gesundheitspolitik.

Der Wirtschaft empfiehlt der Nachhaltigkeitsrat erstens, aus der Vielfalt an „CSR-best-practice-Beispielen" drei bis fünf Leuchtturmprojekte zu bestimmen, welche die positive Wirkung qualitativer und quantitativer Effekte von CSR in besonderer Weise öffentlichkeitswirksam dokumentieren, um den gesellschaftlichen CSR-Dialog weiter zu forcieren. Zweitens wird den Unternehmen geraten, CSR „in ihrer Organisation und in den Managementprozessen mit klarer Verantwortlichkeit in der Unternehmensführung" (ebd.) langfristig zu verankern. Abschließend empfiehlt der Nachhaltigkeitsrat der Wirtschaft, vor allem kleine und mittelständische Unternehmen (KMU) verstärkt bei der Einführung von CSR zu unterstützen, beispielsweise durch die Intensivierung der Vernetzung von KMU.

Weitere wichtige Akteure der deutschen Diskussion um die gesellschaftliche Verantwortung von Unternehmen sind u. a.:

- Die Unternehmensverbände Bundesverband der Deutschen Industrie (BDI), Bundesvereinigung der Deutschen Arbeitgeberverbände (BDA), Deutscher Industrie- und Handelskammertag (DIHK) und Zentralverband des deutschen Handwerks (ZDH), die zusammen mit der Wirtschaftswoche den Wettbewerb „Freiheit und Verantwortung"[44] ausloben.
- Die gesellschaftliche Verantwortung von Unternehmen ist ebenso Thema einer Webseite[45], die am 1. Dezember 2004 vom BDI und der BDA gemeinsam frei geschaltet worden ist. Diese Webseite soll das Engagement der Unternehmen darstellen, ein Netzwerk der CSR-Akteure schaffen und den Erfahrungsaustausch fördern.
- Das Unternehmensnetzwerk econsense, das Forum für nachhaltige Entwicklung der deutschen Wirtschaft. CSR ist für econsense gleichbedeutend mit gesellschaftlicher Unternehmensverantwortung und Umsetzung einer nachhaltigen Entwicklung auf Unternehmensebene. Econsense plädiert für eine unternehmerische CSR-Politik, die durch Kreativität, Innovation und Regionalbezug gekennzeichnet ist.

Vorliegende (methodisch jedoch nicht miteinander vergleichbare) empirische Untersuchungen weisen darauf hin, dass sich inzwischen nahezu alle deutschen Unternehmen zu ihrer gesellschaftlichen Verantwortung bekennen und sich in irgendeiner Form gesellschaftlich engagieren (CCCD 2007, BDI 2007, Backhaus-Maul/Braun 2007). „Die deutsche Industrie steht voll und ganz zu ihrer ökologischen und sozialen Verantwortung" (BDI 2007, 52). Obschon die Unternehmen mehrheitlich von einer hohen Relevanz des gesellschaftlichen Engagements für ihr Unternehmen ausgehen, sehen sie es gleichzeitig in der Praxis nicht konsequent umgesetzt (CCCD 2007). In den Unternehmen gewinnen Ansätze einer sozial verantwortlichen Unternehmensführung, die mehr darstellen als ein bloßes „add-on" singulärer CSR-Dimensionen, an Bedeutung, wobei eine ausgeprägte Mitarbeiterorientierung im Vordergrund steht (vgl. Bertelsmann-Stiftung

---

[44] http://www.freiheit-und-verantwortung.de
[45] http://www.csrgermany.de

2005). „Für 39% der Unternehmen liegt der Wahrnehmung von CSR ein ganz-
heitliches Konzept zu Grunde; fast alle Industrieunternehmen, die eine besondere
gesellschaftliche Verantwortung an den Tag legen, stellen diese auch in den
Dienst ihrer Beschäftigten" (BDI 2007, 55f). Im Rahmen der dementsprechend
ausgerichteten betrieblichen Personal- und Sozialpolitik stehen flexible Arbeitszeiten, Personalentwicklung und die Einbeziehung von Mitarbeitern in Entschei-
dungsprozesse an der Spitze und die Förderung bestimmter Personengruppen,
zusätzliche Gesundheitsleistungen und übertarifliche Sozialleistungen am Ende
der Häufigkeiten der Nennungen (ebd. 57). Andererseits scheinen klassische
unternehmensexterne Transferleistungen in Form von Spenden und Sponsoring
zu dominieren (vgl. ebd., 59 und Bertelsmann-Stiftung (Hrsg.) 2005,
Groß/Schwarz 2007, CCCD 2007). Dagegen fallen eine unternehmensstrategische Integration der internen und externen Dimension sowie eine organisatorische Verankerung der gesellschaftlichen Verantwortung in den Unternehmen ab
(vgl. Biebeler 2004, Bertelsmann-Stiftung 2005, CCCD 2007) oder erfolgen nur
selten (Backhaus-Maul/Braun 2007, 9f.). Obwohl die Präsentation der Ergebnisse der letztgenannten Untersuchung (vgl. Backhaus-Maul 2007; Braun 2008;
Backhaus-Maul 2008) suggeriert, - ausgehend von einer analytischen Differenzierung von CSR und CC[46]-Befunde über das gesamte Spektrum des gesellschaftlichen Engagements von Unternehmen in Deutschland „zwischen Tradition
und Neuorientierung" zu liefern, widmet diese Studie sich faktisch ausschließlich Aspekten des Corporate Citizenship's und ist insofern mit unserer Befragung nicht vergleichbar. Untersucht wurde dort das Engagement von Unternehmen „außerhalb der Sphäre betrieblicher Produktions- und Distributionsverhältnisse" (Backhaus-Maul/Braun 2007, 3), also „all jene Maßnahmen und Aktivitäten, mit denen das jeweilige Unternehmen in das gesellschaftliche Umfeld ein-
wirkt" (7).[47]

---

[46] CC = Corporate Citizenship; hier verstanden als „Außenweltperspektive eines gesellschaftlich
engagierten Unternehmens" (ebd. 5).

[47] Dies sind im Einzelnen: Geld- und Sachspenden, Bereitstellung von Dienstleistungen und Be-
triebseinrichtungen für gesellschaftliches Engagement, Unterstützung des ehrenamtlichen Engagements der Mitarbeiter, Zusammenarbeit mit gemeinnützigen Organisationen, Stiftungen und
Sonstiges (siehe ebd., Fußnote 32). - Auch in methodischer Hinsicht ist diese im Herbst 2006
durchgeführte Untersuchung mit der vorliegenden nicht vergleichbar. Als Grundgesamtheit der
durchgeführten Telefon-Interviews diente „nicht die Gesamtheit aller in Deutschland ansässigen
Unternehmen, sondern die Firmendatenbank Deutschland des Informationsdienstleisters Hop-
penstedt. In diesem Verzeichnis sind die bedeutendsten Unternehmen ab 1 Mio. € Jahresumsatz
oder 20 Beschäftigten aufgelistet."Insgesamt beinhaltet dieser Datenbank 225.000 Unternehmen.
Die zufällig aus dieser Grundgesamtheit gezogene Nettostichprobe umfasst N = 501 Unternehmen. Telefonisch befragt wurden von FORSA Mitglieder der Geschäftsführung oder diejenigen
Mitarbeiter, die für den Bereich Öffentlichkeitsarbeit zuständig waren (ebd.). Vgl. auch CCCD
2007.

Eine andere Untersuchung kommt zu dem Ergebnis, dass „Global Player"
an Nachhaltigkeit und gesellschaftlicher Verantwortung zwar nur mäßig interessiert und diese Themenfelder für das Management eher zweitrangig, aber dennoch in der Regel „sorgfältig und gut gemanagt" seien (Leitschuh-Fecht/Steger
2004). Eine empirische Studie zur gesellschaftlichen Verantwortung deutscher
Wirtschaftseliten (Rucht u.a. 2008) kommt zu dem Resultat, dass diese ein zunehmend instrumentelles Verhältnis zur Frage ihrer gesellschaftlichen Verantwortung einnehmen. Sofern sie sich in diesem Feld engagieren, werden die entsprechenden Aktivitäten überwiegend strategisch im Sinne eines Image-
Managements nach dem Motto „Tue Gutes und sprich darüber" eingesetzt. Ganz
im Unterschied zu Eigentümer geführten und lokal verankerten Unternehmen
zeige sich insbesondere bei den größeren internationalen, Management geführten, von großen Käuferschichten abhängigen Unternehmen die Tendenz, eine
von außen zugemutete gesellschaftliche Verantwortung abzuwehren und statt-
dessen allenfalls die Gunst freiwilliger Leistungen zu gewähren. Auch eine für
Baden-Württemberg durchgeführte, allerdings thematisch auf corporate citizenship fokussierte und die unternehmensinterne Dimension der gesellschaftlichen
Verantwortung ausklammernde Untersuchung hebt den hohen Stellenwert des
„persönlichen und stark tradierten Engagements" des Unternehmers, welches
nicht strategisch angelegt ist, hervor (Wegner 2007, 48). Die Mittelstandsbefragung des BDI (2007) kommt hingegen zu dem Befund, dass die „Akzeptanz der
gesellschaftlichen Verpflichtung von Unternehmen" in Familienunternehmen
und managementgeführten Unternehmen „nahezu gleich hoch" sei (53), und dass
„zwischen Unternehmenserfolg und gesellschaftlichem Engagement ein hoch-
signifikanter Zusammenhang bestehe: Erfolgreiche Unternehmen sind sich ihrer
Verantwortung somit in besonderem Maße bewusst und kommen ihr nach
(ebd.)."
        Doch inwieweit umgekehrt CSR-Aktivitäten zur erfolgreichen Unterneh-
mensentwicklung beitragen, ist eine bislang „ungelöste Frage für Forschung und
betriebliche Anwendung." (Jasch 2007, 202), so das Ergebnis einer aufwändig
angelegten österreichischen Studie mit dem Titel „CSR rechnet sich". Mit dem
„Responsible-Sharholder-Value-Konzept" zum Beispiel schlägt die Bertelsmann
Stiftung (2005 a) ein „finanzmarktgesteuertes Beurteilungs- und Steuerungsmodell von Corporate Responsibility" vor und stellt nach einer Auswertung der
vorliegenden Studien zum Thema fest, dass diese mehrheitlich einen positiven
Zusammenhang zwischen gesellschaftlicher Verantwortung und wirtschaftli-
chem Erfolg der Unternehmen und umgekehrt "nachweisen", allerdings nicht
ohne auf die damit verbundenen Erkenntnisdefizite und methodischen Probleme
hinzuweisen (27ff.).

Auch von Seiten der Finanzmarktakteure selbst wird immer häufiger mit derartigen Bewertungsinstrumenten und Ratings gearbeitet.[48] Nach der Befragung des CCCD (2007) erwarten in Deutschland „nur rund 40 % der Unternehmen" einen positiven wirtschaftlichen Effekt von ihrem Engagement.

Die Befragung der Bertelsmann-Stiftung (2005) ergibt hingegen, „dass die im Bereich des gesellschaftlichen Engagements sowohl proaktiv als auch aktiv handelnden Unternehmen mit jeweils 56 Prozent deutlich häufiger steigende Gewinne erwarten als reaktive Unternehmen, die bei ihrem Engagement lediglich auf äußere Anforderungen reagieren (42 Prozent)." Ein ähnliches Bild ergibt sich auch hinsichtlich der Beschäftigungsentwicklung. 51 Prozent der Unternehmen gaben an, im vergangenen Geschäftsjahr mehr Mitarbeiter eingestellt als entlassen zu haben. Bei den proaktiv ausgerichteten Unternehmen liegt dieser Anteil bei immerhin 55 Prozent. Von den reaktiv handelnden Unternehmen konnten hingegen nur 48 Prozent einen Beschäftigungszuwachs verzeichnen. Laut Mittelstandsbefragung des BDI (2007) ist 43 % der Firmen ein zusätzlicher wirtschaftlicher Vorteil im Zusammenhang mit ihrem Engagement sehr wichtig oder wichtig (64), bei den wirtschaftlich erfolgreichen Unternehmen ist dieser Anteil deutlicher höher. Nach der Untersuchung von Backhaus-Maul und Braun (2007) begreifen „rund die Hälfte der Großunternehmen (...) Investitionen in die Gesellschaft als Voraussetzung für den wirtschaftlichen Erfolg des Unternehmens" (10). Eine weitere Studie zeigt, dass der Stellenwert der gesellschaftlichen Verantwortung für das Unternehmen von den unterschiedlichen Funktionsgruppen unterschiedlich eingeschätzt wird, dass beispielsweise Führungskräfte die Bedeutung dieses Themas signifikant höher einschätzen als Betriebsräte (Pundt u.a. 2007).

---

[48] So kommt zum Beispiel die Schweizer Bank Sarasin (2006) zu dem Ergebnis, dass die sozial und ökologisch verantwortlichsten Unternehmen in „kritischen Branchen ihren jeweiligen Branchenindex in der Periode Dezember 2001 bis April 2006 im Durchschnitt um beachtliche 100%" übertrafen. Angesichts des Überhandnehmens oft wenig relevanter Indikatoren und Kriterien zur Messung der Sozialverträglichkeit einer Firma plädiert Pictet & Cie (2006) mit Blick auf Anlageentscheidungen für eine Konzentration auf die Schaffung von Arbeitsplätzen und untersucht (mit uneindeutigen Ergebnissen) die damit einhergehende entsprechende Börsenperformance.

Untersuchungsdesign, Methoden, Fragestellungen und damit die Befunde der vorliegenden empirischen Untersuchungen zum gesellschaftlichen Engagement sind höchst heterogen und damit nur sehr eingeschränkt vergleichbar; diese Studien sagen insgesamt sehr wenig über die konkrete betriebliche Anwendungspraxis, sondern mehr über generelle Einschätzungen der jeweils Befragten zum Thema aus[49] Es ist empirisch völlig ungeklärt, wie es um die konkrete unternehmensstrategische, arbeitspolitische und organisatorische Einbindung und Umsetzung des unternehmerischen Engagements für gesellschaftliche Belange beschaffen ist. Auch bleibt offen, ob und inwieweit die gesellschaftliche Verantwortung von Unternehmen unternehmensintern und arbeitsmarktbezogen mit tatsächlich praktizierten Ansätzen eines nachhaltigen und vorausschauenden Umgangs mit Humanressourcen korrespondiert.

Vor diesem Hintergrund war es ein zentrales Untersuchungsziel dieser repräsentativen Betriebsbefragung, die unternehmensstrategische, arbeits- und beschäftigungspolitische Relevanz der gesellschaftlichen Verantwortung von Betrieben flächendeckend – für alle Wirtschaftszweige und Betriebsgrößenklassen – zu ermitteln, vorliegende Befunde zu aktualisieren, inhaltlich zu vertiefen und insbesondere im Zusammenhang mit einer alters- und alternsgerechten Arbeitszeitgestaltung weiter auszudifferenzieren.

---

[49] Wir müssen deshalb bei der folgenden Darlegung unserer Befunde größtenteils auf entsprechende Verweise beziehungsweise Vergleiche verzichten. Der Studie der Bertelsmann Stiftung z. B. (2005) liegen die Antworten von 500 „Entscheidern" aus Unternehmen mit mindestens 200 Beschäftigten oder mindestens 20 Millionen Euro Jahresumsatz zu Grunde. Von CCCD (2007) wurden 501 Geschäftsführer oder Mitarbeiter aus der Öffentlichkeitsarbeit telefonisch befragt. Es handelt sich um eine disproportionale Stichprobe aus der Grundgesamtheit aller Unternehmen mit mindestens 1 Million Jahresumsatz und mindestens 20 Beschäftigten. Auch in der online-Befragung des BDI (2007) wurde eine disproportionale Stichprobe gezogen. Befragt wurden insgesamt 1081 Geschäftsführer des „industriellen Mittelstands". Das sind nach der Definition des Instituts für Mittelstandsforschung Betriebe des produzierenden Gewerbes mit bis zu 499 Beschäftigten beziehungsweise 50 Millionen Jahresumsatz. Die anderen erwähnten Untersuchungen unterscheiden sich noch stärker von der Anlage dieser Befragung.

2   Verbreitung und Typen gesellschaftlicher Verantwortung[50]

In der Hälfte aller Betriebe in Deutschland (49,9%; NRW: 50,3%) spielt das Thema gesellschaftliche Verantwortung eine wichtige Rolle.[51] Die Verbreitung, Art und Intensität der Umsetzung gesellschaftlicher Verantwortung variieren dabei stark mit der Betriebsgröße, nach Wirtschaftszweigen und Betriebstypen. Je größer die Betriebe sind, umso mehr spielt anteilig betrachtet die gesellschaftliche Verantwortung eine wichtige Rolle. Bei den Kleinstbetrieben mit 1-19 Beschäftigten beträgt der Anteil der gesellschaftlich verantwortlichen Betriebe 48,1%, bei den Betrieben mit 20-249 Beschäftigten 64,7%, bei denjenigen mit 250-499 Beschäftigten 78% und bei den Großbetrieben mit 500 und mehr Beschäftigten 85,2%. Spielt das Thema der gesellschaftlichen Verantwortung also bei fast jedem zweiten Kleinstbetrieb eine wichtige Rolle, ist dies bei den Großbetrieben schon der Normalfall (Tabelle 1).

---

[50]   Den Fragen zu diesem Themenkomplex war im Fragebogen folgende Erläuterung vorangestellt: „Wir meinen mit gesellschaftlicher Verantwortung von Betrieben („Corporate Social Responsibility" – CSR) eine über die rechtlichen Bestimmungen und Mindestanforderungen hinausgehende freiwillige Selbstverpflichtung der Betriebe, sich im Rahmen ihrer betrieblichen Strategien in besonderer Weise für soziale Belange und Umweltfragen einzusetzen."

[51]   2005 bejahten 51 % der Betriebe die bewusst allgemein gehaltene Frage, „Engagiert sich Ihr Betrieb in besonderer Weise für gesellschaftliche Belange" (Groß/Schwarz 2007, 114). Die Frageformulierung der aktuellen Untersuchung fokussiert demgegenüber auf den faktischen Zusammenhang von gesellschaftlicher Verantwortung, Unternehmenskultur und -strategie. Dementsprechend sind die Befunde in einem strengen Sinne nicht mit denen aus unserer letzten Betriebsbefragung zu vergleichen. Noch weniger sind die im Folgenden präsentierten Befunde mit denen aus Befragungen vergleichbar, die danach fragen, ob die Unternehmen ein gesellschaftliches Engagement befürworten oder einzelne Maßnahmen durchführen, die unter den Oberbegriff CSR fallen (wie z.B. CCCD 2007 und BDI 2007) beziehungsweise wie die Unternehmen bestimmte Aspekte des gesellschaftlichen Engagements einschätzen oder was sie mit diesem Begriff verbinden (Bertelsmann Stiftung 2005). Die letztgenannten Studien kommen wegen dieser allgemeinen Einschätzungsfragen zu erheblich höheren Anteilen von CSR-Betrieben als wir.

Abbildung 1:   Gesellschaftliche Verantwortung und Betriebsgröße (in %)
                 (Vier Betriebsgrößenklassen)

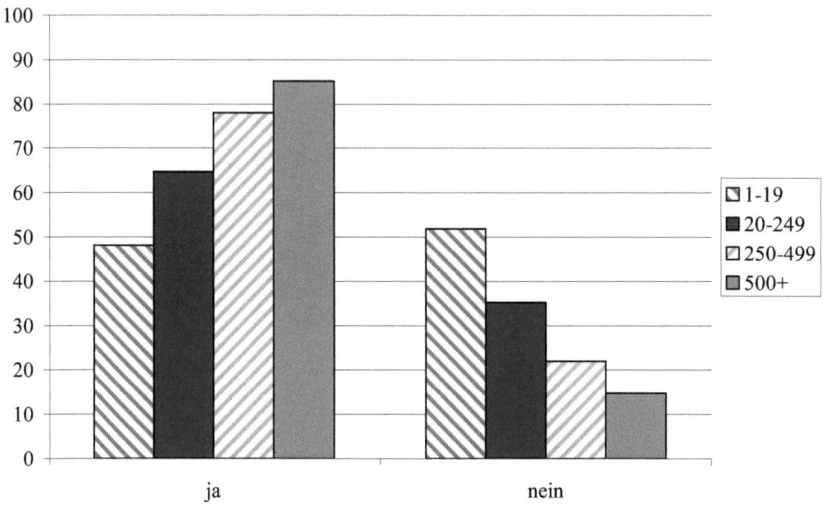

Tabelle 1:   Gesellschaftliche Verantwortung und Betriebsgröße (in %)

	Gesellschaftliche Verantwortung	
Betriebsgröße	ja	nein
1-19	48,1	51,9
20-249	64,7	35,3
250-499	78,0	22,0
500+	85,2	14,8
Insgesamt	**49,9**	**50,1**

Der Anteil der gesellschaftlich verantwortlichen Betriebe ist im Dienstleistungsbereich deutlich größer als im Produzierenden Gewerbe (52,3% gegenüber
42,4%).[52] Auch hier sind die entsprechenden Anteile für NRW (52,8% gegenüber 42%) mit dem Bundesdurchschnitt fast identisch (Tabelle 2).

Tabelle 2:   Gesellschaftliche Verantwortung und Wirtschaftsbereiche (in %)

Wirtschaftsbereiche	Gesellschaftliche Verantwortung	
	ja	nein
Produzierendes Gewerbe	42,4	57,6
Dienstleistungsbereich	52,3	47,7
Insgesamt	**49,9**	**50,1**

Innerhalb des Dienstleistungsbereichs ist der entsprechende Anteil bei den sozialen Dienstleistungen erwartungsgemäß am größten (66,9%). Denn hier gehört die
Übernahme gesellschaftlicher Verantwortung in Form spezifischer, auf soziale
Problemfelder und Belange orientierter Dienstleistungsangebote gewissermaßen
zum „Kerngeschäft". Es folgen mit jeweils deutlichen Abständen die unternehmensbezogenen (53,1%), die distributiven (45,3%) und die persönlichen Dienstleistungen (36,9%).
     Innerhalb des Produzierenden Gewerbes differieren die Anteile ebenfalls
sehr stark. Er ist mit fast 70 Prozent (69,8%) der Betriebe im primären Sektor
mit Abstand am größten, gefolgt vom sekundären Sektor mit 38,1 % und dem
Baugewerbe mit 37, 2 % (Tabelle 3)[53].

---

[52] Das hier zu Grunde gelegte Untersuchungsdesign, das Betriebe aus allen Wirtschaftszweigen und
     Betriebsgrößenklassen einbezieht, weicht deutlich von den Untersuchungsdesigns der erwähnten
     Befragungen ab.
[53] Wegen teilweise zu geringer Fallzahlen ist eine weitere Ausdifferenzierung der Wirtschaftszweige
     nur eingeschränkt auswertbar. Die von den Fallzahlen aus betrachtet auswertbaren Daten deuten
     darauf hin, dass der Anteil der gesellschaftlich verantwortlichen Unternehmen in Branchen, die
     stark durch eine großbetriebliche Struktur geprägt sind, wie zum Beispiel der Fahrzeugbau und die
     Energiewirtschaft, weit überdurchschnittlich groß, und umgekehrt, in stark von KMU geprägten
     Branchen, wie der Textil- und Druckindustrie, besonders klein ist.

Tabelle 3: Gesellschaftliche Verantwortung und Wirtschaftszweige (in %)

Wirtschaftszweige	Gesellschaftliche Verantwortung	
	ja	nein
Primärer Sektor	69,8	30,2
Sekundärer Sektor	38,1	61,9
Bau	37,2	62,8
Distributive Dienstleistungen	45,3	54,7
Unternehmensbezogene Dienstleistungen	53,1	46,9
Soziale Dienstleitungen	66,9	33,1
Persönliche Dienstleistungen	36,9	63,1
Insgesamt	**49,9**	**50,1**

Die ungleiche Verteilung der gesellschaftlich engagierten Betriebe über die Wirtschaftszweige ist im wesentlichen der Tatsache geschuldet, dass das gesellschaftliche Engagement der Betriebe mit der Betriebsgröße anteilig zunimmt und insgesamt gesehen im Dienstleistungsbereich auf Grund andersartiger Markt- und Kundenbeziehungen sowie der besonderen Qualität der sozialen Dienstleistungen stärker als im Produzierenden Gewerbe ausgeprägt ist. Dem größeren Anteil im Dienstleistungsbereich entsprechend ist der Anteil der gesellschaftlich engagierten Betriebe unter den gemeinnützigen Organisationen und Behörden der öffentlichen Verwaltung (82% beziehungsweise 68,5%) deutlich höher als unter den gewerblichen Betrieben (46,9%). Die entsprechenden Anteile betragen in NRW: Gemeinnützige Organisationen: 79,2%; Öffentlicher Dienst: 98,6% und Privatwirtschaft: 46,4% (Tabelle 4).

Tabelle 4: Gesellschaftliche Verantwortung und Betriebstyp (in %)

Betriebstyp	Gesellschaftliche Verantwortung	
	ja	nein
Privatwirtschaftlich	46,9	53,1
Öffentlicher Dienst	68,5	31,5
Non-Profit	82,0	18,0
Insgesamt	**49,9**	**50,1**

Um einschätzen zu können, ob und inwieweit die gesellschaftliche Verantwortung der Betriebe über eine allgemeine Absichtserklärung und punktuelle Aktivitäten hinaus in der Unternehmensstrategie nachhaltig verankert ist, haben wir die Betriebe, für die das Thema der gesellschaftlichen Verantwortung eine wichtige Rolle spielt, danach gefragt,

- ob die entsprechenden Selbstverpflichtungen schriftlich niedergelegt sind. Dies trifft auf 23,2% der CSRBetriebe zu;[54]
- ob – und wenn ja, wie – die organisatorische Zuständigkeit in diesem Zusammenhang innerhalb des Betriebes geregelt ist. Dies gilt für 61,4% der CSR-Betriebe)[55]. Die organisatorische Zuständigkeit liegt ganz überwiegend bei der Leitung und/oder der Personalabteilung (88,6 % beziehungsweise 14,5% der Fälle). Nur 3,2 % der Fälle haben eine eigens dafür eingerichtete Stelle oder Abteilung[56] und in 7,1% der Fälle ist die Stelle für Kommunikation/Öffentlichkeitsarbeit (mit-)zuständig;[57]
- ob die gesellschaftliche Verantwortung auch auf die Personal- und Sozialpolitik bezogen ist. Dies trifft auf 68,0% der CSR-Betriebe zu;

---

[54] Laut Backhaus-Maul/Braun (2007) haben 12,9% der gesellschaftlich engagierten Unternehmen „einen festgelegten Aktionsplan" (9). Die hier und im Folgenden zum Teil deutlich von unseren Befunden abweichenden Ergebnisse von Backhaus-Maul und Braun (siehe auch CCCD 2007) sind nicht nur in unterschiedlichen Frageformulierungen, sondern vor allem darin begründet, dass diese Untersuchung auf Maßnahmen des Corporate Citizenship's fokussiert und daher auch in thematischer Hinsicht nicht vergleichbar ist (siehe Fußnote 7).

[55] Laut Backhaus-Maul/Braun (2007) „scheinen Maßnahmen des gesellschaftlichen Engagements innerhalb von Unternehmen personalisiert zu sein, indem Führungs- und Leitungskräfte in unterschiedlichen Abteilungen und Stäben Aktivitäten des freiwilligen gesellschaftlichen Engagements fördern, ohne dass letztere in ein kohärentes Gesamtkonzept des Unternehmens eingebettet sind" (9).

[56] Nach Backhaus-Maul/Braun (2007) haben „nur 1,5% der engagierten Unternehmen (...) eine Personalstelle oder eine Abteilung eingerichtet" (ebd.).

[57] Hier waren Mehrfachnennungen möglich.

- ob der Betrieb zur Realisierung seines Engagements bestimmte Ressourcen bereitstellt. Dies haben 54,8% der CSR-Betriebe bejaht – davon stellen diese Betriebe in 80% der Fälle finanzielle, in 70% der Fälle personelle Ressourcen und in rund 50% der Fälle beides zur Verfügung[58];
- ob die entsprechenden Aktivitäten regelmäßig intern und/oder extern überprüft und bewertet werden. Dies gilt für 36% der CSR-Betriebe[59] – davon werden in 90% der Fälle die Aktivitäten intern, in 30% der Fälle extern und in knapp 20% der Fälle sowohl intern als auch extern evaluiert[60].

Auf dieser Grundlage haben wir vier nach der Art und dem Grad der unternehmensstrategischen Einbindung differenzierte Typen der gesellschaftlichen Verantwortung gebildet. Dabei ist zu berücksichtigen, dass sich diese Typen nicht trennscharf voneinander abgrenzen, sondern teilweise überlappen. Dennoch scheint uns diese Typenbildung besser geeignet als zum Beispiel die in der Befragung der Bertelsmann-Stiftung (2005) auf der Basis von Selbsteinschätzungen gewählte Differenzierung nach proaktiv, aktiv oder reaktiv engagierten Unternehmen[61], um unterschiedliche Profilierungen des gesellschaftlichen Engagements in der betrieblichen Praxis zu identifizieren und analysieren.

Typ 1: Die Verantwortungsbewussten

Dies sind alle Betriebe, die angegeben haben, dass das Thema der gesellschaftlichen Verantwortung bei der Leitung des Betriebes eine wichtige Rolle spielt. Dies sind 49,9% der Betriebe in Deutschland (NRW: 50,3%). In diesen Betrieben arbeiten 70% aller Beschäftigten (NRW: 71,2%).

---

[58] Hier waren Mehrfachnennungen möglich. Backhaus-Maul/Braun (2007) zufolge kann „rund jeder Zehnte der Interviewten keine Auskunft darüber geben (...), in welchem finanziellen Umfang das Unternehmen Maßnahmen des gesellschaftlichen Engagements fördert (bei den Großunternehmen trifft dieses sogar auf fast jeden dritten Befragten zu)" (10).

[59] Laut Backhaus-Maul/Braun (2007) beträgt der entsprechende Anteil der Unternehmen, die „Instrumente zur Bewertung der Engagementmaßnahmen einsetzen, 12,3%" (ebd.).

[60] Hier waren Mehrfachnennungen möglich.

[61] „Reaktiv" bedeutet, dass die Betriebe bei ihrem Engagement auf die an sie gestellten Anforderungen reagieren; „proaktiv" heißt, dass die Betriebe sich als Vorreiter auf diesem Gebiet verstehen, indem sie versuchen, Trends und Standards zu setzen; „aktiv" meint, dass die Betriebe sich mit für sie relevanten Themen aktiv auseinandersetzen. Weder in quantitativer noch in qualitativer Hinsicht lassen sich die so gebildeten Unternehmenstypen mit der hier vorgenommenen Typologie vergleichen, die anhand des Kriteriums der konkreten Umsetzung des Engagements gebildet ist.

Typ 2: Die personal und sozialpolitisch Verantwortlichen[62]

Hochgerechnet auf alle Betriebe ist die gesellschaftliche Verantwortung bei 33,9% (NRW: 32,4%) auch auf die betriebliche Personal- und Sozialpolitik bezogen. Das sind gut zwei Drittel (68%) aller verantwortungsbewussten Betriebe (Typ 1), in denen insgesamt 61% aller Beschäftigten tätig sind (NRW: 62,8%).

Typ 3: Gesellschaftliche Verantwortung intern organisiert

Das sind alle verantwortungsbewussten Betriebe, die personal- und sozialpolitisch verantwortlich agieren, ihre Selbstverpflichtung schriftlich niedergelegt und die organisatorische Zuständigkeit in diesem Zusammenhang klar geregelt haben. Das sind 10,3% aller Betriebe (NRW: 8 %) und 20,6 % der CSR-Betriebe (Typ 1). In den Betrieben dieses Typs arbeitet knapp ein Drittel (31 %) aller Beschäftigten (NRW: 30 %).

Typ 4: Gesellschaftliche Verantwortung unternehmensstrategisch integriert

Das sind diejenigen Betriebe, die nicht nur personal- und sozialpolitisch verantwortlich agieren, ihre freiwillige Selbstverpflichtung schriftlich niedergelegt und die internen Zuständigkeiten klar geregelt haben, sondern die darüber hinaus bestimmte Ressourcen dafür bereitstellen und ihre Aktivitäten regelmäßig überprüfen und bewerten (lassen). Dies sind hochgerechnet auf alle Betriebe nur noch 6,6% (NRW: 5,1 %) beziehungsweise 13,2% der CSR-Betriebe (Typ 1). Knapp ein Viertel (24%) aller Beschäftigten in Deutschland arbeitet in diesen Betrieben (NRW: 25,2%)[63].

---

[62] „Ist die gesellschaftliche Verantwortung ihres Betriebes auch auf die Personal- und Sozialpolitik bezogen?"

[63] Fragt man die Betriebe hingegen direkt, ob ihr Engagement Bestandteil der Geschäftsstrategie sei, zeigen sich freilich andere Befunde. So kommen etwa Backhaus-Maul und Braun (2007) zu dem Ergebnis, dass „weniger als ein Drittel der Unternehmen, die sich gesellschaftlich engagieren," angibt, „dass das Engagement Bestandteil der Geschäftsstrategie sei, also in eine längerfristig ausgerichtete Konstellation unternehmerischer Gewinnmaximierung eingebettet ist" (9).

Abbildung 2:   Verteilung von Betrieben und Beschäftigten auf 4 Typen der
gesellschaftlichen Verantwortung

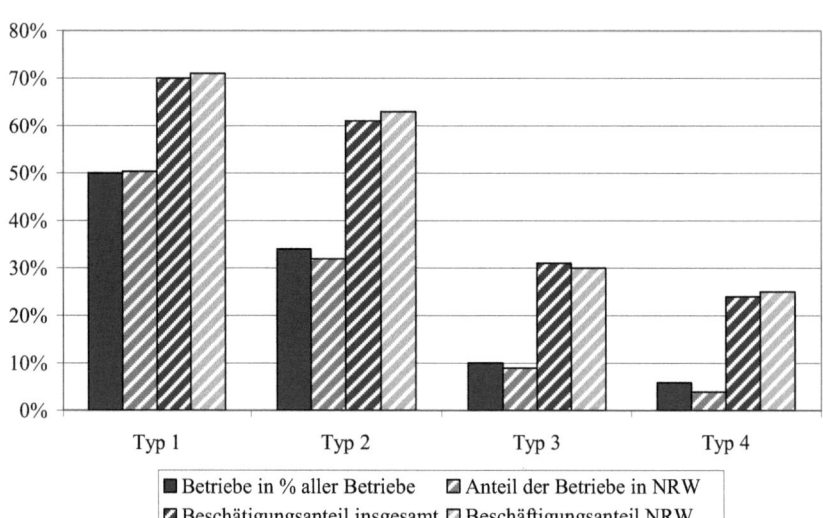

Der bereits dargestellte Trend, dass die Verbreitung der gesellschaftlichen Verantwortung mit der Betriebsgröße zunimmt, verstärkt sich deutlich mit dem in
den vorgenannten Typen abgebildeten Niveau der internen Organisation und
unternehmensstrategischen Integration. Je anspruchsvoller und integrierter die
gesellschaftliche Verantwortung der Betriebe organisiert ist und umgesetzt wird,
umso größer wird der entsprechende Anteil mit zunehmender Betriebsgröße
(Tabelle 5).

Tabelle 5: Typen gesellschaftlicher Verantwortung nach Betriebsgrößenklassen
und Wirtschaftszweigen (in %)

	Typ 1 % aller Betriebe	Typ 2 % von Typ 1	Typ 3 % von Typ 1	Typ 4 % von Typ 1
Betriebsgröße				
1 - 19	48,1	65,7	17,8	11,2
20 - 249	64,7	81,8	38,4	25,5
250 - 499	78	93	48,3	36,5
500 +	85,2	91,4	54,3	41,3
Wirtschaftszweig				
Primärer Sektor	69,8	77,2	12,9	2,0
Sekundärer Sektor	38,1	76,0	27,7	24,8
Bau	37,2	66,1	1,0	0,4
Distributive DL	45,3	59,1	13,6	7,5
Unternehmensbezogene DL	53,1	68,1	14,9	8,7
Soziale DL	66,9	73,1	36,4	25,1
Persönliche DL	36,9	60,8	11,3	2,4
Insgesamt	49,9	68,0	20,6	13,2

Während 65,7% der verantwortungsbewussten Kleinstbetriebe (1-19 Beschäftigte) ihr Engagement auch auf die Personal- und Sozialpolitik beziehen (Typ 2),
steigt der entsprechende Anteil bei den Großbetrieben (500 und mehr Beschäftigte) auf über 90%. Organisieren nur 17,8% der verantwortungsbewussten
Kleinstbetriebe ihre diesbezüglichen Selbstverpflichtungen innerbetrieblich,
steigt dieser Anteil bei den Großbetrieben auf fast 55% (Typ 3). Nur 11,2% der
verantwortungsbewussten Kleinstbetriebe haben ihre gesellschaftliche Verantwortung unternehmensstrategisch integriert, was hingegen auf 41,3% der Großbetriebe zutrifft (Typ 4).

Anteilmäßig konzentrieren sich die „Verantwortungspioniere" (Typ 4) auf Betriebe des sekundären Sektors und der sozialen Dienstleistungen (jeweils rund 25% der CSR-Betriebe). Auch die Variante „intern organisiert" (Typ 3) ist in diesen beiden Wirtschaftszweigen am häufigsten zu finden: 36,4% im Bereich der sozialen Dienstleistungen und 27,7% im Sekundären Sektor. Dagegen fallen die anderen Wirtschaftszweige stark ab. Mit nur 1 % bildet das Baugewerbe hier mit großem Abstand das Schlusslicht (ohne Tabelle).

Eine nach Betriebstypen differenzierte Betrachtung (Tabelle 6) zeigt, dass eine auf die betriebliche Personal- und Sozialpolitik bezogene Wahrnehmung gesellschaftlicher Verantwortung (Typ 2) in Betrieben des Öffentlichen Dienstes (78,4%) stärker ausgeprägt ist, als dies bei den privatwirtschaftlichen Betrieben (67,6%) und im Non-Profit-Bereich (65,9%) der Fall ist. Sehr deutlich zeigt sich darüber hinaus die Tendenz, dass der Anteil der gesellschaftlich verantwortlichen privatwirtschaftlichen Betriebe, die ihr Engagement intern organisiert (Typ 3) und unternehmensstrategisch integriert (Typ 4) praktizieren, weit unter dem Durchschnitt liegt. Während jeder dritte gesellschaftlich engagierte Betrieb aus dem Bereich des Öffentlichen Dienstes und fast jeder zweite aus dem Non-Profit-Bereich sein Engagement unternehmensstrategisch integriert hat (Typ 4), beträgt der Vergleichswert bei den privatwirtschaftlichen Betrieben nur noch 7,9% (NRW 3,9%).

Tabelle 6: Typen gesellschaftlicher Verantwortung nach Betriebstypen (in %)*

	Typ 1	Typ 2 % von Typ 1	Typ 3 % von Typ 2	Typ 4 % von Typ 3	Gesamt
Privatwirt-	46,9	67,6	14,5	7,9	90,1
schaftlich	(46,4)	(61,9)	(7,1)	(3,9)	(89,5)
Öffentlicher	68,5	78,4	41,3	31,4	3,6
Dienst	(98,6)	(74,3)	(32,3)	(31,5)	(2,5)
Non-Profit-	82,0	65,9	61,0	47,3	6,3
Bereich	(79,2)	(76,5)	(66,4)	(42,6)	(8,0)
Insgesamt	49,9	68,0	20,6	13,2	100,0

*In Klammern stehen die Vergleichswerte für NRW.

Wie Tabelle 6 zeigt, ist der Anteil der gesellschaftlich verantwortlichen Betriebe in der Privatwirtschaft deutlich kleiner als im Öffentlichen Dienst und im Non-Profit-Bereich. Dabei dominieren die sozialen Dienstleistungen: 94,8% der Betriebe aus dem Bereich des Öffentlichen Dienstes und 84,4% aus dem Non-Profit-Bereich, die ihr gesellschaftliches Engagement unternehmensstrategisch integriert (Typ 4) haben, sind im Bereich der sozialen Dienstleistungen tätig; von den privatwirtschaftlichen Vergleichsbetrieben sind es hingegen nur 29,6%. Mit Ausnahme von unternehmensbezogenen Dienstleistungen sind die Betriebe dieses Typs aus dem Öffentlichen Dienst und dem Non-Profit-Bereich in anderen Wirtschaftszweigen so gut wie nicht vertreten. Die privatwirtschaftlichen Betriebe diesen Typs verteilen sich hingegen wie folgt: Etwa gleich auf mit den sozialen Dienstleistungen rangiert der sekundärer Sektor (29,5 %), gefolgt von den distributiven Dienstleistungen (21,7%) und den unternehmensbezogenen Dienstleistungen (15,5%). Mit großem Abstand folgen die persönlichen Dienstleistungen (2,1%) und der primäre Sektor (1,2 %). Bezieht man die Betriebsgröße in die Betrachtung ein, so ergibt sich folgendes Bild: Von allen Großbetrieben dieses Typs konzentrieren sich die Betriebe des Öffentlichen Dienstes und des Non-Profit-Bereichs ausnahmslos auf die sozialen Dienstleistungen (89,8% beziehungsweise 85,6%) und die persönlichen Dienstleistungen (10,2% beziehungsweise 14,4%). Bei den privatwirtschaftlichen Vergleichsbetrieben dominieren mit großem Abstand der sekundäre Sektor (41,5%) und die unternehmensbezogenen Dienstleistungen (37,6 %). Bei den kleineren Betrieben dieses Typs treten im Öffentlichen Dienst und Non-Profit-Bereich bei noch stärkerer Dominanz der sozialen Dienstleistungen (95,1 % beziehungsweise 84,3%) die unternehmensbezogenen Dienstleistungen (3,2% beziehungsweise 10,7%) an die Stelle der personenbezogenen. Unter den privatwirtschaftlichen Vergleichsbetrieben verschieben sich die Anteile aus dem Produzierenden Gewerbe deutlich in den Dienstleistungsbereich (soziale Dienstleistungen: 30,5%, distributive Dienstleistungen: 22,2%, unternehmensbezogene Dienstleistungen: 14,6%). Der entsprechende Anteil im sekundären Sektor sinkt auf 29,0% (ohne Tabelle).

Im privatwirtschaftlichen Bereich sind es mithin vor allem die größeren Betriebe des sekundären Sektors und der unternehmensbezogenen Dienstleistungen sowie die kleineren Betriebe aus dem Bereich der sozialen und distributiven Dienstleistungen, die ihr gesellschaftliches Engagement unternehmensstrategisch verankert haben. Im Bereich des Öffentlichen Dienstes und der Non-Profit-Betriebe dominieren hier eindeutig die sozialen Dienstleistungen. Die Großbetriebe aus diesen Bereichen sind in diesem Typ der gesellschaftlichen Verantwortung ausnahmslos im Feld der sozialen Dienstleistungen aktiv.

3   Die gesellschaftliche Verantwortung der Betriebe prägende Strukturmerkmale

Es ist anzunehmen, dass die gesellschaftliche Verantwortung der Betriebe nicht nur nach Betriebsgröße, Wirtschaftszweigen und der Art der Betriebe variiert. Daher wollen wir im Folgenden überprüfen, ob das gesellschaftliche Engagement von Betrieben auch dadurch geprägt wird, dass es sich um einen eigenständigen Betrieb oder um einen Teilbetrieb eines Unternehmens handelt; welcher Einfluss von unterschiedlichen Leitungsstrukturen und vor allem von der Tarifbindung sowie dem Vorhandensein einer betrieblichen Interessenvertretung ausgeht.

Tabelle 7:   Eigenständigkeit, Leitungsstruktur und gesellschaftliche Verantwortung der Betriebe

	Insgesamt	Typ 1	Typ 2 % v. Typ 1	Typ 3 % v. Typ 1	Typ 4 % v. Typ 1
Eigenständigkeit des Betriebes					
Eigenständiger Betrieb	92,8				
1-249 Beschäftigte		48,6	66,9	16,7	10,2
250 und mehr Beschäftigte		82,5	91,3	60,4	33,0
Insgesamt		48,7	67,1	16,9	10,4
Teil eines Unternehmens	7,2				
1-249 Beschäftigte		58,1	78,6	58,7	43,0
250 und mehr Beschäftigte		78,3	94,8	39,6	45,4
Insgesamt		58,7	79,3	58,6	43,1
Leitungsstruktur					
Eigentümer geführt	84,0				
1-249 Beschäftigte		45,1	66,2	11,5	5,3
250 und mehr Beschäftigte		69,3	98,7	32,5	14,6
Insgesamt		45,1	66,2	11,5	5,3
Management geführt	11,6				
1-249 Beschäftigte		68,3	72,7	50,1	38,3
250 und mehr Beschäftigte		82,0	90.9	54,6	42,2
Insgesamt		68,8	73,5	50,3	39,0
Management und Eigentümer geführt	4,4				
1-249 Beschäftigte		81,7	77,4	46,0	36,5
250 und mehr Beschäftigte		80,4	96,5	38,4	24,0
Insgesamt		81,6	77,8	45,9	36,2

Unter dem Gesichtspunkt der Unternehmensphilosophie und -strategie ist mehr als die Betriebsgröße von Bedeutung, ob es sich um einen eigenständigen Betrieb oder um einen Teilbetrieb eines Unternehmens handelt. Gerade bei der Frage nach dem gesellschaftlichen Engagement der Betriebe ist davon auszugehen, dass die diesbezüglichen Richtlinien der Unternehmenspolitik von der Unternehmensleitung vorgegeben und von den (kleineren) Teilbetrieben mehr oder weniger bruchlos umgesetzt werden. Nach den Befunden dieser Betriebsbefragung kann man nicht davon ausgehen, dass die gesellschaftliche Verantwortung eines Betriebes im Wesentlichen an das persönliche Engagement des Eigentümers gebunden ist beziehungsweise davon abhängig ist. Gesellschaftliche Verantwortung ist vielmehr – ganz im Unterschied beispielsweise zu den Befunden der BDI-Mittelstandsbefragung[64] – inzwischen eher ein zunehmend integrierter Bestandteil eines modernen, vor allem auf größere Betriebe und Unternehmen zugeschnittenen Managementkonzepts als ein an die Person des Eigentümers oder der Unternehmensleitung gebundenes freiwilliges Engagement.

Die Zugehörigkeit zu einem größeren Unternehmen hat einen positiven Einfluss auf das gesellschaftliche Engagement von Betrieben, insbesondere bei Klein- und Mittelbetrieben (1-249 Beschäftigte). Die Betriebe engagieren sich eher und umfassender gesellschaftlich, wenn es sich nicht um eigenständige Betriebe, sondern um Teilbetriebe eines Unternehmens handelt. Der Anteil der gesellschaftlich verantwortlichen KMU, die Teilbetriebe eines Unternehmens sind, ist mit 58,1% deutlich höher als der bei der Vergleichsgruppe der eigenständigen Betriebe (48,6%). Diese Tendenz nimmt mit Intensität und umfassender Organisation des gesellschaftliches Engagements noch zu: Von den nicht eigenständigen gesellschaftlich verantwortlichen KMU haben 58,7% ihr Engagement intern organisiert (Typ 3) und 43.0% unternehmensstrategisch integriert (Typ 4). Bei den eigenständigen Vergleichsbetrieben trifft dies nur auf 16,7% beziehungsweise 10,2% zu (Tabelle 7).

Eigentümer geführte Unternehmen engagieren sich deutlich weniger als Management geführte Betriebe (45,1% versus 68,3%). Bei Betrieben, die die gesellschaftliche Verantwortung intern organisieren (Typ 3) oder unternehmensstrategisch integriert (Typ 4) haben, nimmt der Anteil der Eigentümer geführten Betriebe weiter deutlich ab. Bei diesen Typen gesellschaftlicher Verantwortung kommen diese Betriebe auf Anteilswerte von 11,5% beziehungsweise 5,3%, die Management geführten Betriebe hingegen auf 50,3% beziehungsweise 39,0%. Insbesondere der Anteil der Eigentümer geführten kleinen und mittleren Betriebe

---

[64] „Die Zustimmung zur Einbeziehung gesellschaftlicher und/oder ökologischer Belange in die unternehmerische Aufgabenstellung ist unabhängig vom Betriebstyp. Sowohl in Familienunternehmen als auch in managementgeführten Unternehmen ist die Akzeptanz der gesellschaftlichen Verpflichtung von Unternehmen nahezu gleich hoch" (BDI 2007, 53).

nimmt mit zunehmender Intensität des gesellschaftlichen Engagements ab. Während bezogen auf alle Klein- und Mittelbetriebe (1-249 Beschäftigte) bei den Eigentümer geführten Betrieben nur noch 29,9%, 5,2% beziehungsweise 2,4% den Typen 2, 3 und 4 gesellschaftlicher Verantwortung angehören, betragen die Vergleichswerte bei den Management geführten Betrieben dagegen 49,7%, 34,2% beziehungsweise 26,2%. Diese Relationen gelten für Großbetriebe (250 und mehr Beschäftigte) analog: Bezogen auf alle Großbetriebe sinken die auf die vier Typen gesellschaftlicher Verantwortung sich beziehenden Anteile der Eigentümer geführten Betriebe von 69,3% (Typ 1), auf 68,4% (Typ 2), 22,5% (Typ 3) und 10,1% (Typ 4). Die Vergleichswerte für die Management geführten Betriebe betragen dagegen 82,0%, 74,5%, 44,8% und 34,6% (Tabelle 7).

Die Befunde dieser Betriebsbefragung verweisen darüber hinaus auf einen positiven Zusammenhang zwischen tarifvertraglicher Regulierung und betrieblicher Interessenvertretung der Beschäftigten auf der einen Seite und der unternehmensstrategischen Verankerung des freiwilligen, über die rechtlichen Bestimmungen und Mindestanforderungen hinaus gehenden Engagements der Betriebe für Belange der Beschäftigten und der Gesellschaft auf der anderen Seite.[65] Diese Befunde sind ein Beleg dafür, dass Regulierung und freiwillige, darüber hinausgehende Selbstverpflichtung in der betrieblichen Praxis kein Gegensatzpaar sind, sich vielmehr ergänzen und miteinander einhergehen. Dies gilt insbesondere für die Betriebe mit einer rechtlich formalisierten betrieblichen Interessenvertretung. Diese Betriebe weisen hinsichtlich der gesellschaftlichen Verantwortung höhere Anteilswerte als die Betriebe auf, die zwar tarifgebunden, aber ohne betriebliche Interessenvertretung sind (Tabelle 8).

Der Anteil der gesellschaftlich engagierten Betriebe liegt bei den tarifgebundenen Betrieben mit 56,9% deutlich über dem Durchschnitt und dem Vergleichswert von 47,8% für die nicht tarifgebundenen Betriebe (NRW: 57,5% gegenüber 47,7%) (Schaubild 3).

---

[65] „Die Zustimmung zur Einbeziehung gesellschaftlicher und/oder ökologischer Belange in die unternehmerische Aufgabenstellung ist unabhängig vom Betriebstyp. Sowohl in Familienunternehmen als auch in managementgeführten Unternehmen ist die Akzeptanz der gesellschaftlichen Verpflichtung von Unternehmen nahezu gleich hoch" (BDI 2007, 53).

Abbildung 3:   Gesellschaftliche Verantwortung und Tarifbindung

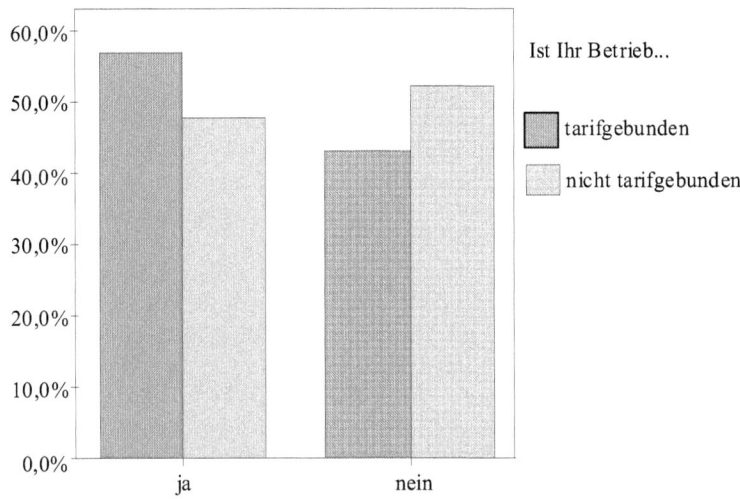

Abbildung 4:   Gesellschaftliche Verantwortung und betriebliche
Interessenvertretung

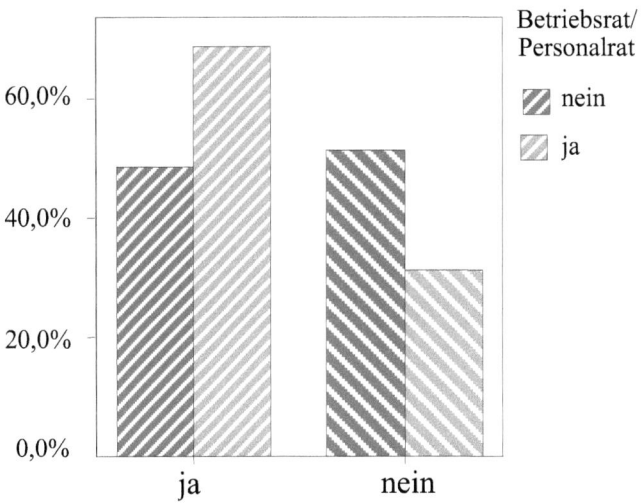

Zwar ist nur ein Viertel (26,6%) der Betriebe, in NRW ein knappes Drittel (32,5%), tarifgebunden, allerdings arbeiten 60% (NRW. 65%) aller Beschäftigten in diesen Betrieben. Unter den Großbetrieben mit 250 und mehr Beschäftigten sind hingegen 8 von 10 tarifgebunden. Während 68,8% der Betriebe mit Betriebs- oder Personalrat (NRW: 84,0%) gesellschaftlich engagiert sind, sind es nur 48,6% (NRW: 48,7%) bei den Betrieben ohne formalisierte betriebliche Interessenvertretung (Schaubild 4). Dies deutet darauf hin, dass es einen nachweisbar starken Zusammenhang zwischen der Tarifbindung, dem Vorhandensein einer betrieblichen Interessenvertretung und dem gesellschaftlichen Engagement der Betriebe gibt.

Zwar haben mehr als 90% (NRW 93%) aller Betriebe keinen Betriebs- oder Personalrat. Allerdings arbeitet mehr als die Hälfte der Beschäftigten (54%; NRW: 56%) in Betrieben mit einem Betriebs- oder Personalrat. Während nur 7,2% der kleinen und mittleren Betriebe einen Betriebs- oder Personalrat haben, sind es bei den größeren Betrieben (ab 250 Beschäftigte) 92,5%. Bei diesen Betrieben ist, wie eingangs dieses Kapitels dargestellt, auch der Anteil der gesellschaftlich verantwortlichen Betriebe deutlich größer als bei den kleineren.

Tabelle 8: Gesellschaftliche Verantwortung und Regulierung (in %)*

	Typ 1	Typ 2 % v. Typ 1	Typ 3 % v. Typ 1	Typ 4 % v. Typ 1
Tarifgebunden und Betriebsrat	72,3 (83,0)	85,9 (84,3)	50,5 (52,6)	34,8 (36,5)
Tarifgebunden, kein Betriebsrat	52,5 (52,8)	70,9 (57,5)	22,9 (8,6)	13,2 (5,1)
Nicht tarifgebunden, aber Betriebsrat	57,1 (88,1)	95,2 (88,5)	58,5 (34,5)	52,3 (23,0)
Weder tarifgebunden noch Betriebsrat	47,9 (47,8)	64,0 (64,1)	14,8 (13,6)	9,1 (8,4)

*Angaben zu NRW in Klammern

Tabelle 8 zeigt: Von der formalisierten betrieblichen Interessenvertretung geht offensichtlich ein stärkerer Einfluss als von der Tarifbindung auf alle Typen gesellschaftlicher Verantwortung der Betriebe aus. Während der Anteil der gesellschaftlich verantwortlichen Betriebe, die weder tarifgebunden sind noch einen Betriebs- oder Personalrat haben, nur 47,9% (NRW: 47,8%) beträgt, ist der Vergleichswert bei denjenigen Betrieben, die sowohl tarifgebunden sind als auch einen Betriebs- oder Personalrat haben, mit 72,3%, (NRW: 83%) deutlich höher. Auch die Betriebe, die tarifgebunden sind, aber keinen Betriebs- oder Personalrat haben (52,5%; NRW 52,8%), und die nicht tarifgebundenen Betriebe, die aber einen Betriebs- oder Personalrat aufweisen (57,1%.; NRW: 88,1%), liegen bei den Anteilswerten merklich über denen, die bei den Betrieben ohne gewerkschaftliche und betriebliche Interessenvertretung (47,9%; NRW: 47,8%) beobachtet werden können. Je umfassender die Betriebe ihr gesellschaftliches Engagement umsetzen, umso stärker fallen die Betriebe ab, die weder tarifgebunden sind noch einen Betriebs- oder Personalrat haben. Von diesen Betrieben haben nur noch 9,1% ihr gesellschaftliches Engagement unternehmensstrategisch integriert (Typ 4). Das sind 4,4% aller Betriebe dieses Regulierungstyps. Davon heben sich alle anderen Regulierungstypen positiv ab. Hinsichtlich der Betriebe, die ihr gesellschaftliches Engagement besonders anspruchsvoll praktizieren (Typ 4), betragen die Vergleichswerte bei den tarifgebundenen Betrieben mit Betriebsrat 34,8% - das sind 25,1% aller Betriebe dieses Regulierungstyps -, bei den tarifgebundenen Betrieben ohne Betriebsrat 13,2% - das sind 6,9% aller Betriebe dieses Regulierungstyps – und bei den nicht tarifgebundenen Betrieben mit Betriebsrat 52,3% – das sind 29,9% aller Betriebe dieses Regulierungstyps (Tabelle 8). Dieser Befund verdeutlicht noch einmal den starken Zusammenhang von betrieblicher Interessenvertretung und anspruchsvoller Organisation von gesellschaftlicher Verantwortung in den Betrieben.

Der ganz überwiegende Teil der tarifgebundenen Betriebe mit einem Betriebsrat ist Management geführt (63,2% und 21,8% von Management und Eigentümer geführt). Dagegen sind nur 0,8% der Eigentümer geführten Betriebe tarifgebunden und haben zugleich einen Betriebsrat; mehr als drei Viertel von ihnen (76,1%) sind weder tarifgebunden noch haben sie einen Betriebs- oder Personalrat (ohne Tabelle). Während also der Anteil der gesellschaftlich engagierten Betriebe bei den Management geführten Betrieben mit Tarifbindung und Betriebsrat besonders hoch ist, ist der Vergleichswert bei den Eigentümer geführten Betrieben verschwindend klein. Der positive Einfluss zwischen Regulierung und gesellschaftlicher Verantwortung der Betriebe kann mithin bei den Eigentümer geführten Betrieben nur in relativ geringem Umfang zur Geltung kommen.

Die Befunde zur Leitungsstruktur eines Betriebes, seiner Eigenständigkeit und der Ausprägung der Regulierung zeigen, dass das Thema der gesellschaftlichen Verantwortung vor allem in Management geführten und stark regulierten Betrieben sowie überwiegend bei denjenigen kleineren und mittleren Betrieben, die Teil eines Unternehmens sind, eine wichtige Rolle spielt.

4   Gesellschaftliche Verantwortung, Beschäftigungsentwicklung und -struktur

Das gesellschaftliche Engagement von Unternehmen hat einen leicht positiven Einfluss auf die Beschäftigungsentwicklung; mit Blick auf die Belegschaftsstruktur unter den Gesichtspunkten von Alter und Geschlecht ist es jedoch kaum von Bedeutung. Der Anteil der Beschäftigten, die im Jahr 2007 in gesellschaftlich engagierten Betrieben tätig sind, liegt weit über dem in nicht engagierten Betrieben: 70% aller Beschäftigten arbeiten in Betrieben, für die das Thema der gesellschaftlichen Verantwortung eine wichtige Rolle spielt. Die Anzahl der Beschäftigten in den engagierten Betrieben ist im Zeitraum von 2002-2007 um 6%, in den nicht engagierten Betrieben um 5,4 % gestiegen. In NRW beträgt der Beschäftigungszuwachs im gleichen Zeitraum bei den gesellschaftlich engagierten Betriebe 6,3% und bei nicht engagierten Betrieben 3 %. Damit korrespondiert, dass 26,3% (NRW: 24,6%) der gesellschaftlich engagierten Betriebe von 2002 bis 2007 einen Beschäftigungszuwachs angeben, was aber nur auf 11,6% (NRW: 5,8%) der nicht engagierten Betriebe zutrifft (ohne Tabelle).[66]

Die gesellschaftliche Verantwortung ist also nicht nur ein Thema, das vor allem in Großbetrieben angekommen ist, sondern findet darüber hinaus Akzeptanz in Betrieben, die mehr als zwei Drittel aller Beschäftigten auf sich vereinigen. Der prozentuale Beschäftigtenzuwachs (plus 6,0%; NRW: plus 6,3%) liegt bei den engagierten Betrieben leicht über dem der nicht engagierten Betriebe (plus 5,4%; NRW: plus 3,0%) und dem aller Betriebe (plus 5,8 %; NRW: rund 5,3 %). Mit steigender Intensität des gesellschaftlichen Engagements bleibt der Beschäftigtenzuwachs konstant – mit leicht fallender Tendenz. Diesen Befunden zufolge gibt es keinen signifikanten Zusammenhang zwischen Art und Intensität der gesellschaftlichen Verantwortung und der Beschäftigungsentwicklung (ohne Tabelle).

Auch hinsichtlich des Anteils der weiblichen und der in Teilzeit Beschäftigten unterscheiden sich die engagierten von den nicht engagierten Betrieben kaum. Der Anteil der weiblichen Beschäftigten liegt bei den engagierten Betrieben leicht über dem Durchschnitt (44,2%; NRW: 47,5%) und etwas höher (45,4%; NRW: 47,2%) als bei den nicht engagierten (41,9 %; NRW: 48 %); der Anteil der Teilzeitbeschäftigten liegt bei den engagierten Betrieben (22,6%; NRW: 24,2%) leicht unter dem Durchschnitt (23,1%; NRW: 27,0%) und unter dem Anteil bei den nicht engagierten Betrieben (24,3 %; NRW: 34%). Der An-

---

[66] Die Frageformulierung lautete: „Ist die Zahl der Beschäftigten verglichen mit dem Jahr 2002 gesunken, und zwar um ….%, in etwa gleich geblieben, gestiegen, und zwar um …%." Bei einer anderen Fragestellung kommt die Bertelsmann Stiftung (2005) zu dem Ergebnis, dass 55 % der proaktiven Unternehmen gegenüber 48 Prozent bei den reaktiven Unternehmen einen Beschäftigungszuwachs zu verzeichnen hatten.

teil der Teilzeitbeschäftigten variiert kaum mit der Intensität der gesellschaftlichen Verantwortung. Dies gilt analog für weibliche Beschäftigung. So ist der Frauenanteil in den Betrieben, die ihr gesellschaftliches Engagement auch auf die betriebliche Personal- und Sozialpolitik beziehen, mit 44,8% fast identisch mit dem Wert von allen gesellschaftlich engagierten Betrieben (ohne Tabelle).[67]

Hinsichtlich des Anteils der Beschäftigten im Alter von 50 Jahren sind leichte Unterschiede zwischen gesellschaftlich verantwortlichen und gesellschaftlich nicht verantwortlichen Betrieben erkennbar. Im Durchschnitt aller Betriebe beträgt dieser Anteil 24,4% (NRW: 21,9%) der Beschäftigten, bei den gesellschaftlich engagierten liegt er überdurchschnittlich bei 25% (NRW: 22,6%) und bei den nicht engagierten unterdurchschnittlich bei 23,2% (NRW: 20,3%). Dabei ist zu berücksichtigen, dass gesellschaftlich verantwortliche Betriebe in der Summe 2,5 mal so viele 50-Jährige und Ältere beschäftigen wie die Kontrastgruppe und dass der Anteil der gesellschaftlich verantwortlichen Betriebe an denjenigen Betrieben, die keine 50-Jährigen und Älteren beschäftigen, mit 42,9% deutlich geringer ist als der Anteil der nicht gesellschaftlich engagierten Betriebe (Tabelle 9).

Tabelle 9: Gesellschaftliche Verantwortung und Altersstruktur

	Gesellschaftliche Verantwortung		
Altersstruktur	ja	nein	Insgesamt
15-29	21,3	24,7	22,4
30-49	53,7	52,1	53,2
50+	25,0	23,2	24,4

Die Tatsache, dass Betriebe ihr gesellschaftliches Engagement auf die betriebliche Personal- und Sozialpolitik beziehen, hat keinen erkennbaren Einfluss auf den Anteil der 50-Jährigen und Älteren (24,9% gegenüber 25% bei allen gesellschaftlich engagierten Betrieben). Auch mit Blick auf spezifische Maßnahmen, mit denen dieses Engagement betrieblich umgesetzt wird, ergeben sich keine aussagefähigen Veränderungen beim Anteil von älteren Beschäftigten. Der Anteil der Älteren ist in Betrieben, die eine alternsgerechte Gestaltung der Arbeitszeiten praktizieren, am höchsten und liegt mit 26,4% über dem Durchschnitt aller

---

[67] Unter denjenigen Betrieben, die im Rahmen ihres personal- und sozialpolitischen Engagements Maßnahmen zur Vereinbarkeit von Beruf und Familie praktizieren, liegt hingegen der Frauenanteil mit 48,7 % über dem Durchschnitt.

Betriebe wie auch aller gesellschaftlich engagierten Betriebe. Das Gleiche gilt
für die gesellschaftlich verantwortlichen Betriebe, die ihr Engagement intern
organisiert (Typ 3) beziehungsweise unternehmensstrategisch integriert (Typ 4)
haben (26,4% beziehungsweise 25,8%). Allerdings ist die Berücksichtigung von
Beschäftigten, die 50 Jahre und älter sind, in der betrieblichen Personal- und
Sozialpolitik in gesellschaftlich verantwortlichen Betrieben stärker ausgeprägt
als in anderen Betrieben.

Tabelle 10:   Relevanz der Berücksichtigung von Beschäftigten, die älter als 50
                Jahre sind, und gesellschaftliche Verantwortung der Betriebe

Relevanz der Berück-sichtigung von älteren Beschäftigten	Gesellschaftliche Verantwortung		
	Ja	Nein	Insgesamt
Sehr wichtig	17,5	6,3	11,7
Wichtig	42,9	25,3	33,9
Weniger wichtig	24,0	36,7	30,5
Überhaupt nicht wichtig	15,7	31,7	23,9

In knapp 2 Drittel der Betriebe (60,4%; NRW: 63,8%), in denen das Thema der
gesellschaftlichen Verantwortung eine wichtige Rolle spielt, ist die Berücksichtigung von älteren Beschäftigten ein wichtiges bis sehr wichtiges Anliegen.
Überhaupt nicht wichtig ist dies in nur 15,7% dieser Betriebe. In der Kontrastgruppe dagegen ist dies bei einem knappen Drittel (31,7%) der Fall. Diese Gruppe fällt auch mit nur knapp einem Drittel der Betriebe (31,6%; NRW: 36%), für
die dieses Anliegen wichtig bis sehr wichtig ist, deutlich ab gegenüber den gesellschaftlich engagierten Betrieben (60,4%) (Tabelle 10). Die jeweiligen Anteile
der gesellschaftlich verantwortlichen Betriebe des Produzierenden Gewerbes und
des Dienstleistungsbereichs, die es für wichtig oder sehr wichtig erachten, ältere
Beschäftigte in der betrieblichen Personal- und Sozialpolitik zu berücksichtigen,
unterscheiden sich kaum voneinander. Allerdings wird in diesem Zusammenhang das Statement „überhaupt nicht wichtig" von anteilsmäßig doppelt so vielen gesellschaftlich engagierten Dienstleistungsbetrieben (17,7%) wie der Vergleichsgruppe des Produzierenden Gewerbes (8,4%) bejaht. In NRW ist das
Verhältnis mit 13,8% zu 16,8% ausgewogener (ohne Tabelle).
    Je intensiver die Betriebe ihre gesellschaftliche Verantwortung wahrneh-
men, desto wichtiger ist ihnen die Berücksichtigung von älteren Beschäftigten.
Schon zwei Drittel (66,7%) der gesellschaftlich verantwortlichen Unternehmen,

die ihr Engagement auch auf die betriebliche Personal- und Sozialpolitik beziehen (Typ 2), halten die Berücksichtigung von älteren Beschäftigten für wichtig oder sehr wichtig. Bei den Betrieben, die ihr gesellschaftliches Engagement unternehmensstrategisch integriert haben (Typ 4), liegt der entsprechende Wert bei 77,0%. Und weniger als 5% dieser Betriebe halten dies für überhaupt nicht wichtig.

Es sind auch die gesellschaftlich verantwortlichen Betriebe, die häufiger als andere Betriebe Probleme bei Beschäftigten sehen, die 50 Jahre und älter sind (23,5% gegenüber 17,6%; NRW: 20,3% gegenüber 15,7%). Bei den Betrieben, die ihr gesellschaftliches Engagement unternehmensstrategisch integriert haben, sind es schon 26,1%. Diese Befunde deuten darauf hin, dass gesellschaftlich verantwortliche Betriebe zwar deutlicher als andere Probleme bei älteren Beschäftigten sehen, dieses stärker ausgeprägte Problembewusstsein aber erheblich deutlicher mit einer Berücksichtigung von Älteren im Rahmen der betrieblichen Personal- und Sozialpolitik einhergeht. Das stärkere Problembewusstsein ist Ausdruck einer stärkeren Befassung mit älteren Beschäftigten.

Es sind vor allem Betriebe des Produzierenden Gewerbes, die Probleme bei älteren Beschäftigten sehen (27,2% gegenüber 18,3% im Dienstleistungsbereich; NRW: 28,8 % zu 18,4%). Hier unterscheiden sich die gesellschaftlich verantwortlichen von den anderen Betrieben kaum. Im Dienstleistungsbereich aber ist der Anteil der „problembewussten" Betriebe unter den gesellschaftlich verantwortlichen bedeutend höher als unter den anderen (22,5% gegenüber 13,7%; NRW: 18,4% gegenüber 10,6 %).

Im Vergleich zwischen gesellschaftlich verantwortlichen und anderen Betrieben ändert sich am Ranking der genannten Probleme auf den ersten Blick recht wenig. Stehen bezogen auf alle Betriebe körperliche Belastbarkeit, eingeschränkte Kündbarkeit, zu hohe Lohnkosten und zu hohe Fehlzeiten an der Spitze, dagegen keine langfristige Perspektive, ungeeignete Qualifikationsprofile und geringe Einsatzfähigkeit am Ende der Häufigkeit der Nennungen, so ist dies bei den gesellschaftlich verantwortlichen Betrieben nur unwesentlich anders. Deutlich häufiger geben diese Betriebe lediglich das Problem eingeschränkte psychische Belastbarkeit an. Dabei ist zu berücksichtigen, dass genau diese Betriebe für die Mehrheit ihrer Arbeitsplätze deutlich höhere Anforderungen an die psychische Belastbarkeit stellen als andere.

Dennoch fällt bei genauerer Betrachtung der Abweichungen zwischen den Nennungen der gesellschaftlich verantwortlichen und der anderen Betriebe auf, dass die Probleme bei älteren Beschäftigten zum großen Teil anders gewertet werden. Die Berücksichtigung von Älteren ist bei den gesellschaftlich verantwortlichen Betrieben stärker ausgeprägt als bei den anderen, und zwar in dem Maße, in dem ihr Engagement unternehmensstrategisch verankert ist. Zugleich zeigen diese Betriebe eine größere Sensibilität für Probleme bei älteren Beschäftigten, und zwar ebenfalls umso deutlicher, je verantwortungsvoller sie ihr gesellschaftliches Engagement umsetzen beziehungsweise unternehmensstrategisch integriert haben. Diese Betriebe unterscheiden sich von anderen dadurch, dass sie deutlich stärker ausgeprägt Probleme bei älteren Beschäftigten sehen, mit diesen Problemen allerdings unternehmensstrategisch und im Rahmen ihrer Personal- und Sozialpolitik anders umgehen (Tabelle 11).

Tabelle 11: Konkrete Probleme bei Beschäftigten, die 50 Jahre und älter sind, aus Sicht der Betriebe (in %)[68]

Probleme	Typ 1	Typ 2	Typ 3	Typ 4	Nicht gesell-schaftlich engagierte Betriebe	Insgesamt
Körperliche Belastbarkeit	55,8	57,0	52,6	53,0	60,1	57,1
Kündbarkeit	32,0	37,8	33,6	44,8	35,9	33,7
Lohnkosten	28,6	32,4	39,6	48,3	34,1	31,0
Fehlzeiten	24,5	31,7	29,0	33,8	28,8	26,4
Altersstruktur	25,8	22,1	28,2	8,4	27,0	26,3
Flexibilität	26,8	26,2	28,3	29,5	20,1	23,9
Psychische Belastbarkeit	30,2	28,0	6,9	34,0	9,9	21,5
Perspektive	11,9	14,3	19,0	23,4	16,3	13,8
Einsatzfähigkeit	12,3	10,4	8,6	10,3	11,7	12,0
Qualifikation	12,0	11,6	14,8	10,0	7,8	10,2

Gesellschaftlich verantwortliche Betriebe sehen deutlich häufiger als andere Betriebe konkrete Probleme mit älteren Beschäftigten im Zusammenhang mit[69]

- eingeschränkter psychischer Belastbarkeit,
- geringer Flexibilität,
- ungeeigneten Qualifikationsprofilen.

---

[68] Die Frage lautete: „Welche konkreten Probleme sehen sie bei Beschäftigten, die 50 Jahre und älter sind?" Mehrfachantworten möglich. Angaben in Prozent der Nennungen. Rangfolge gemäß der Häufigkeit der Nennungen.

[69] In der Rangfolge der Diskrepanz zwischen gesellschaftlich verantwortlichen und anderen Betrieben.

Betriebe, die ihre gesellschaftliche Verantwortung auch auf die betriebliche Personal- und Sozialpolitik beziehen (Typ 2), unterscheiden sich in der Wahrnehmung der Probleme bei älteren Beschäftigten von den Betrieben der anderen Verantwortungstypen in folgenden Aspekten:

- zu hohe Fehlzeiten,
- eingeschränkte Kündbarkeit,
- keine längerfristige Perspektive,
- zu hohe Lohnkosten.

Bei den Betrieben, die ihr gesellschaftliches Engagement unternehmensstrategisch integriert haben (Typ 4), nimmt die Wahrnehmung von konkreten Problemen bei älteren Beschäftigten durchgängig weiter zu. Deutlich häufiger als in der Kontrastgruppe werden genannt Probleme mit

- zu hohen Lohnkosten,
- eingeschränkter Kündbarkeit,
- keiner längerfristigen Perspektive,
- zu hohen Fehlzeiten,
- eingeschränkter psychischer Belastbarkeit.

Deutlich weniger fällt bei diesen Betrieben ins Gewicht, dass die älteren Beschäftigten nicht zur Altersstruktur des Betriebes passen.

5   Kompetenzanforderungen und gesellschaftliche Verantwortung

Hinsichtlich der Frage, welche Kompetenzen und Tätigkeitsanforderungen aus Sicht der Betriebe für die Mehrheit der Arbeitsplätze wichtig sind, ergeben sich zwischen gesellschaftlich verantwortlichen Betrieben und der Kontrastgruppe einige bemerkenswerte Unterschiede. Gesellschaftlich verantwortliche Betriebe unterscheiden sich von anderen Betrieben vor allem bei den für die Gesamtheit der Betriebe besonders relevanten Eigenschaften. Dabei handelt es sich um Kompetenzmerkmale, die auf eine höhere Relevanz von Eigenverantwortung, Selbstorganisation und flexiblen Einsatz für betriebliche Belange auf Seiten der Beschäftigten in gesellschaftlich verantwortlichen als in anderen Betrieben hinweisen. Für diejenigen Betriebe, für die das Thema der gesellschaftlichen Verantwortung eine wichtige Rolle spielt, sind insbesondere die folgenden Eigenschaften von Beschäftigten deutlich wichtiger als für andere Betriebe: Psychische Belastbarkeit (119 gegenüber 108), Kreativität (107 gegenüber 97), Teamfähigkeit (132 gegenüber 123), Lernfähigkeit (127 gegenüber 121), Theoretisches Wissen (110 gegenüber 105), Lernbereitschaft (130 gegenüber 125) und Loyalität (133 gegenüber 128).

Große Unterschiede in der Bedeutungszuschreibung bestimmter Eigenschaften zwischen gesellschaftlich engagierten und anderen Betrieben zeigen sich im Vergleich von Dienstleistungsbereich und Produzierendem Gewerbe. Während Erfahrungswissen in den gesellschaftlich verantwortlichen Betrieben des Dienstleistungsbereichs deutlich wichtiger als in anderen Betrieben ist, verhält sich dies im Produzierenden Gewerbe anders. Eine nach sieben Wirtschaftszweigen differenzierte Betrachtung zeigt allerdings, dass dies nur für die Betriebe des sekundären Sektors gilt. Innerhalb des Baugewerbes gibt es in dieser Hinsicht keinen Unterschied und im primären Sektor ist Erfahrungswissen in den gesellschaftlich verantwortlichen Betrieben deutlich wichtiger als in den anderen (112 zu 101).

- Während Qualitätsbewusstsein in den gesellschaftlich verantwortlichen Betrieben des Produzierenden Gewerbes, und hier insbesondere im Baugewerbe und im primären Sektor, deutlich weniger wichtig ist als in anderen Betrieben (-19 beziehungsweise -15), unterscheiden sich die Betriebe des Dienstleistungsbereichs in der Wertung dieser Eigenschaft kaum.
- Die Anforderungen an die Flexibilität der Beschäftigten sind bei den gesellschaftlich verantwortlichen Betrieben beider Wirtschaftsbereiche stärker ausgeprägt als in den Kontrastgruppen (130 zu 127 beziehungsweise 129 zu 125). Dies gilt insbesondere für die gesellschaftlich verantwortlichen Betriebe des primären Sektors (+ 25), des sekundären Sektors (+ 12) und der sozialen Dienstleistungen (+10). Im Baugewerbe kehrt sich diese Bedeutungszuschreibung um. Hier ist Flexibilität bei den gesellschaftlich verantwortlichen Betrieben deutlich weniger wichtig als bei den anderen (-15).
- Die gesellschaftlich verantwortlichen Betriebe im Dienstleistungsbereich unterscheiden sich insbesondere in den wissensintensiven Kompetenzfeldern theoretisches Wissen (111 zu 105) und Lernbereitschaft (130 zu 124) stärker von ihrer Kontrastgruppe, als dies im Produzierenden Bereich der Fall ist.
- Dahingegen unterscheiden sich diese Betriebe ganz im Unterschied zu ihren Pendants im Produzierenden Gewerbe von der Kontrastgruppe in der Wichtigkeit körperlicher Belastbarkeit so gut wie gar nicht. Diese Eigenschaft wird von Dienstleistungsbetrieben weitaus weniger wichtig gewertet, als dies in den Betrieben des Produzierenden Gewerbes der Fall ist.
- Sowohl im Produzierenden Gewerbe als auch im Dienstleistungsbereich bestehen zwischen gesellschaftlich verantwortlichen und anderen Betrieben die größten Unterschiede bei psychische Belastbarkeit (109 zu 100 beziehungsweise 122 zu 112), Kreativität (107 zu 92 beziehungsweise 108 zu 99) und Teamfähigkeit (130 zu 122 beziehungsweise 133 zu 124). Die größten Unterschiede hinsichtlich der Wertung psychischer Belastbarkeit finden

sich im Bereich der unternehmensbezogenen Dienstleistungen (+ 10), hinsichtlich Kreativität im primären Sektor (+ 30), im Baugewerbe (+ 22), im Bereich der sozialen Dienstleistungen (+ 17) und der persönlichen Dienstleistungen (+ 15), hinsichtlich Teamfähigkeit im Baugewerbe (+21), im primären Sektor (+16) und bei den unternehmensbezogenen Dienstleistungen (+15).

Tabelle 12: Wichtigkeit von Eigenschaften der Beschäftigten[70]

	Produzierendes Gewerbe			Dienstleistung			insgesamt		
	Insg./gesell.verant./andere*			Insg./gesell.verant./andere*			Insg./gesell.verant./andere*		
Arbeitsmoral, -disziplin	134	134	133	138	139	137	137	138	136
Qualitäts-Bewusstsein	134	129	138	134	134	134	134	133	135
Loyalität	124	123	124	133	135	130	131	133	128
Erfahrungs-wissen	129	127	131	13	134	126	130	132	128
Flexibilität	128	130	127	127	129	125	128	129	126
Teamfähigkeit	125	130	122	129	133	124	128	132	123
Lernbereit-schaft	128	129	128	128	130	124	128	130	125
Lernfähigkeit	121	126	117	126	128	123	124	127	121
Psychische Belastbarkeit	104	109	100	118	122	112	114	119	108
Theoretisches Wissen	105	105	106	109	111	105	108	110	105
Körperliche Belastbarkeit	124	126	122	104	103	105	109	108	110
Kreativität	99	107	92	104	108	99	103	107	97

*Insg./gesell.verant./andere = Insgesamt/gesellschaftlich verantwortliche Betriebe/andere Betriebe

[70] „Geben Sie bitte an, ob die im Folgenden aufgelisteten Eigenschaften für die Mehrheit der Arbeitsplätze in ihrem Betrieb sehr wichtig, wichtig oder weniger wichtig sind." Wegen einer übersichtlicheren Darstellung der Befunde haben wir die Prozentwerte der Antwortausprägungen „sehr wichtig" mit dem Gewichtungsfaktor 1,5, „wichtig" mit dem Gewichtungsfaktor 1,0 und „weniger wichtig" mit dem Gewichtungsfaktor 0,5 multipliziert und zu einem Wert aufaddiert. Dabei würde ein Wert von 150 bedeuten, dass alle antwortenden Betriebe die jeweils abgefragte Eigenschaft als sehr wichtig erachtet hätten; ein Wert von 100 würde besagen, dass alle antwortenden Betriebe die jeweils abgefragte Eigenschaft als wichtig ansähen; ein Wert von 50 würde heißen, dass alle antwortenden Betriebe die jeweils abgefragte Eigenschaft für weniger wichtig erachten würden.

Es wurde bereits (Groß/Schwarz, Juni 2008) dargestellt, dass körperliche Belastbarkeit, Lernfähigkeit und Lernbereitschaft von den Betrieben eher den jüngeren,
hingegen Erfahrungswissen, Arbeitsmoral/-disziplin, Qualitätsbewusstsein und
Loyalität eher den älteren Beschäftigten zugeschrieben werden. Bei Flexibilität,
Kreativität, psychischer Belastbarkeit, Teamfähigkeit und theoretischem Wissen
machen die Betriebe keine Unterschiede zwischen älteren und jüngeren Beschäftigten. Vor dem Hintergrund der Tatsache, dass sich gesellschaftlich verantwortliche von anderen Betrieben vor allem in den eher altersneutralen Anforderungen
an die Beschäftigten deutlich unterscheiden, wollen wir nun überprüfen, welchen
Einfluss das Thema der gesellschaftlichen Verantwortung auf die Frage hat,
welche Bedeutung das Alter bezogen auf die Kompetenzanforderungen der Betriebe hat.

Tabelle 13: Betriebliche Einschätzung der Kompetenzen von jüngeren und älteren[71] Beschäftigten

	Produzierendes Gewerbe			Dienstleistung			Insgesamt		
	Insg./gesell.verant. andere*			Insg./gesell.verant. andere*			Insg./gesell.verant. andere*		
Körperliche Belastbarkeit	126	124	130	115	118	114	118	119	119
Lernfähigkeit	122	121	117	115	118	113	116	118	115
Lernbereitschaft	117	121	114	110	113	109	111	115	111
Flexibilität	109	108	107	106	110	105	107	109	106
Kreativität	105	105	104	108	111	108	107	109	106
Psychische Belastbarkeit	104	105	99	104	106	103	104	106	102
Teamfähigkeit	103	103	103	102	104	102	103	104	103
Theoretisches Wissen	100	102	98	100	101	97	100	102	97
Loyalität	93	93	92	93	95	94	93	95	93
Qualitätsbewusstsein	91	92	91	91	92	92	91	92	92
Arbeitsmoral, -disziplin	91	91	89	87	88	91	88	89	90
Erfahrungswissen	86	82	91	82	84	83	83	84	86

**Insg./gesell.verant./andere = Insgesamt/gesellschaftlich verantwortliche Betriebe/andere Betriebe

Gesellschaftlich verantwortliche Betriebe unterscheiden sich hinsichtlich der Wichtigkeit bestimmter Kompetenzanforderungen im Wesentlichen bei psychischer Belastbarkeit, Kreativität und Teamfähigkeit. Diese Eigenschaften werden von gesellschaftlich engagierten Betrieben deutlich wichtiger eingestuft als in der Kontrastgruppe. Hinsichtlich der Einschätzung, welche Eigenschaften eher auf jüngere und welche eher auf ältere Beschäftigte zutreffen, sind die Unterschiede zwischen gesellschaftlichen engagierten und nicht engagierten Betrieben

---

[71] „Geben Sie bitte jetzt zu jeder der im Folgenden aufgelisteten Eigenschaften an, ob diese eher auf Beschäftigte zutreffen, die jünger als 50 Jahre sind, oder eher auf Beschäftigte zutreffen, die 50 Jahre und älter sind, oder ob kein Unterschied besteht." Wegen einer übersichtlicheren Darstellung der Befunde haben wir die Prozentwerte der Antwortausprägungen „sehr wichtig" mit dem Gewichtungsfaktor 1,5, „wichtig" mit dem Gewichtungsfaktor 1,0 und „weniger wichtig" mit dem Gewichtungsfaktor 0,5 multipliziert und zu einem Wert aufaddiert. Dabei würde ein Wert von 150 bedeuten, dass alle antwortenden Betriebe die jeweils abgefragte Eigenschaft als eher auf Beschäftigte zutreffend erachten, die jünger als 50 Jahre sind; ein Wert von 100 würde besagen, dass alle antwortenden Betriebe bei der jeweils abgefragten Eigenschaft keinen Unterschied zwischen älteren und jüngeren Beschäftigten sehen; ein Wert von 50 würde heißen, dass alle antwortenden Betriebe die jeweils abgefragte Eigenschaft als eher zutreffend auf Beschäftigte erachten, die älter als 50 Jahre alt sind.

eher gering (Tabelle 13). Größere Unterschiede zeigen sich hingegen zum Teil bei einer nach Wirtschaftszweigen differenzierten Betrachtung (Tabelle 13):

- Körperliche Belastbarkeit wird in den gesellschaftlich verantwortlichen Betrieben des Produzierenden Gewerbes nicht in dem Maße den jüngeren Beschäftigten zugeschrieben wie in den anderen Betrieben. Im Dienstleistungsbereich, wo diese Eigenschaft insgesamt eine deutlich geringere Wichtigkeit aus Sicht der Betriebe hat, tendieren die nicht gesellschaftlich engagierten Betriebe weniger stark zu einer Zuschreibung auf Jüngere.

- Zwar schreiben alle Betriebe Erfahrungswissen eher den älteren Beschäftigten zu, allerdings ist dies bei den gesellschaftlich verantwortlichen Betrieben des Produzierenden Gewerbes im Unterschied zu den Vergleichsbetrieben besonders stark der Fall (-9).

- Über alle Eigenschaften hinweg betrachtet tendieren die gesellschaftlich verantwortlichen Betriebe des Dienstleistungsbereichs zu einer leicht stärkeren Zuschreibung auf jüngere Beschäftigte als im Durchschnitt der Dienstleistungsbetriebe. Im Produzierenden Gewerbe ist dies nicht so durchgängig der Fall. Hier ist bezogen auf die Durchschnittswerte eine leichte Verschiebung zu Gunsten der älteren Beschäftigten bei Erfahrungswissen (-4), körperliche Belastbarkeit (-2), Lernfähigkeit (-1) und Flexibilität (-1) zu erkennen.

- Insgesamt gesehen lässt sich mit Ausnahme der Eigenschaften Erfahrungswissen und körperliche Belastbarkeit jedoch auch im Produzierenden Gewerbe nicht feststellen, dass gesellschaftlich verantwortliche Betriebe als besonders wichtig eingestufte Eigenschaften der Beschäftigten in nennenswertem Umfang eher älteren Beschäftigten zuschreiben als andere Betriebe.

6   Gesellschaftliche Verantwortung und Arbeitszeitarrangements

Die Ergebnisse dieser Betriebsbefragung zeigen einen sehr deutlichen Zusammenhang zwischen einer gesellschaftlich verantwortlichen Unternehmensphilosophie auf der einen Seite und einer gut geregelten Praxis und sozialverantwortlichen Gestaltung von Arbeitszeitarrangements auf der anderen Seite.

Gut drei Viertel der Beschäftigten (76,5%) arbeiten in Vollzeitarbeitsverhältnissen. Hierin unterscheiden sich die gesellschaftlich engagierten von den anderen Betrieben unabhängig vom jeweiligen Grad der unternehmensstrategischen Integration des gesellschaftlichen Engagements kaum.

Von allen Beschäftigten mit versetzten Arbeitszeiten arbeiten 71,5% in Betrieben, für die gesellschaftliche Verantwortung ein wichtiges Thema ist. Bezogen auf die Gesamtzahl der Beschäftigten in gesellschaftlich engagierten Betrieben entspricht dies dem Anteil der Beschäftigten mit versetzten Arbeitszeiten an der Anzahl der Beschäftigten insgesamt (rund 25%). Dies spricht zunächst dafür, dass sich die Verbreitung versetzter Arbeitszeiten unabhängig davon vollzieht, ob es sich um gesellschaftlich verantwortliche Betriebe handelt oder nicht. Allerdings sinkt der Anteil der Beschäftigten mit versetzten Arbeitszeiten in denjenigen gesellschaftlich verantwortlichen Betrieben, die die Umsetzung ihres Engagements intern organisiert haben (Typ 3), auf 21,3%, und in den Betrieben, die ihr gesellschaftliches Engagement unternehmensstrategisch integriert haben (Typ 4), auf 19,8%. Je anspruchsvoller also die gesellschaftliche Verantwortung der Betriebe umgesetzt wird, umso geringer ist der Anteil der Beschäftigten mit versetzten Arbeitszeiten. Diese Tendenz hängt damit zusammen, dass versetzte Arbeitszeiten im sekundären Sektor und bei den sozialen Dienstleistungen unterdurchschnittlich und im Bereich der distributiven Dienstleistungen überdurchschnittlich stark verbreitet sind. In diesen Bereichen sind hingegen die besonders anspruchsvoll gesellschaftlich engagierten Betriebe besonders stark beziehungsweise im Falle der distributiven Dienstleistungen besonders schwach vertreten.

Der Anteil der Beschäftigten in Schichtarbeit ist in gesellschaftlich verantwortlichen Betrieben mit 19,8% deutlich höher als in der Kontrastgruppe (15,6%). Diese Konstellation ist darin begründet, dass – wie bereits dargelegt – sowohl Schichtarbeit als auch gesellschaftliche Verantwortung in hohem Maße „Großbetriebsphänomene" sind. Der Anteil der Beschäftigten in Schichtarbeit steigt mit Intensität der gesellschaftlichen Verantwortung an: Von 19,8% im Typ 1, 20,2% in Typ 2, 22,0% in Typ 3 auf 22,6% in Typ 4 gesellschaftlicher Verantwortung, was im wesentlichen den hier mehrheitlich vertretenen Betriebsstrukturen geschuldet sein dürfte: Großbetriebe des sekundären Sektors und Betriebe im Bereich der sozialen Dienstleistungen.

Im Durchschnitt arbeiten 20,5% der Beschäftigten in einer üblichen Woche im September 2007 samstags. Der Anteil der Samstagsbeschäftigten liegt mit 18,2% in den gesellschaftlich verantwortlichen Betrieben deutlich unter dem in den nicht engagierten Betrieben (25,4%). Bezogen auf die Betriebe, die ihr gesellschaftliches Engagement auch auf die betriebliche Personal- und Sozialpolitik beziehen (Typ 2), beträgt der Anteil der Samstagsbeschäftigten 17,7%. In den Betrieben, die ihr gesellschaftliches Engagement intern organisieren (Typ 3), fällt dieser Anteil weiter auf 14,3% und in den Betrieben, die ihr gesellschaftliches Engagement unternehmensstrategisch integriert haben (Typ 4), liegt dieser Anteil nur noch bei 13,7%. Dieses Ergebnis ist darin begründet, dass der Anteil der Samstagsbeschäftigten in den Kleinst- und Kleinbetrieben am größten ist und mit zunehmender Betriebsgröße abnimmt. Hingegen ist der Anteil der gesellschaftlich verantwortlichen Betriebe unter den Großbetrieben besonders hoch, was insbesondere für die Betriebe gilt, die ihr Engagement unternehmensstrate-

gisch integriert haben. Hinzukommt, dass der Anteil der gesellschaftlich verantwortlichen Betriebe in den Wirtschaftszweigen, in denen die Beschäftigten überdurchschnittlich häufig samstags arbeiten - wie in den Bereichen der persönlichen und distributiven Dienstleistungen - deutlich niedriger ist als derjenige der
nicht gesellschaftlich engagierten Betriebe.

Bei der Arbeit an Sonntagen sind leichte Unterschiede zwischen gesellschaftlich verantwortlichen und anderen Betrieben erkennbar. Beträgt der Anteil
der Beschäftigten, die an einer üblichen Woche im September 2007 sonntags
gearbeitet haben, im Durchschnitt 9,9%, so liegt er bei den gesellschaftlich verantwortlichen Betrieben unterdurchschnittlich bei 8,8% gegenüber 12,5% bei
den Betrieben der Kontrastgruppe. Diese Relation ändert sich, je anspruchsvoller
das gesellschaftliche Engagement der Betriebe umgesetzt wird, kaum. Diese
Tendenz ist vor allem darin begründet, dass Sonntagsarbeit nicht wie Samstagsarbeit mit steigender Betriebsgröße abnimmt und weit überdurchschnittlich im
Bereich der Persönlichen Dienstleistungen stattfindet. Hier ist allerdings der
Anteil der gesellschaftlich engagierten Betriebe mit 36,9% sehr niedrig.

Im Durchschnitt leistete in einer üblichen Woche im September 2007 jeder
Beschäftigte eine Überstunde pro Woche. Bei den Betrieben, für die das Thema
der gesellschaftlichen Verantwortung eine wichtige Rolle spielt (Typ 1), und
denen, die ihr Engagement auch auf die betriebliche Personal- und Sozialpolitik
beziehen (Typ 2), werden 0,9 Überstunden pro Beschäftigten geleistet (gegenüber 1,2 Stunden in den Betrieben der Kontrastgruppe). Bei den Betrieben, die
ihr gesellschaftliches Engagement intern organisieren (Typ 3) beziehungsweise
unternehmensstrategisch integrieren (Typ 4), sind es indes nur noch 0,7 beziehungsweise 0,6 Stunden, also etwa halb soviel wie bei den nicht gesellschaftlich
engagierten Betrieben!

Insgesamt arbeitet knapp die Hälfte aller Beschäftigten (47 %) mit Arbeitszeitkonten. Der Anteil der Beschäftigten mit Arbeitszeitkonten in Betrieben, für
die das Thema der gesellschaftlichen Verantwortung eine wichtige Rolle spielt,
ist mit 53,5% erheblich höher als bei den Betrieben der Kontrastgruppe (31,5%).
Der Anteil steigt bei den Betrieben, die ihr Engagement auch auf die betriebliche
Personal- und Sozialpolitik beziehen (Typ 2), auf 56,9%, bei denjenigen, die ihr
Engagement intern organisieren (Typ 3) auf 58,1% und bei den „Verantwor-
tungspionieren" (Typ 4) auf 58,4%. Dieser Befund ist darin begründet, dass
Arbeitszeitkonten häufiger in Groß- als in Kleinbetrieben geführt werden und
Großbetriebe der Bereich sind, aus dem sich die gesellschaftlich verantwortlichen Betriebe anteilsmäßig am häufigsten „rekrutieren". Zudem ist der sekundäre Sektor gleichermaßen eine Domäne von Arbeitszeitkonten und von Betrieben,
die ihr gesellschaftliches Engagement intern organisiert und unternehmensstrategisch integriert haben. Ein weiterer Grund besteht darin, dass sowohl Arbeits-

zeitkonten als auch gesellschaftliche Verantwortung besonders häufig in Betrieben mit stark regulierten Arbeitsverhältnissen anzutreffen sind.

In 16,1% aller Betriebe gibt es Vertrauensarbeitszeit. Die gesellschaftlich verantwortlichen Betriebe geben zu 23,5% an, Beschäftigte in Vertrauensarbeitszeit zu haben, was aber nur auf 8,7% in den anderen Betrieben zutrifft. Dieser Anteil steigt mit zunehmendem Anspruch bei der Umsetzung der gesellschaftlichen Verantwortung. Bei den Betrieben, die ihr Engagement unternehmensstrategisch integriert umsetzen, liegt er mit gut 30% fast doppelt so hoch wie im Durchschnitt aller Betriebe. Ebenso wie der jeweilige Anteil der gesellschaftlich verantwortlichen Betriebe mit zunehmender Betriebsgröße ansteigt, nimmt auch der Anteil der Betriebe mit Vertrauensarbeit zu; von 15,9% bei den Kleinstbetrieben auf 44,8% bei den Großbetrieben. Diese Befunde erklären sich aus Betriebsgrößeneffekten: in Großbetrieben sind in der Regel weitaus mehr Arbeitszeitformen anzutreffen als in Klein- und Mittelbetrieben. Diese aus der „Betriebsperspektive" vorgenommene Analyse sagt jedoch nichts über den Anteil von Beschäftigten in Vertrauensarbeitszeit aus. Hinsichtlich der Anzahl der Beschäftigten mit Vertrauensarbeitszeit lässt sich kein signifikanter Zusammenhang mit gesellschaftlicher Verantwortung erkennen. Im Durchschnitt arbeiten 9,8% der Beschäftigten in Vertrauensarbeitszeit. Bei den gesellschaftlich engagierten Betrieben ist der entsprechende Anteil leicht überdurchschnittlich und beträgt 11,2%; dieser sinkt mit zunehmender Intensität der gesellschaftlichen Verantwortung in den Typen 2 und 3 auf 10,7% beziehungsweise 10,3% und beträgt bei den Betrieben, die die gesellschaftliche Verantwortung unternehmensstrategisch integriert haben (Typ 4), nur noch 9,2%. Dieser Befund zeigt, dass die Anzahl der Beschäftigten in Vertrauensarbeitszeit und nicht die Anzahl der (vor allem großen CSR-) Betriebe, die für bestimmte Teile der Beschäftigten neben zahlreichen anderen Arbeitszeitformen unter anderem auch Vertrauensarbeitszeit praktizieren, das entscheidende Datum für die tatsächliche Verbreitung dieser weitgehend unregulierten, ergebnisorientierten Arbeitszeitform ist. Daher kann man davon ausgehen, dass Vertrauensarbeitszeit keine von gesellschaftlich engagierten Betrieben besonders favorisierte Arbeitszeitform ist. Damit korrespondiert der Befund, dass gesellschaftlich verantwortliche Betriebe stärker als andere Betriebe gut regulierte beziehungsweise gut regulierbare Arbeitszeitarrangements einsetzen.

Die Zusammenschau von gesellschaftlicher Verantwortung der Betriebe und Arbeitszeitformen unter dem Gesichtspunkt erkennbar differierender Arbeitszeitarrangements ergibt folgendes Bild: Je ausgeprägter die Betriebe gesellschaftliche Verantwortung praktizieren, umso mehr dominieren gut regulierte Arbeitszeitarrangements.

- Weniger Beschäftigte arbeiten anteilig in versetzten Arbeitszeiten und samstags.
- Der Umfang der pro Beschäftigten und Woche geleisteten Überstunden ist deutlich geringer.
- Der Anteil der Betriebe mit Schichtarbeit sowie der Anteil der Beschäftigten, für die ein Arbeitszeitkonto geführt wird, sind größer als bei gesellschaftlich engagierten Betrieben.

Die Arbeitszeitarrangements sind in gesellschaftlich engagierten Betrieben insgesamt gesehen stärker reguliert als in nicht engagierten Betrieben. Dies gilt insbesondere für Regelungen durch Betriebsvereinbarung (28,3% gegenüber 16,6%) und Tarifverträge (27,6% gegenüber 21,5%). Allerdings kommen die eher informellen Regelungsformen der Absprachen zwischen Vorgesetzten und Beschäftigten sowie der Regelung der Arbeitszeit durch die Beschäftigten selbst bei den gesellschaftlich engagierten Betrieben deutlich stärker zum Einsatz (53,8% gegenüber 44,9% beziehungsweise 17,2% gegenüber 11,0%). (Tabelle 14).

Tabelle 14: Regelung von Arbeitszeiten und gesellschaftliche Verantwortung der Betriebe[72]

Regelung	Typ 1	Typ2	Typ 3	Typ 4	nicht gesellschaftlich engagierte Betriebe	Insgesamt
Tarifvertrag	27,6	31,7	38,3	39,1	21,5	24,6
Betriebsvereinbarung	28,3	31,1	33,8	35,5	16,6	22,5
Betriebliche Bündnisse	10,0	11,7	12,0	11,3	9,2	9,6
Vorgesetzte und Beschäftigten	53,8	54,0	50,7	53,7	44,9	49,4
Durch individuelle Arbeitsverträge	43,0	47,3	43,2	44,7	46,6	44,8
Durch die Beschäftigten selbst	17,2	16,8	20,4	22,7	11,0	14,1
Durch Anweisungen	18,4	17,3	20,0	19,7	18,0	18,2

Betrachtet man die Organisation von Arbeitszeitkonten beziehungsweise die betrieblich Praxis der Regelung von Zeitguthaben und -schulden und Ausgleichszeiträumen, so zeigt sich, dass der Anteil der gesellschaftlich engagierten Betriebe, die ihre Arbeitszeitkonten vollständig geregelt haben, mit 42,2% deutlich größer ist als bei der Kontrastgruppe (29,8%). Dementsprechend ist hier der Anteil derjenigen Betriebe, die Arbeitszeitkonten gänzlich ungeregelt praktizieren, mit 35, 7% deutlich höher als bei den gesellschaftlich engagierten Betrieben (23,8%). Der Anteil der Betriebe mit vollständig geregelten Arbeitszeitkonten steigt bei den Betrieben, die ihr Engagement auch auf die betriebliche Personalpolitik beziehen (Typ 2) auf 47,2%, und bei denen, die die Umsetzung ihres Engagements intern organisiert (Typ 3) und unternehmensstrategisch integriert haben (Typ 4), auf 59,8% beziehungsweise 56,4% (ohne Tabelle).

---

[72] „Wie ist die Arbeitszeit in Ihrem Betrieb im Wesentlichen geregelt?" (Mehrfachnennungen möglich)

7 Ausmaß und Bewältigung von Schwankungen

34,1% aller Betriebe (NRW: 30,6%) sind nennenswerten Schwankungen der Nachfrage oder der Geschäftstätigkeit ausgesetzt. Mit einem Anteil von 40,6% (NRW: 40,5 %) sind die gesellschaftlich engagierten Betriebe Schwankungen häufiger ausgesetzt als die Betriebe der Kontrastgruppe (27,7%; NRW: 20,5%). Je anspruchsvoller die Betriebe die gesellschaftliche Verantwortung umsetzen, umso mehr kehrt sich dieses Verhältnis jedoch um. Nur 35,8% (NRW: 42,1%) der Betriebe, die ihr Engagement innerbetrieblich organisiert haben und nur 31,7% (41,9%) derjenigen, die es unternehmensstrategisch integriert praktizieren, sind Schwankungen in nennenswertem Umfang ausgesetzt. Dies ist darin begründet, dass der Anteil der „Schwankungsbetriebe" im Dienstleistungsbereich insgesamt und dort insbesondere bei den Großbetrieben deutlich niedriger ist als im Produzierenden Gewerbe. Unter diesen Betrieben ist hingegen der Anteil der gesellschaftlich verantwortlichen Betriebe besonders hoch. Genau umgekehrt verhält es sich mit dem Baugewerbe, wo der Anteil der Schwankungsbetriebe überdurchschnittlich groß ist. Dass die für die Betriebe in Deutschland insgesamt beschriebene Tendenz für NRW nicht zutrifft - hier variiert der Anteil der Schwankungsbetriebe kaum mit den unterschiedlichen Typen der gesellschaftlich verantwortlichen Betriebe - ist darin begründet, dass hier der Anteil der Schwankungsbetriebe im sekundären Sektor und im Bereich der sozialen Dienstleistungen überdurchschnittlich groß ist; in diesen Bereichen ist auch der Anteil der „Verantwortungspioniere" besonders hoch (ohne Tabelle).

Die Art und Weise, wie die gesellschaftlich verantwortlichen und nicht verantwortlichen Betriebe Schwankungen bewältigen, unterscheidet sich deutlich. (Tabelle 15).

Tabelle 15: Schwankungsbewältigung nach Typ des gesellschaftlichen
Engagements der Betriebe*

	Typ 1	Typ 2	Typ 3	Typ4	gesellschaft-lich nicht verantwort-lich	Insge-samt
Überstunden	60,3	62,5	73,2	61,9	66,3	62,8
Samstagsarbeit	19,5	17,8	20,5	19,2	15,3	17,8
Sonntagsarbeit	5,0	3,2	10,8	16,3	3,3	4,3
Versetzte Ar-beitszeiten	22,7	19,3	25,7	26,7	16,6	20,2
Schichtarbeit	3,5	5,0	5,8	8,0	3,8	3,6
Arbeitszeitkonten	27,1	32,1	32,3	29,7	19,6	24,0
Vertrauensar-beitszeit	8,1	8,2	8,7	10,6	2,5	5,8
Leiharbeit	10,6	13,4	10,0	8,0	11,2	10.8
Fremdaufträge	8,7	10,4	9,8	10,2	11,3	9,8
Einstellungen/ Entlassungen	36,1	38,7	46,1	59,0	36,6	36,3
Arbeitsorganisa-tion	35,1	41,0	39,3	27,4	21,0	29,4
Neue Technolo-gien	11,4	14,9	16,1	12,8	4,5	8,6

* Mehrfachnennungen möglich

In der Zusammenschau betrachtet fällt ein besonders starker Zusammenhang
zwischen gesellschaftlicher Verantwortung der Betriebe und der Schwankungsbewältigung durch personelle Maßnahmen auf. Je mehr das gesellschaftliche
Engagement der Betrieb intern organisiert (Typ 3) und unternehmensstrategisch
integriert ist (Typ 4), umso häufiger werden Schwankungen über Einstellungen
oder Entlassungen bewältigt. Da der Anteil der Betriebe, deren Beschäftigtenzahl
verglichen mit dem Jahr 2002 gestiegen ist, bei den Betrieben, die ihr gesellschaftliches Engagement unternehmensstrategisch integriert haben, besonders
hoch ist (39,1% gegenüber 19,4% von allen Betrieben und 27% aller gesellschaftlich engagierten Betriebe), ist anzunehmen, dass es sich hierbei überwiegend um Neueinstellungen handelt.

Ein ähnlich deutlicher Zusammenhang besteht bei der Schwankungsbewältigung über Variation der Sonntagsarbeit. Der Anteil der gesellschaftlich engagierten Betriebe, die ihr Engagement intern organisiert oder unternehmensstrategisch integriert haben und Schwankungen über Auf- oder Abbau von Sonntagsarbeit bewältigen, liegt mit 10,8% beziehungsweise 16,3% doppelt beziehungs-

weise mehr als dreifach so hoch wie bei den gesellschaftlich engagierten Betrieben insgesamt. Die Schwankungsbewältigung über Variation der Samstagsarbeit ändert sich hingegen kaum.

Insgesamt gesehen praktizieren die gesellschaftlich verantwortlichen Betriebe eine Schwankungsbewältigung über alle Formen der Variation und Flexibilisierung der Arbeitszeiten durchweg häufiger als andere Betriebe - und dies umso mehr, je mehr sie ihr Engagement intern organisiert oder unternehmensstrategisch integriert haben. Dabei spielen neben der bereits erwähnten Variation der Sonntagsarbeit vor allem versetzte Arbeitszeiten, Schichtarbeit, Arbeitszeitkonten und Vertrauensarbeitszeit eine große Rolle. Beim Auf- und Abbau von Überstunden unterscheiden sich die Betriebe, die ihr gesellschaftliches Engagement unternehmensstrategisch integriert haben, von anderen Betrieben allerdings kaum. Die Bewältigung von Schwankungen über die Einstellung von Leih- und Zeitarbeitnehmern sowie über Weitergabe oder Rücknahme von Aufträgen an Fremdfirmen variiert im Unterschied zu den anderen Bewältigungsformen kaum mit der gesellschaftlichen Verantwortung der Betriebe.

Fasst man die unterschiedlichen Bewältigungsformen in die vier Gruppen Variation der Arbeitszeit, der Organisation, des Personals und der Technik zusammen, so ergibt sich folgendes Bild:

Tabelle 16: Typen gesellschaftlicher Verantwortung der Betriebe und Bewältigungsformen bei Schwankungen

	Variation der Arbeitszeit	**Variation der Organisation**	**Variation des Personals**	**Variation der Technik**
Typ 1	74,5	39,5	44,4	24,7
Typ 2	76,3	43,7	48,9	24,9
Typ 3	82,0	44,7	55,5	25,3
Typ 4	75,2	36,9	64,0	22,1
Gesellschaftlich nicht verantwortlich	76,5	23,6	48,8	21,3
Insgesamt	75,3	25,7	46,2	23,3

Hinsichtlich einer Bewältigung von Schwankungen über Variation der Arbeitszeiten unterscheiden sich engagierte und nicht engagierte Betriebe nur geringfügig. Lediglich die engagierten Betriebe, die die Umsetzung der gesellschaftlichen Verantwortung intern organisieren (Typ 3), praktizieren diese Bewältigungsform - wie auch die anderen Bewältigungsformen mit Ausnahme der Variation der Technik - überdurchschnittlich häufig (82,0%) und auch mehr als die anderen Typen gesellschaftlicher Verantwortung. Eine Variation der Organisation findet bei gesellschaftlich engagierten Betrieben durchgängig deutlich häufiger statt als bei nicht engagierten Betrieben. Eine Variation des Personals über Einstellungen und Entlassungen hat bei den Betrieben, die ihr gesellschaftliches Engagement intern organisieren oder unternehmensstrategisch integrieren, eine weit überdurchschnittliche Bedeutung. Bei den technischen Variationen unterscheiden sich die unterschiedlichen Betriebstypen kaum.

8   Maßnahmen, Inhalte und Formen des gesellschaftlichen Engagements

Die gesellschaftlich verantwortlichen Betriebe engagieren sich in unterschiedlichen Aktionsfeldern beziehungsweise Maßnahmenbereichen gleichzeitig[73]. Man kann dabei zwischen der internen und externen Dimension der gesellschaftlichen Verantwortung unterscheiden. Die interne Dimension umfasst alle freiwilligen, über die rechtlichen Bestimmungen und Mindestanforderungen hinaus gehenden Aktivitäten im Rahmen der betrieblichen Personal- und Sozialpolitik. Nach den in diesem Bereich jeweils im Einzelnen praktizierten Engagementformen gefragt, sind deutlich mehr als Hälfte aller engagierten Betriebe (57,5%) in dieser Hinsicht aktiv. Die externe Dimension umfasst alle auf die Außenbeziehungen beziehungsweise das räumliche und soziale Umfeld des Betriebes bezogenen freiwilligen Aktivitäten beziehungsweise Selbstverpflichtungen. Hier steht mit 70,3% der Fälle das Engagement für die Pflege der Kundenbeziehungen deutlich im Vordergrund. Es folgt auf den nächsten Plätzen etwa gleich auf die Förderung von Aktivitäten im lokalen oder regionalen Umfeld des Betriebs (37,5%), Umweltschutz und Ressourcenschonung (36,9%), Geld- und Sachspenden (30,9%). Sponsoring (18,6%) und Pflege der Lieferantenbeziehungen (24,1%) sind weniger stark vertreten. Auf überregionale und/oder internationale Angelegenheiten bezieht sich das betriebliche Engagement nur selten (6,7%).

Die gesellschaftlich verantwortlichen Betriebe engagieren sich zunehmend in Form eines ganzheitlichen, d.h. die interne und externe Dimensionen integrierenden Ansatzes. Klassische unternehmensexterne Transferleistungen in Form von Spenden und Sponsoring stellen keineswegs mehr – wie dies bei der Befragung in 2005 (Groß/Schwarz 2007) noch der Fall war – die dominanten Engagementformen dar. Die Kombination von verschiedenen, gleichzeitig praktizierten Engagementformen nimmt mit der Betriebsgröße zu (von 2,7 Maßnahmen in Kleinbetrieben mit 1-19 Beschäftigte über 3,4 Maßnahmen bei Mittelbetrieben mit 20-249 Beschäftigte bis hin zu 3,8 Maßnahmen bei Großbetrieben mit 250 und mehr Beschäftigten). Auf der Grundlage einer Faktorenanalyse der Bereiche,

---

[73] Zu diesem Ergebnis, wenn auch mit anderen Ausprägungen im Einzelnen, kommt auch die BDI-Mittelstandsbefragung (2007, 55).

auf die sich die gesellschaftliche Verantwortung der Betriebe bezieht, lassen sich diese zu vier von einander abgrenzbaren Engagementformen zusammenfassen: a) Maßnahmen, die auf die Kunden- und Lieferantenbeziehungen zielen; b) solche, die sich auf die betriebliche Personal- und Sozialpolitik beziehen; c) die im näheren räumlich-sozialen Umfeld der Betriebe stattfinden; d) solche, die sich auf das weitere betriebliche Umfeld beziehen[74].

a) Demnach zielt das gesellschaftliche Engagement der Betriebe in 71% der Fälle auf die Kunden- und/oder Lieferantenbeziehungen. Mit zunehmender Betriebsgröße nimmt die Bedeutung dieser Engagementform ab. Bei den Großbetrieben mit 500 und mehr Beschäftigten liegt der entsprechende Anteil bei 59,2%.

b) Ein besonderes Engagement im Bereich der betrieblichen Personal- und Sozialpolitik (interne Dimension der gesellschaftlichen Verantwortung) steht mit 57,5% an zweiter Stelle, gewinnt allerdings mit zunehmender Betriebsgröße deutlich an Bedeutung. Während der entsprechende Anteil unter den Kleinstbetrieben (1-19 Beschäftigte) bei 52,9% liegt, beträgt er bei den Großbetrieben schon 91,0%.

c) Etwas mehr als die Hälfte (55,2%) der gesellschaftlich verantwortlichen Betriebe engagiert sich weitgehend unabhängig von der Betriebsgröße mit Spenden, Sponsoring sowie die Förderung von Aktivitäten im lokalen oder regionalen Umfeld, also im näheren räumlich-sozialen Umfeld des Betriebes.

d) Ein Engagement im weiteren betrieblichen Umfeld (überregionale und/oder internationale Angelegenheiten, Umweltschutz- und Ressourcenschonung) ist in Relation zu den anderen Maßnahmenbündeln am wenigsten verbreitet (40,6%) und ganz überwiegend Sache der Großbetriebe (84,3%), vorwiegend im Produzierenden Gewerbe (84,3% gegenüber 51,2% im Dienstleistungsbereich). Ansonsten variieren die Engagementfelder im Vergleich zwischen Produzierendem Gewerbe und Dienstleistungsbereich kaum.

---

[74] Auf Grund des Untersuchungsdesigns weichen diese und die im Folgenden dargestellten Befunde deutlich von denjenigen anderer Befragungen ab.

Tabelle 17: Engagementformen nach Betriebsgröße und Wirtschaftszweigen

	Produzierendes Gewerbe				Dienstleistungs- bereich				Insge- samt
	1-19	20- 249	250- 499	500+	1-19	20- 249	250- 499	500+	
Näheres Umfeld	55,9	72,5	69,6	77,5	51,7	73,5	72,0	61,7	55,2
Kunden / Lieferanten	73,5	68,1	62,5	53,9	71,2	69,4	64,0	62,7	71,3
Personal- / Sozialpoli- tik	52,9	69,6	92,9	91,0	55,0	78,2	85,3	88,5	57,5
Weiteres Umfeld	64,7	52,2	78,6	84,3	33,2	44,6	49,3	51,2	40,6

Differenziert nach sieben Wirtschaftszweigen fällt auf, dass ein Engagement für Kunden-/Lieferantenbeziehungen im Baugewerbe und im Bereich der unternehmensbezogenen Dienstleistungen besonders ausgeprägt ist (84,6% beziehungsweise 82,5%) und im sekundären Sektor und im Bereich der sozialen Dienstleistungen weit unterdurchschnittliche Bedeutung hat (58,3% beziehungsweise 58%). Das Engagement im Bereich der betrieblichen Personal- und Sozialpolitik ist mit Abstand im sekundären Sektor am stärksten und im Baugewerbe am schwächsten ausgeprägt (74,7% gegenüber 37,8%). Im näheren räumlich-sozialen Umfeld engagieren sich die Betriebe des sekundären Sektors überdurchschnittlich und die des primären Sektors unterdurchschnittlich stark (65,5% beziehungsweise 47,7%). Ein Engagement im weiteren betrieblichen Umfeld ist vor allem im sekundären und primären Sektor anzufinden (81,4% beziehungsweise 77,4%), in allen anderen Wirtschaftszweigen dagegen weit unterdurchschnittlich vertreten (ohne Tabelle).

Während sich also Kleinbetriebe vorwiegend im Bereich ihrer Kunden- und Lieferantenbeziehungen und nur geringfügig weniger als die größeren Betriebe in ihrem näheren räumlichen und sozialen Umfeld engagieren, sind das Engagement im Bereich der Personal- und Sozialpolitik sowie im weiteren Umfeld des Betriebes schwerpunktmäßig Aktionsfelder von Großbetrieben. Ein Engagement für Kunden- und Lieferantenbeziehungen ist eine Domäne des Baugewerbes und der unternehmensbezogenen Dienstleistungen; bei der betrieblichen Personal- und Sozialpolitik sowie beim näheren räumlich-sozialen Umfeld dominiert der sekundäre Sektor. Im weiteren Umfeld engagieren sich die überwiegend auf lokalen und regionalen Märkten agierenden Dienstleistungsbetriebe und die Betriebe des Baugewerbes deutlich weniger stark als diejenigen im sekundären und primären Sektor. Dies dürfte vor allem in den räumlich unterschiedlich weit ausgedehnten Marktbeziehungen begründet sein.

Mehr als zwei Drittel (68%; NRW: 64,4%) aller engagierten Betriebe geben an[75], dass die gesellschaftliche Verantwortung ihres Betriebes auch auf die Personal- und Sozialpolitik bezogen ist. Unter den gesellschaftlich verantwortlichen Betrieben mit Tarifbindung und Betriebs- oder Personalrat sind die entsprechenden Anteile deutlich größer (75% beziehungsweise 87,6%). Die nachfolgende Tabelle 18 zeigt, mit welchen Maßnahmen die Betriebe ihr personal- und sozialpolitisches Engagement konkret umsetzen. [76].

Tabelle 18: Umsetzung des personal- und sozialpolitischen Engagements der Betriebe

	Typ 2	**Typ 3**	**Typ 4**
Betriebliche Aus- und Weiterbildung	79,2	88,6	92,5
Gesundheitsfürsorge	54,3	74,5	81,9
Sicherheit am Arbeitsplatz	76,8	77,6	80,4
Förderung der Vereinbarkeit von Beruf und Familie	63,3	62,3	63,3
Übertarifliche Entlohnung	26,7	14,5	12,0
Übertarifliche Sozialleistungen	16,6	19,8	21,1
Mitarbeiterkapital-beteiligung	4,5	3,6	2,1
Beteiligung der Beschäftigten an betrieblichen Entscheidungen	55,2	56,4	63,8
Dauerhafter Erhalt der Beschäftigungs-fähigkeit	39,2	43,0	47,6
Alternsgerechte Organisation der Arbeit	23,8	18,3	19,9
Altersgerechte Organisation der Arbeit	20,5	15,6	17,5
Förderung des ehrenamtlichen Engagements der Beschäftigten	17,9	28,6	33,7

Hinsichtlich der konkreten Umsetzung des personal- und sozialpolitischen Engagements unterscheiden sich die „Verantwortungstypen" 2, 3 und 4 vor allem darin, dass mit steigenden Ansprüchen an die gesellschaftliche Verantwortung auch die Maßnahmen klassischer Arbeitspolitik (Weiterbildung, Gesundheitsprävention, Arbeitsplatzsicherheit, Beschäftigungsfähigkeit) an Bedeutung gewinnen. Ansonsten sind die Unterschiede weniger deutlich. Daher wollen wir uns im Folgenden auf den „Verantwortungstyp" 2 konzentrieren: Mit Abstand

---

[75] „Ist die gesellschaftliche Verantwortung Ihres Betriebes auch auf die Personal- und Sozialpolitik bezogen?"

[76] Derartige Engagementformen sind auch in anderen Befragungen erhoben worden (z.B. BDI 2007; Bertelsmann-Stiftung 2005). Wegen unterschiedlicher Untersuchungsdesigns sind die Ergebnisse jedoch nicht vergleichbar.

am häufigsten eingesetzt werden hier Maßnahmen zur Aus- und Weiterbildung (79,2%) sowie zur Sicherheit am Arbeitsplatz (76,8%). Es folgen die Maßnahmenkomplexe Vereinbarkeit von Beruf und Familie (63,3%), Beteiligung an betrieblichen Entscheidungen (55,2%), Gesundheitsfürsorge (54,3%) und dauerhafter Erhalt der Beschäftigungsfähigkeit (39,2%). Ein Engagement für eine altersgerechte Organisation der Arbeit und der Arbeitszeiten spielt mit 23,8% beziehungsweise 20,5% eine vergleichsweise geringe Rolle. Die Gewährung von übertariflichen Leistungen sowie Konzepte der Mitarbeiterkapitalbeteiligung bilden mit 16,6% beziehungsweise 4,5% das Schlusslicht (Tabelle 18). Die Umsetzung des internen, auf die betriebliche Personal- und Sozialpolitik bezogenen Engagements variiert stark mit der Betriebsgröße. Während die Kleinstbetriebe im Durchschnitt ihre Aktivitäten auf 4,75 Maßnahmen verteilen, sind es bei den Großbetrieben schon 6,0 Maßnahmen (ohne Tabelle).

Mithilfe einer Faktorenanalyse lassen sich bei den Maßnahmen, mit denen die Betriebe ihr personal- und sozialpolitisches Engagement umsetzen, fünf Typen unterschieden:

a) Moderner Human Ressource Ansatz, der Maßnahmen der altersgerechten Organisation der Arbeit und Arbeitszeiten, zum dauerhaften Erhalt der Beschäftigungsfähigkeit sowie zur Förderung der Vereinbarkeit von Beruf und Familie praktiziert (79%; NRW: 70,6%);

b) Klassische betriebliche Personal- und Sozialpolitik, in deren Zentrum Arbeitssicherheit, Gesundheitsfürsorge, betriebliche Aus- und Weiterbildung stehen (93%; NRW: 91,0%);

c) Übertarifliche Sozialleistungen und Entlohnung sowie Beteiligung der Beschäftigten an betrieblichen Entscheidungen (68,4%; NRW: 70,1%);

d) Mitarbeiterkapitalbeteiligung (4,5%; NRW: 2,8%) und

e) Förderung des ehrenamtlichen Engagements der Beschäftigten (17,9%; NRW: 11,0%).

Ein Vergleich nach Betriebsgrößenklassen zeigt, dass übertarifliche Leistungen (c) bei Kleinstbetrieben (1-19) die größte Rolle spielen (70,6% gegenüber 58,5% bei den Großbetrieben), dass Mitarbeiterkapitalbeteiligung und die Förderung des ehrenamtlichen Engagements der Beschäftigten mit der Betriebsgröße an Bedeutung gewinnen. Die Bedeutung sowohl des klassischen als auch des modernen Ansatzes (b) und (a) variiert hingegen kaum mit der Betriebsgröße. Über alle Betriebsgrößenklassen hinweg dominiert der klassische Ansatz und rangiert zwischen 91,8% bei den kleinsten Betrieben und annähernd 100% bei allen anderen. Dienstleistungsbereich und Produzierendes Gewerbe unterscheiden sich hinsichtlich der Bedeutung des klassischen Ansatzes und der übertariflichen Leistungen ebenfalls kaum. Der moderne Ansatz und Mitarbeiterkapitalbeteiligung haben im Produzierenden Gewerbe eine größere Bedeutung als im Dienstleistungsbereich (83,4% gegenüber 77,7 % beziehungsweise 8,6% gegenüber 3,3%); umgekehrt verhält es sich mit der Förderung des ehrenamtlichen Engagements der Beschäftigten (13,8% gegenüber 19,1%) (ohne Tabelle).

Danach befragt, in welchem Maße einzelne Beschäftigtengruppen in die Umsetzung des gesellschaftlichen Engagements im Bereich der betrieblichen Personal- und Sozialpolitik einbezogen sind, ergibt sich folgendes Bild: Das Management (1,22) und hoch-/mittelqualifizierte Beschäftigte (1,69) sind in hohem Maße einbezogen. Dagegen fallen Beschäftigte im Alter von 50 Jahren leicht (1,97) und Behinderte (2,32), Beschäftigte mit Migrationshintergrund (2,44) und Geringqualifizierte (2,74) schon stärker ab.[77] Diese Rangordnung ist unabhängig davon, ob die Betriebe ihr gesellschaftliches Engagement intern organisiert oder unternehmensstrategisch integriert haben.

Wie eng verbunden die gesellschaftliche Verantwortung im Bereich der Personal- und Sozialpolitik mit den wirtschaftlichen Interessen der Betriebe verknüpft ist, zeigt die Tatsache, dass Betriebsgrößenklassen übergreifend in 77,7% der Fälle (88,9 % im Produzierenden Gewerbe und 74,5% im Dienstleistungsbereich) das Engagement in diesem Bereich als wichtig oder sehr wichtig für den wirtschaftlichen Erfolg beziehungsweise den Erhalt der Wettbewerbsfähigkeit des Betriebes angesehen wird. Dies gilt unabhängig davon, mit welchen Ansätzen die Betriebe ihr personal- und sozialpolitisches Engagement umsetzen.[78] 68,1% der Betriebe (71,7% im Produzierenden Gewerbe und 67% im Dienstleistungsbereich) schätzen ihr gesellschaftliches Engagement als wichtig oder sehr wichtig für die Rekrutierung von qualifizierten Fachkräften ein. Je größer die Betriebe sind, umso größer ist der jeweilige Anteil derjenigen, die ihr Engagement als wichtig oder sehr wichtig für die Rekrutierung von qualifizierten Fach- und Nachwuchskräften einschätzen (86,6% der in diesem Bereich engagierten Großbetriebe mit 500 und mehr Beschäftigten und 66,2% der engagierten Kleinbetriebe mit 1 - 19 Beschäftigten).

---

[77] Die Kennziffern setzen sich zusammen aus dem jeweiligen Mittelwert der Antworten, wobei 1 = stark, 2 = mittel, 3 = schwach, 4 = gar nicht bedeutet.

[78] Die auf Corporate Citizenship-Aktivitäten fokussierte Untersuchung von Backhaus-Maul und Braun (2007) kommt mit Blick auf das Engagement von Unternehmen „außerhalb der Sphäre betrieblicher Produktions- und Distributionsverhältnisse" (3) zu einem gänzlich anderen Ergebnis. Demnach begreifen nur 22,5% aller engagierten Unternehmen und 47,3% der Großbetriebe „Investitionen in die Gesellschaft als Voraussetzung für den wirtschaftlichen Erfolg des Unternehmens" (10). Dieser auf die externe CSR-Dimension konzentrierte Befund unterstreicht die Bedeutung unserer auf die im Zusammenhang mit der internen CSR-Dimension ermittelnden Befunde zu ihrer unternehmensstrategischen Relevanz.

9   Gesellschaftliche Verantwortung und wirtschaftlicher Erfolg

Gesellschaftlich verantwortlich handelnde Betriebe sind wirtschaftlich erfolgreicher als andere Betriebe. Während 26,6% (NRW: 21,9%) aller Betriebe ihren wirtschaftlichen Erfolg in den letzten 2 Jahren als gut beurteilen, ist der entsprechende Anteil mit 36,6% (NRW: 34,1%) bei den gesellschaftlich engagierten Betrieben deutlich höher: Nur 17% und in NRW sogar nur 9,9% der gesellschaftlich nicht engagierten Betriebe beurteilen hingegen ihren wirtschaftlichen Erfolg als gut. Bei mehr als zwei Drittel der Betriebe in Deutschland und in NRW bei gut drei Viertel der Betriebe, die ihren wirtschaftlichen Erfolg in den letzten zwei Jahren als gut beurteilen, handelt es sich um gesellschaftlich engagierte Betriebe. Bei den Betrieben, die ihr gesellschaftliches Engagement auch auf die Personal- und Sozialpolitik beziehen, beurteilen 39,5 % (NRW: 42,0%) ihren wirtschaftlichen Erfolg in den letzten 2 Jahren als gut. Von den Betrieben, die ihr Engagement unternehmensstrategisch integriert haben, schätzen 43,3% (NRW: 44,6%) ihren wirtschaftlichen Erfolg als gut ein: anteilmäßig gut 2,5-mal und in NRW sogar 4,5-mal soviel wie die gesellschaftlich nicht engagierten Betriebe!

Darin, dass ein positiver Zusammenhang zwischen gesellschaftlicher Verantwortung der Betriebe und ihrem wirtschaftlichen Erfolg besteht, stimmen vorliegende Untersuchungen zu diesem Thema überwiegend überein (siehe Kapitel V. 1). Trotz zahlreicher Messinstrumente, Kennzahlensysteme und Ratings (vgl. auch Bertelsmann-Stiftung 2006), an denen nicht ohne Grund akribisch gefeilt wird, ist aber nach wie vor weitgehend ungeklärt, ob und wie sich über „eine zumindest schwache Korrelation zwischen CSR-Maßnahmen und Unternehmenserfolg" (Jasch 2007, 200) hinaus ein kausaler und messbarer Zusammenhang zwischen spezifischen Formen und Aktivitäten des gesellschaftlichen Engagements der Betriebe und ihrem wirtschaftlichen Erfolg eindeutig nachweisen lässt. Dies ist unter anderem darin begründet, dass die zum großen Teil indirekten Wirkungsweisen von gesellschaftlichem Engagement der Betriebe „sehr schwer zu analysieren und von vielen Faktoren" und intangiblen Werten abhängig sind - auch wenn solche Analysen für Teilaspekte wie Umweltschutz und shareholder-value und aus dem Bereich „Humankapital" ansatzweise möglich sind (vgl. Jasch 2007, Bertelsmann-Stiftung 2005): „Nicht alle Aspekte des gesellschaftlichen Engagements von Unternehmen können in Zahlensysteme übersetzt werden" (Bassen/Meyer 2006).

Es war weder das Ziel noch die Aufgabe dieser Untersuchung, den „business-case" der gesellschaftlichen Verantwortung von Unternehmen zu ermitteln. Mit der Fokussierung auf betriebsstrukturelle Merkmale und unternehmensstrategische Aspekte im Zusammenhang mit der gesellschaftlichen Verantwortung der Betriebe konnten jedoch zumindest einige der sowohl unter wirtschaftlichen als auch unter sozial- und arbeitspolitischen Aspekten relevanten Faktoren und

Wirkungszusammenhänge näher bestimmt werden. Die Befunde sprechen insgesamt deutlich dafür, dass die Wirkungen des gesellschaftlichen Engagements von Unternehmen sowohl hinsichtlich des wirtschaftlichen Erfolgs als auch unter arbeits- und beschäftigungspolitischen Gesichtspunkten umso stärker wahrnehmbar sind, wie die Betriebe ihr Engagement intern professionell organisieren und in ihre Unternehmensstrategie und -philosophie integrieren (vgl. auch Jasch 2007, 201).

Literatur

Anger, Silke (2006): Zur Vergütung von Überstunden in Deutschland: Unbezahlte Mehrarbeit auf dem Vormarsch, in: DIW-Wochenbericht Nr. 15-16/2006, 189-196

Anxo, Dominique (2002): Capital operating time in Swedish manufacturing: Recentdevelopements, in: Bauer, Frank, Hermann Groß, Georg Sieglen (eds.), Operating hours in Europe, Berichte des ISO 66, Köln, Institut zur Erforschung sozialer Chancen, 181-196

Arbeit. Zeitschrift für Arbeitsforschung, Arbeitszeitgestaltung und Arbeitspolitik. Schwerpunktheft „Demografischer Wandel und Arbeit", 4/2005Arbid - Arbeit und Innovation im demografischen Wandel, einer Initiative des Ministeriums für Wirtschaft und Arbeit und der Sozialpartner in Nordrhein-Westfalen, www.arbid.de

Backhaus-Maul, Holger, Sebastian Braun (2007): Gesellschaftliches Engagement von Unternehmen in Deutschland. Konzeptionelle Überlegungen und empirische Befunde, in: Stiftung & Sponsoring 5/2007, 2-15

Backhaus-Maul, Holger (2008):Traditionspfad mit Entwicklungspotenzial, in: Aus Politik und Zeitgeschichte 31/2008, S. 14-20

Bank Sarasin (2006): Die Nachhaltigkeit verschiedener Branchen, Mitteilung an die Medien, 18. September 2006, Basel.

Bassen, Alexander, Katrin Meyer (2006): CSR such das rechte Maß. Der Kapitalmarkt fordert Kriterien zur Beurteilung von unternehmerischem Engagement, in: Handelsblatt, Corporate Social Responsibility – Ein neues Thema für die strategische Unternehmensplanung, 6. November 2006, B3

Bauer, Frank, Hermann Groß, Georg Sieglen, Michael Schwarz (2005): Betriebs- und Arbeitszeitmanagement. Ergebnisse einer repräsentativen Betriebsbefragung in Europa, Münster

Bauer, Frank, Gerhard Bosch, Jörg Bundesmann-Jansen, Hermann Groß, Frank Stille und Alexandra Wagner (1998a): Betriebszeiten 1996. Ergebnisse einer repräsentativen Betriebsbefragung zu Betriebs und Arbeitszeiten im verarbeitenden Gewerbe, hrsg. v. Ministerium für Arbeit, Gesundheit und Soziales des Landes Nordrhein-Westfalen, Düsseldorf

Bauer, Frank, Hermann Groß und Frank Stille (1994): Große Unterschiede in der Ermittlung von Betriebszeiten, in: WSI-Mitteilungen 47 (1994) 1, 43-50

Bauer, Frank, Hermann Groß, Eva Munz, und Suna Sayin (2002): Arbeits- und Betriebszeiten 2001. Neue Formen des betrieblichen Arbeits- und Betriebszeitmanagements. Ergebnisse einer repräsentativen Betriebsbefragung (Berichte des ISO 67), Köln

Bauer, Frank, Hermann Groß und Georg Sieglen (Hrsg.) (2002): Operating hours in Europe. State-of-the-Art-Report on operating hours research in France, Germany, the Netherlands, Portugal, Spain, the United Kingdom, Sweden and the USA, (Berichte des ISO, 66) Köln

BDI (2007): BDI-Mittelstandspanel. Ergebnisse der Online-Mittelstandsbefragung, Berlin

Behrens, J. u.a. (1999): Länger erwerbstätig – aber wie?, Opladen

Bertelsmann-Stiftung (Hrsg.) (2005): Die gesellschaftliche Verantwortung von Unternehmen. Dokumentation der Ergebnisse einer Unternehmensbefragung, Gütersloh

Bertelsmann-Stiftung (Hrsg.) (2005 a): Unternehmenserfolge erzielen und verantworten. Ein finanzmarktgesteuertes Beurteilungs- und Steuerungsmodell von Corporate Responsibility, Gütersloh.

Bertelsmann-Stiftung (Hrsg.) (2006): Who is who in Corporate Responsibility Rating? A survey of internationally established rating systems that measure Corporate Responsibility, Gütersloh

Biebeler, Hendrik (2004): Ergebnisse der Unternehmensbefragung zum nachhaltigen Wirtschaften, Institut der deutschen Wirtschaft Köln, Forschungsstelle Ökonomie/Ökologie, Köln

Boockman, Bernhard, Thomas Zwick (2004): Betriebliche Determinanten der Beschäftigung älterer Arbeitnehmer, Zeitschrift für Arbeitsmarktforschung 1/2004, S. 53-63

Bosworth, Derek and Gilbert Cette (1995): Capital operating time measurement issues, in: Anxo, D., G. Bosch, G. Cette, T. Sterner and D. Taddei (eds.), Work Patterns and Capital Utilization – An International Comparative Study, Dordrecht, Kluwer

Brandenburg, Uwe (2006): Demografischer Wandel in der Arbeitswelt – Anforderungen an das Personalmangement, in: Bundesanstalt für Arbeitsschutz und Arbeitsmedizin (Hrsg.), 2006, 39-45

Braun, Marcel, Michael Schwarz (2006): Gesellschaftliche Verantwortung von Unternehmen. Vom Konzept der Corporate Social Responsibility zur Förderung von Corporate Citizenship in Nordrhein-Westfalen, Sozialforschungsstelle Dortmund, Beiträge aus der Forschung Bd. 150, Dortmund

Braun, Sebastian (2008): Gesellschaftliches Engagement von Unternehmen, in: Aus Politik und Zeitgeschichte 31/2008, 6-14

Brussig, Martin, Sascha Wojitkowski (2008): Altersübergangsreport 2008-01, Duisburg

Bulmahn, Edelgard (2005): Vorwort, in: Bundesministerium für Bildung und Forschung (Hrsg.) 2005, Demografischer Wandel – (k)ein Problem! Werkzeuge für betriebliche Personalarbeit, Bonn/Berlin, 2

Bund Deutscher Arbeitgeberverbände/Bertelsmann-Stiftung (2003): Asset für die Wirtschaft

Bundesagentur für Arbeit (2007): Situation von Älteren auf dem Arbeitsmarkt, Nürnberg

Bundesanstalt für Arbeitsschutz und Arbeitsmedizin (Hrsg.) (2006): Arbeitsforschung als Innovationstreiber. Innovationsfähigkeit in Organisationen, Wirtschaft und Region, Tagungsdokumentation, Dortmund/Berlin/Dresden

Bundesministerium für Bildung und Forschung (Hrsg.) (2005): Demografischer Wandel – (k)ein Problem! Werkzeuge für betriebliche Personalarbeit, Bonn/Berlin

CCCD (2007): Centrum für Corporate Citizenship Deutschland: Gesellschaftliches Engagement von Unternehmen in Deutschland und transatlantischer Vergleich mit den USA, Berlin

CGC (2004): Chance oder Bedrohung – wie gut können Unternehmen mit einer alternden Gesellschaft umgehen? Eine Umfrage der CGC unter 600 deutschen Personalentscheidern im Juli 2004, München

Christian Aid (2004): Behind the mask. The real face of corporate Social Responsibility

CorpWatch (2002): Greenwash +10. The UN's Global Compact, Corporate Accountability and the Johannesburg Earth Summit

Crook, Clive (2005): The Good Company, in: The Economist vom 20. Januar 2005

Delsen, Lei, Derek Bosworth, Hermann Groß, Rafael Munoz de Bustillo y Llorente (eds.) (2006): Operating Hours and Working Times. A Survey of Capacity Utilisation and Employment in the European Union, Heidelberg New York

Dostal, Werner (2006): Monitoring der Bevölkerungsentwicklung, in: Bundesanstalt für Arbeitsschutz und Arbeitsmedizin (Hrsg.), 2006, 49-54

econsense (2004): Corporate Social Responsibility – Ein Memorandum für Kreativität und Innovation, 24. März 2004

Europäische Kommission (2001): Europäische Rahmenbedingungen für die soziale Verantwortung der Unternehmen. Grünbuch, KOM(2001)366

Europäische Kommission (2002): Die soziale Verantwortung der Unternehmen. Ein Unternehmensbeitrag zur nachhaltigen Entwicklung, KOM(2002) 347 endgültig,

Europäische Kommission (2006): Umsetzung der Partnerschaft für Wachstum und Beschäftigung: Europa soll auf dem Gebiet der sozialen Verantwortung der Unternehmen führend werden, KOM (2006) 136 endgültig

Fockenbrock, D. (2006): Verantwortung lebt mit der Firmenkultur, in: Handelsblatt, Corporate Social Responsibility – Ein neues Thema für die strategische Unternehmensplanung, 6. November 2006, B1

Foss, Murray (2002): Shiftwork and other management practices regarding working time in the U.S. A brief review, in: Bauer, Frank, Hermann Groß, Georg Sieglen (eds.), Operating hours in Europe, Berichte des ISO 66, Köln, Institut zur Erforschung sozialer Chancen, 151-180

Fuchs, Johann (2005): Tickt sie, die demografische Zeitbombe? Aktuelle Daten und Fakten zu den Auswirkungen des demografischen Wandels auf Arbeitskräfteangebot und -nachfrage, in: Arbeit. Zeitschrift für Arbeitsforschung, Arbeitsgestaltung und Arbeitspolitik 14(2005)4, 261-274

Fuchs, Johann, Katrin Dörfler (2005): Projektion des Arbeitsangebots bis 2050 – Demografische Effekte sind nicht mehr zu bremsen, IAB-Kurzbericht 11/2005

Gemeinschaftsinitiative Gesünder Arbeiten e.V.: www.gesuenderarbeiten.de

Gerlmaier, Anja, Sebastian Schief (2005): Warum weniger mehr ist – zum Sinn oder Unsinn verlängerter Arbeitszeiten, in: Sozialmanagement 09/2005

Groß, Hermann, Michael Schwarz (2007): Betriebs- und Arbeitszeiten 2005. Ergebnisse einer repräsentativen Betriebsbefragung, Dortmund

Groß, Hermann, Frank Stille und Cornelia Thoben (1991): Arbeitszeiten und Betriebszeiten 1990. Ergebnisse einer aktuellen Betriebsbefragung zu Arbeitszeitformen und Betriebszeiten in der Bundesrepublik Deutschland, Duisburg 1991

Groß, Hermann, Hartmut Seifert und Georg Sieglen (2007): Formen und Ausmaß verstärkter Arbeitszeitflexibilisierung, in: WSI-Mitteilungen 4/2007

Groß, Hermann, Michael Schwarz (Juni 2008): Betriebliche Altersstrukturen und ältere Beschäftigte, Kurzbericht für das Ministerium für Arbeit, Gesundheit und Soziales des Landes Nordrhein-Westfalen, Dortmund (unveröffentlicht).

Habisch, André (2006): Ein Unternehmen ist kein Sozialamt, in: Handelsblatt, Corporate Social Responsibility – Ein neues Thema für die strategische Unternehmensplanung, 6. November 2006, B5

Hoff, Andreas (2006): „Back to the roots": vor der 4. Welle der Arbeitszeitflexibilisierung, in: Personalwirtschaft 04/2006

Hoffmann, Esther, Jana Gebauer (2007): Stand und Perspektiven unternehmerischer Verantwortung in Deutschland. Kurzauswertung einer Online-Umfrage des Rates für Nachhaltige Entwicklung, Institut für ökologische Wirtschaftsforschung (IÖW), Berlin.

Jasch, Christine (2007): TRIGOS. CSR rechnet sich, Wien

Jonker, Jan, Angela Marberg (2007): Corporate Social Responsibility – Quo Vadis?, in: Wirtschaftspsychologie 1/2007, 6-13

INQA - Initiative Neue Qualität der Arbeit, www.inqu.de

Kaven, Marena-Nathalie, Marie-Christine Stemann (2005): Das Potenzial älterer Mitarbeiter stärker nutzen. Auswirkungen des demographischen Wandels auf KMU des produzierenden Gewerbes der Wirtschaftsregion Aachen, in: FIR+IAW – Unternehmen der Zukunft, 4/2005, 5-8

Kistler, Ernst, Andreas Ebert, Peter Guggemos, Maria Lehner, Hartmut Buck, Alexander Schletz (2006): Altersgerechte Arbeitsbedingungen. Machbarkeitsstudie (Sachverständigengutachten) für die Bundesanstalt für Arbeitsschutz und Arbeitsmedizin in Berlin, Dortmund, Berlin, Dresden

Knuth, Matthias u.a. (2006): Ein längeres Arbeitsleben für alle? Aktuelle renten- und arbeitsmarktpolitische Entwicklungen im Lichte der Ergebnisse des „Altersübergangs-Reports", Gelsenkirchen (http://www.iatge.de/auem-report/index.html)

Lang, Susanne, Frank Solms Nebelung (2005): Geschäftsstrategie Verantwortung – Corporate Citizenship als Business Case, betrifft: Bürgergesellschaft 14, Arbeitskreis Bürgergesellschaft und Aktivierender Staat, Friedrich-Ebert-Stiftung: Bonn

Laumann, Karl-Josef (2006): Beschäftigungsfähigkeit – Neues Arbeiten in NRW, Manuskript der Rede des Ministers für Arbeit, Gesundheit und Soziales des Landes Nordrhein-Westfalen auf der Fachtagung „Moderne Arbeit – Wettbewerbsfähige Betriebe", Bochum, 27. April 2006

Leitschuh-Fecht, Heike, Ulrich Steger (2004): Global Player nur mäßig an Nachhaltigkeit interessiert, in: Altner, Günter u. a. (Hrsg.): Jahrbuch Ökologie 2005, München

Loew, Thomas u.a. (2004): Bedeutung der internationalen CSR-Diskussion für Nachhaltigkeit und die sich daraus ergebenden Anforderungen an Unternehmenmit Fokus Berichterstattung, future und IÖW, Endbericht, Münster/Berlin

Millward, N., A. Bryson and J. Forth (2000): All change at work? British Employment Relations 1980-1998, Portrayed by the Workplace Industrial Relations Survey Series, London: Routledge

Millward, N., P. Marginson and R. Callus (1998): Large-scale national surveys for mapping, monitoring and theory development, in: Whitefield, K. and G. Strauss (eds.), Researching the World of Work and methods in studying industrial relations, Ithaca: ILR Press/Cornell University

Mutius, Bernhard von (1998): Was Unternehmen mit sozialer Verantwortung gewinnen können, Eröffnungsvortrag zum UPJ-Unternehmertreffen, 27.11.1998, Dresden

Pictet & Cie (2006): Belohnt die Börse die Schaffung von Arbeitsplätzen? Entwicklung der Mitarbeiterzahl als Indikator für die „Soziale Verantwortung" von Firmen und finazielle Konsequenzen einer darauf ausgerichteten Anlagestrategie, Genf

Porter, Michael. E., Mark P. Kramer (2006): Wohltaten mit System. Mit der richtigen Strategie schaffen Firmen Mehrwert für Gesellschaft und Unternehmen, Harward Business Manager 19.12.2006

Pundt, Alexander u.a. (2007): Gesellschaftliche Verantwortung als Unternehmenswert. Qualitative und quantitative Untersuchung der Sicht von Führungskräften, Betriebsräten und Vertretern des HR-Managements, in: Wirtschaftspsychologie 1/2007, 31-39

Ramthun, Christian (2005): Der Ablass-Kapitalismus. Das Geschäft mit dem guten Gewissen, in: Wirtschaftswoche vom 2. Juni 2005.

Rat für Nachhaltige Entwicklung (2006): Corporate Social Responsibility: Perspektiven und Fortentwicklung. Unternehmensverantwortung in einer globalisierten Welt, 6. Februar 2006, Berlin

Reinberg, Alexander und Markus Hummel (2007): Schwierige Fortschreibung. Der Trend bleibt – Geringqualifizierte sind häufiger arbeitslos, IAB – Kurzbericht 18/2007, Nürnberg

Richenhagen, Gottfried (2004): Länger gesünder arbeiten – Handlungsmöglichkeiten für Unternehmen im demografischen Wandel, in: Fach-Datenbank Arbeitsschutz – Sicherheit und Gesundheit im Betrieb (UB-Media) sowie in der Zeitschrift Personalführung 2/2004

Rucht, Dieter u. a. (2008): Vom Paternalismus zur Imagepflege? Eine empirische Studie zur gesellschaftlichen Verantwortung deutscher Wirtschaftseliten, Wiesbaden

Sauer, Rebecca (2006): Wenn Verantwortung zum Werbegag verkommt. In: Handelsblatt, Corporate Social Responsibility – Ein neues Thema für die strategische Unternehmensplanung, 6. November 2006, B6

Schmid, Alfons, Christian Baden (2003): Ältere Beschäftigte in Hessen, Arbeitsmarkt- und Berufsforschung aktuell, Landesarbeitsamt Hessen, Frankfurt am Main

Seifert, Hartmut (2001): Zeitkonten: Von der Normalarbeitszeit zu kontrollierter Flexibilität, in WSI-Mitteilungen 54 (2001) 2, 84-91

Schneider, Lutz (2006): Sind ältere Beschäftigte weniger produktiv? Eine empirische Analyse anhand des LIAB, IWH – Discussion Papers, Institut für Wirtschaftsforschung Halle

Schur, Peter, Gerd Zika (2007): Arbeitskräftebedarf bis 2015, IAB - Kurzbericht 26/2007, Nürnberg

Singelmann, J. (1978): From agriculture to services. The transformation of Industrial employment, London

Spida, Vladimir (2006): CSR in Enlarged Europe, Brüssel

Statistisches Bundesamt (2000): Ergebnisse der 9. koordinierten Bevölkerungsvorausberechnung. Annahmen und Ergebnisse, Wiesbaden

Steger, Ulrich, Oliver Salzmann (2006): Die soziale Verantwortung von Unternehmen, in: Harvard Business Manager Juli 2006, 7-10

Stiftung für die Rechte zukünftiger Generationen (Hrsg.) (2003): Handbuch Generationengerechtigkeit, München

Stiftung für die Rechte zukünftiger Generationen (2005): Generationengerechtigkeit, 1/2005, Oberursel (www.srzg.de)

Technologieberatungsstelle beim DGB NRW e.V. (Hrsg.) (o.J.): Alternde Belegschaften im demografischen Wandel. Ein Thema für Interessenvertretungen. Reihe Arbeit, Gesundheit, Umwelt, Technik, Heft 64, Oberhausen

Wegner, Martina (2007): Das gesellschaftliche Engagement von Unternehmen in Baden-Württemberg, in: Wirtschaftspsychologie 1/2007, 48-57.

www.demotrans.de, Öffentlichkeits- und Marketingstrategie demografischer Wandel (BMBF)

www.demowerkzeuge.de, Werkzeuge für eine demografieorientierte Personalpolitik, BMBF-Transferprojekte zum Demografischen Wandel

www.gesuender-arbeiten.de

Fragebogen

Universität Dortmund
sozial
forschungs
stelle
dortmund

Befragung zu Arbeits- und Betriebszeiten,
alternsgerechten Arbeitszeitarrangements
und gesellschaftlicher Verantwortung

Eine bundesweit repräsentative Untersuchung

Diese Untersuchung wird durch das Ministerium für Arbeit, Gesundheit und Soziales
des Landes Nordrhein-Westfalen gefördert.

September 2007

Hinweise zum Ausfüllen des Fragebogens:

Wir möchten Sie bitten, den Fragebogen innerhalb der nächsten drei Wochen an uns
zurückzusenden, auch wenn Sie zu einzelnen Fragen keine Angaben machen können.
Verwenden Sie dazu bitte den beiliegenden Freiumschlag (Fragebogen bitte nicht knikken).

Bitte beantworten Sie die nachfolgenden Fragen ausschließlich für die angeschriebene
örtliche Betriebseinheit (in der öffentlichen Verwaltung gleichbedeutend mit Dienststelle).

Der Bezugszeitraum für die Angaben zu Arbeits- und Betriebszeiten sollte eine übliche
Woche im Monat September 2007 sein.

Da die eingesandten Fragebögen per Scanner eingelesen werden, möchten wir Sie um
folgendes bitten:

Bitte verwenden Sie möglichst einen schwarzen Stift. Bitte achten Sie darauf, dass Sie
die Ankreuzkästchen eindeutig ankreuzen, Ausfüllfelder möglichst entsprechend dem
unten aufgeführten Muster ausfüllen (die Ziffern sollten die Ränder der Kästchen nicht
berühren) und mehrstellige Zahlen rechts bündig eintragen.

S	T	A	B	C	D	E	F	G	H	I	J	K	L	M	N	O	P	Q	R
8	9	U	V	W	X	Y	Z	Ä	Ü	Ö	-	0	1	2	3	4	5	6	7

Bei Rückfragen geben Ihnen gerne Auskunft:

Dr. Hermann Groß   Dr. Michael Schwarz
Tel.: 0231/8596-286   Tel.: 0231/8596-284
Email: gross@sfs-dortmund.de   Email: schwarz@sfs-dortmund.de

Der Endbericht dieser Untersuchung steht im Sommer 2008 zur Verfügung. Um diesen
als pdf-Text zugesandt zu bekommen, senden Sie bitte eine Email an gross@sfs-
dortmund.de, Betreff „Betriebsbefragung"

Vielen Dank für Ihre Mitarbeit!

Seite 1

ABSCHNITT 1: DER BETRIEB / DIE DIENSTSTELLE

Frage 1:   Handelt es sich bei Ihrem Betrieb um ...

☐ ein Unternehmen oder einen Teilbetrieb eines Unternehmens

☐ eine Behörde der öffentlichen Verwaltung

☐ eine gemeinnützige Organisation

☐ etwas anderes

Frage 2:   Handelt es sich bei Ihrem Betrieb um ...

☐ einen eigenständigen Einzelbetrieb

☐ einen Teilbetrieb eines Unternehmens

Frage 3:   Handelt es sich bei Ihrem Betrieb um ...

☐ einen vom Eigentümer geführten Betrieb

☐ einen vom Management geführten Betrieb

☐ einen vom Eigentümer und Management geführten Betrieb

Frage 4:   Ist Ihr Betrieb ...

☐ tarifgebunden

☐ nicht tarifgebunden

Frage 5:   Gibt es in Ihrem Betrieb einen Betriebsrat / Personalrat?

☐ ja

☐ nein

Frage 6:   Wenn Sie einmal den Wirtschaftszweig betrachten, dem Ihr Betrieb angehört: Wie beurteilen Sie den wirtschaftlichen Erfolg Ihres Betriebes in den letzten 2 Jahren?

☐ als gut

☐ als durchschnittlich   *Bitte nur eine Nennung*

☐ als schlecht

Frage 7:   Bitte geben Sie die Anzahl der Beschäftigten an (einschließlich Auszubildende und Leih- und Zeitarbeitnehmer, aber ohne Werkvertragnehmer, Freiberufler und Ehrenamtliche).

Anzahl der Beschäftigten insgesamt   ☐☐☐☐☐☐   Sollten exakte Zahlen nicht verfügbar sein, schätzen Sie bitte

Anzahl der weiblichen Beschäftigten   ☐☐☐☐☐☐

11803

Frage 8: Bitte unterteilen Sie die Beschäftigten in die nachfolgenden Altersgruppen
(in Prozent; wenn Sie keine genauen Angaben machen können, schätzen Sie bitte)

☐☐☐ % 15 - 29 Jahre

☐☐☐ % 30 - 49 Jahre

☐☐☐ % 50 Jahre und älter

= | 1 | 0 | 0 | %

Frage 9: Ist die Zahl der Beschäftigten verglichen mit dem Jahr 2002

☐ gesunken, und zwar um ☐☐☐ %

☐ in etwa gleich geblieben

☐ gestiegen, und zwar um ☐☐☐ %

Seite 3

Abschnitt 2: Gesellschaftliche Verantwortung

Wir meinen mit gesellschaftlicher Verantwortung von Betrieben ("Corporate Social Responsibility" - CSR) eine über die rechtlichen Bestimmungen und Mindestanforderungen hinausgehende freiwillige Selbstverpflichtung der Betriebe, sich im Rahmen ihrer betrieblichen Strategien in besonderer Weise für soziale Belange und Umweltfragen einzusetzen.

Frage 10: Spielt das Thema der gesellschaftlichen Verantwortung bei der Leitung Ihres Betriebes eine wichtige Rolle?

☐ ja

☐ nein ☞ *Bitte weiter mit Frage 22*

Frage 11: Auf welche Bereiche bezieht sich das gesellschaftliche Engagement Ihres Betriebes insgesamt?

☐ auf die Personal- und Sozialpolitik

☐ auf Umweltschutz und Ressourcenschonung

☐ auf die Förderung bestimmter Aktivitäten im lokalen oder regionalen Umfeld Ihres Betriebes

☐ auf überregionale und/oder internationale Angelegenheiten

☐ auf die Beziehung zu den Kunden   **Mehrfachnennungen möglich**

☐ auf die Beziehung zu den Lieferanten

☐ auf Sponsoring

☐ auf Geld- und Sachspenden

Frage 12: Ist die gesellschaftliche Verantwortung Ihres Betriebes schriftlich niedergelegt?

☐ ja

☐ nein

Frage 13: Ist die organisatorische Zuständigkeit der gesellschaftlichen Verantwortung Ihres Betriebes klar geregelt?

☐ ja

☐ nein ☞ *Bitte weiter mit Frage 15*

Frage 14: Zuständig ist/sind

☐ die Personalabteilung

☐ die Betriebsleitung / Unternehmensleitung   **Mehrfachnennungen möglich**

☐ die Stelle / Abteilung für Kommunikation / Öffentlichkeitsarbeit

☐ eine eigens dafür eingerichtete Stelle / Abteilung

☐ andere Stelle / Abteilungen

11803

Frage 15: Stellt Ihr Betrieb für die Umsetzung seines gesellschaftlichen Engagements bestimmte Ressourcen bereit?

☐ nein

☐ ja, und zwar: ☐ finanzielle Ressourcen

☐ personelle Ressourcen   Mehrfachnennungen möglich

Frage 16: Werden die Aktivitäten, die Ihr Betrieb im Rahmen seiner gesellschaftlichen Verantwortung unternimmt, regelmäßig überprüft und bewertet?

☐ ja, und zwar: ☐ intern

☐ extern

☐ nein

Frage 17: In den folgenden Fragen interessiert uns besonders, in welchem Maße das gesellschaftliche Engagement Ihres Betriebes auf die Belange der Beschäftigten und Fragen der Personal- und Sozialpolitik bezogen ist. Ist die gesellschaftliche Verantwortung Ihres Betriebes auch auf die Personal- und Sozialpolitik bezogen?

☐ ja

☐ nein ☞ Bitte weiter mit Frage 22

Frage 18: Bitte nennen Sie die wesentlichen Maßnahmen, mit denen das personal- und sozialpolitische gesellschaftliche Engagement Ihres Betriebes umgesetzt wird.

☐ betriebliche Aus- und Weiterbildung

☐ Gesundheitsfürsorge

☐ Sicherheit am Arbeitsplatz

☐ Förderung der Vereinbarkeit von Beruf und Familie

☐ übertarifliche Entlohnung

☐ übertarifliche Sozialleistungen   Mehrfachnennungen möglich

☐ Mitarbeiterkapitalbeteiligung

☐ Beteiligung der Beschäftigten an betrieblichen Entscheidungen

☐ dauerhafter Erhalt der Beschäftigungsfähigkeit

☐ altersgerechte Organisation der Arbeit

☐ altersgerechte Gestaltung der Arbeitszeiten

☐ Förderung des ehrenamtlichen Engagements der Beschäftigten

11803

Seite 5

Frage 19: Geben Sie bitte an, in welchem Maße die folgenden Beschäftigtengruppen in die Umsetzung Ihres gesellschaftlichen Engagements im Bereich der betrieblichen Personal- und Sozialpolitik einbezogen sind?

	stark	mittel	schwach	gar nicht	trifft nicht zu
Management / Abteilungsleiter	☐	☐	☐	☐	☐
Hoch- und mittelqualifizierte Beschäftigte	☐	☐	☐	☐	☐
Geringqualifizierte Beschäftigte	☐	☐	☐	☐	☐
Beschäftigte mit Behinderung	☐	☐	☐	☐	☐
Beschäftigte mit Migrations- hintergrund	☐	☐	☐	☐	☐
Beschäftigte, die 50 Jahre und älter sind	☐	☐	☐	☐	☐

Frage 20: Das gesellschaftliche Engagement im Bereich der Personal- und Sozialpolitik ist für den wirtschaftlichen Erfolg bzw. den Erhalt der Wettbewerbsfähigkeit Ihres Betriebes

☐ sehr wichtig

☐ wichtig   Bitte nur eine Nennung

☐ weniger wichtig

☐ überhaupt nicht wichtig

Frage 21: Das gesellschaftliche Engagement Ihres Betriebes im Bereich der Personal- und Sozial- politik ist für die Rekrutierung von qualifizierten Beschäftigten (Fach- und Nachwuchs- kräften)

☐ sehr wichtig

☐ wichtig   Bitte nur eine Nennung

☐ weniger wichtig

☐ überhaupt nicht wichtig

11803

■   ■

ABSCHNITT 3: ARBEITSZEITEN UND BETRIEBSZEITEN

Frage 22: Bitte geben Sie an, wie lang im Durchschnitt die vertragliche/tarifliche Wochenarbeitszeit von Vollzeitbeschäftigten in Ihrem Betrieb ist.
(Wenn sich die vertragliche/tarifliche Wochenarbeitszeit nicht auf die Woche als Bezugszeitraum bezieht, schätzen Sie bitte die durchschnittliche wöchentliche Arbeitszeit).

☐ ☐ , ☐ Stunden pro Woche

Wie verteilen sich die Vollzeitbeschäftigten auf die nachfolgend aufgeführten Altersgruppen (in Prozent)?

☐ ☐ ☐ % 15 - 29 Jahre

☐ ☐ ☐ % 30 - 49 Jahre

☐ ☐ ☐ % 50 Jahre und älter

= | 1 | 0 | 0 | %

Frage 23: Wie viele Beschäftigte (in Prozent) arbeiten in Ihrem Betrieb in Teilzeit (1 - 34 Wochenstunden)?

☐ ☐ ☐ %

Wie verteilen sich die Teilzeitbeschäftigten auf die nachfolgend aufgeführten Altersgruppen (in Prozent)?

☐ ☐ ☐ % 15 - 29 Jahre

☐ ☐ ☐ % 30 - 49 Jahre

☐ ☐ ☐ % 50 Jahre und älter

= | 1 | 0 | 0 | %

Betriebszeiten

Mit Betriebszeit ist die wöchentliche Stundenzahl gemeint, in welcher der Betrieb in Gang ist, einschließlich der Vorbereitungs- und Wartungszeiten.
Bei Betrieben des Dienstleistungsbereichs sind für die Angabe der Betriebszeit nicht nur die direkten Dienstleistungszeiten zu berücksichtigen, sondern auch die Zeiten, die benötigt werden, um die Bereitstellung dieser Dienstleistungen zu ermöglichen.

Frage 24: Wie viele Stunden war Ihr Betrieb in einer üblichen Woche im September 2007 in Gang?

☐ ☐ ☐ Stunden pro Woche

11803

■   ■

Seite 7

Versetzte Arbeitszeiten

Mit versetzten Arbeitszeiten sind betriebliche Arbeitszeitregelungen gemeint, nach denen beispielsweise eine Gruppe von Beschäftigten von 7 - 14 Uhr arbeitet, eine andere von 9 - 16 Uhr und eine dritte Gruppe von 11 - 18 Uhr. Die Betriebszeit würde sich in diesem Fall auf den Zeitraum von 7 - 18 Uhr erstrecken.
Mit versetzten Arbeitszeiten ist nicht Schichtarbeit gemeint.

Frage 25: Bitte machen Sie Angaben zur Organisation von versetzten Arbeitszeiten in einer üblichen Woche im September 2007.

Anzahl der Tage pro Woche, an denen mit versetzten Arbeitszeiten gearbeitet wurde ☐ Tage

frühester Arbeitsbeginn ☐☐ : ☐☐ Uhr

spätestes Arbeitsende ☐☐ : ☐☐ Uhr

Anzahl der Beschäftigten mit versetzten Arbeitszeiten ☐☐☐☐☐☐

Wie verteilen sich die Beschäftigten, die in versetzten Arbeitszeiten tätig sind, auf die nachfolgend aufgeführten Altersgruppen (in Prozent)?

☐☐☐ % 15 - 29 Jahre

☐☐☐ % 30 - 49 Jahre

☐☐☐ % 50 Jahre und älter

= ☐1☐0☐0 %

Schichtarbeit

Frage 26: Wurde in Ihrem Betrieb in einer üblichen Woche im September 2007 mit Schichtarbeit gearbeitet?

☐ ja

☐ nein ☞ *Bitte weiter mit Frage 28*

11803

Frage 27:   Wie ist Ihr Schichtsystem organisiert?
            (Mehrfachnennungen sind möglich)

☐ kontinuierliches Schichtsystem   (24 Stunden pro Tag und 7 Tage pro Woche)
    ↳ Anzahl der Beschäftigten

☐ teil-kontinuierliches Schichtsystem - Modell I (24 Stunden pro Tag und 6 Tage pro Woche)
    ↳ Anzahl der Beschäftigten

☐ teil-kontinuierliches Schichtsystem - Modell II (24 Stunden pro Tag und 5 Tage pro Woche)
    ↳ Anzahl der Beschäftigten

☐ andere Schichtsysteme   (weniger als 24 Stunden pro Tag)
    ↳ Stunden pro Tag
    ↳ Tage pro Woche
    ↳ Anzahl der Beschäftigten

Wie verteilen sich die Beschäftigten, die in Schichtarbeit tätig sind, auf die nachfolgend
aufgeführten Altersgruppen (in Prozent)?

   % 15 - 29 Jahre
   % 30 - 49 Jahre
   % 50 Jahre und älter
= 1 0 0 %

Wochenendarbeit

Frage 28:   Wurde in Ihrem Betrieb in einer üblichen Woche im September 2007 samstags
            gearbeitet?
            ☐ ja, und zwar von [   ] % der Beschäftigten
            ☐ nein

Wie verteilen sich die Beschäftigten, die samstags arbeiten, auf die nachfolgend aufgeführten
Altersgruppen (in Prozent)?

   % 15 - 29 Jahre
   % 30 - 49 Jahre
   % 50 Jahre und älter
= 1 0 0 %

11803

■   ■

Frage 29: Wurde in Ihrem Betrieb in einer üblichen Woche im September 2007 sonntags gearbeitet?

☐ ja, und zwar von [| |] % der Beschäftigten

☐ nein

Wie verteilen sich die Beschäftigten, die sonntags arbeiten, auf die nachfolgend aufgeführten Altersgruppen (in Prozent)?

[| |] % 15 - 29 Jahre

[| |] % 30 - 49 Jahre

[| |] % 50 Jahre und älter

= [1 | 0 | 0] %

Überstunden

Frage 30: Bitte geben Sie an, wie viele Überstunden in Ihrem Betrieb in einer üblichen Woche im September 2007 angefallen sind.
(Sollten exakte Zahlen nicht verfügbar sein, schätzen Sie bitte.
Sind keine Überstunden angefallen, tragen Sie bitte "0" ein).

[| | | | | |] Stunden

Arbeitszeitkonten

Mit Arbeitszeitkonten meinen wir sämtliche Arbeitszeitmodelle (Überstundenkonten, Gleitzeitkonten, Jahresarbeitszeitmodelle, Arbeitszeitkorridore, Bandbreitenmodelle, Ansparmodelle, usw.), die es ermöglichen, Zeitguthaben (Plusstunden) und/oder Zeitschulden (Minusstunden) zu bilden, die zu einem anderen Zeitpunkt ausgeglichen werden. Meistens ist ein Ausgleichszeitraum vereinbart, innerhalb dessen die vertraglich vereinbarte oder tarifliche Arbeitszeit im Durchschnitt wieder erreicht werden muss. Der Ausgleichszeitraum kann eine Woche, mehrere Wochen, ein Jahr oder mehr betragen.

Frage 31: Gibt es in Ihrem Betrieb Arbeitszeitkonten?

☐ ja

☐ nein ☞ *Bitte weiter mit Frage 36*

■   ■

Frage 32: Für wie viele Beschäftigte wurde in einer üblichen Woche im September 2007 ein Arbeitszeitkonto geführt?

Anzahl der Beschäftigten ☐☐☐☐☐☐☐

Wie verteilen sich die Beschäftigten, für die ein Arbeitszeitkonto geführt wird, auf die nachfolgend aufgeführten Altersgruppen (in Prozent)?

☐☐☐ % 15 - 29 Jahre

☐☐☐ % 30 - 49 Jahre

☐☐☐ % 50 Jahre und älter

= [1][0][0] %

Frage 33: Wie sind die Arbeitszeitkonten in Ihrem Betrieb organisiert?
(Wenn es in Ihrem Betrieb mehr als ein Arbeitszeitkontenmodell gibt, wählen Sie bitte für die Beantwortung der folgenden Fragen das Arbeitszeitkontenmodell aus, das für die meisten Beschäftigten gilt).
Sollte für das Arbeitszeitkontenmodell Ihres Betriebes Minusstunden, Plusstunden und/oder ein Ausgleichszeitraum nicht zutreffen, tragen Sie bitte jeweils "0" ein.

Maximale Anzahl der Minusstunden (Zeitschulden) ☐☐☐☐   Maximale Anzahl der Plusstunden (Zeitguthaben) ☐☐☐☐

Ausgleichszeitraum
(Zeitraum, innerhalb dessen Zeitschulden und Zeitguthaben ausgeglichen sein müssen - in Wochen) ☐☐☐☐

Frage 34: Wird die Obergrenze für Zeitguthaben in der Regel eingehalten oder häufig überschritten?

☐ wird in der Regel eingehalten   ☞ *Bitte weiter mit Frage 36*

☐ wird häufig überschritten

Frage 35: Was geschieht in der Regel, wenn die Zeitguthaben die vereinbarte Obergrenze überschritten haben?

Bitte nur eine Nennung

☐ Die Zeitguthaben werden finanziell ausgeglichen.

☐ Die Zeitguthaben verfallen.

☐ Die Zeitguthaben werden so schnell wie möglich durch Freizeit ausgeglichen.

☐ Die Zeitguthaben bleiben erhalten und werden in den nächsten Ausgleichszeitraum übertragen.

☐ Die Zeitguthaben werden auf ein anderes Arbeitszeitkonto (Langzeitkonto) übertragen.

Frage 36: Gibt es in Ihrem Betrieb Vertrauensarbeitszeiten?

☐ ja, und zwar für ☐☐☐ % der Beschäftigten

☐ nein

Seite 11

ABSCHNITT 4: FLEXIBILITÄT

Frage 37: Gab es in Ihrem Betrieb im letzten Jahr nennenswerte Schwankungen der Nachfrage oder der Geschäftstätigkeit?

☐ ja

☐ nein ☞ Bitte weiter mit Frage 39

Frage 38: Wie wurden diese Schwankungen bewältigt?

☐ durch Aufbau / Abbau von Überstunden

☐ durch Aufbau / Abbau von Samstagsarbeit

☐ durch Aufbau / Abbau von Sonntagsarbeit

☐ durch Verlängerung / Verkürzung der versetzten Arbeitszeiten

☐ durch Verlängerung / Verkürzung der Schichtarbeit   Mehrfachnennungen möglich

☐ durch Ansammeln / Abfeiern von Plusstunden/Zeitguthaben bei Arbeitszeitkontenmodellen

☐ durch Einführung von Vertrauensarbeitszeit oder auftragsbezogenen Arbeitszeitregelungen

☐ durch Einstellung von Leih- und Zeitarbeitnehmer

☐ durch Weitergabe / Rücknahme von Aufträgen an Fremdfirmen

☐ durch Neueinstellungen / Entlassungen

☐ durch arbeitsorganisatorische Maßnahmen

☐ durch Einführung neuer Technologien

☐ sonstiges

Frage 39: Wie ist die Arbeitszeit in Ihrem Betrieb im Wesentlichen geregelt?

☐ durch Tarifvertrag

☐ durch Betriebsvereinbarung

☐ im Rahmen betrieblicher Bündnisse   Mehrfachnennungen möglich

☐ durch Absprachen zwischen Vorgesetzten und Beschäftigten

☐ durch individuelle Arbeitsverträge

☐ durch die Beschäftigten selbst

☐ durch Anweisungen der Vorgesetzten

11803

ABSCHNITT 5: Ältere Beschäftigte

Frage 40: Die Berücksichtigung der Beschäftigten, die 50 Jahre und älter sind, in der Sozial- und Personalpolitik Ihres Betriebes ist

☐ sehr wichtig

☐ wichtig

Bitte nur eine Nennung

☐ weniger wichtig

☐ überhaupt nicht wichtig

Frage 41: Sehen Sie allgemein Probleme bei Beschäftigten, die 50 Jahre und älter sind ?

☐ ja

☐ nein ☞ *Bitte weiter mit Frage 43*

Frage 42: Welche konkreten Probleme sehen Sie bei Beschäftigten, die 50 Jahre und älter sind?

☐ zu hohe Lohnkosten

☐ ungeeignete Qualifikationsprofile

☐ zu hohe Fehlzeiten und zu viele krankheitsbedingte Ausfälle

☐ passen nicht in die Altersstruktur des Betriebes

☐ eingeschränkte Kündbarkeit

☐ geringe Flexibilität   **Mehrfachnennungen möglich**

☐ geringe Einsatzfähigkeit

☐ keine langfristige Perspektive

☐ eingeschränkte körperliche Belastbarkeit

☐ eingeschränkte psychische Belastbarkeit

☐ sonstiges

11803

Seite 13

Frage 43: Geben Sie bitte an, ob die im Folgenden aufgelisteten Eigenschaften für die Mehrheit der Arbeitsplätze in Ihrem Betrieb sehr wichtig, wichtig oder weniger wichtig sind.

	sehr wichtig	wichtig	weniger wichtig
Erfahrungswissen	☐	☐	☐
Körperliche Belastbarkeit	☐	☐	☐
Psychische Belastbarkeit	☐	☐	☐
Kreativität	☐	☐	☐
Arbeitsmoral, Arbeitsdisziplin	☐	☐	☐
Flexibilität	☐	☐	☐
Lernfähigkeit	☐	☐	☐
Qualitätsbewusstsein	☐	☐	☐
Theoretisches Wissen	☐	☐	☐
Teamfähigkeit	☐	☐	☐
Loyalität	☐	☐	☐
Lernbereitschaft	☐	☐	☐

Frage 44: Geben Sie bitte jetzt zu jeder der im Folgenden aufgelisteten Eigenschaften an, ob diese eher auf Beschäftigte zutreffen, die jünger als 50 Jahre sind, oder eher auf Beschäftigte zutreffen, die 50 Jahre und älter sind, oder ob kein Unterschied besteht.

	trifft eher auf Beschäftigte zu, die jünger als 50 Jahre sind	kein Unterschied	trifft eher auf Beschäftigte zu, die 50 Jahre und älter sind
Erfahrungswissen	☐	☐	☐
Körperliche Belastbarkeit	☐	☐	☐
Psychische Belastbarkeit	☐	☐	☐
Kreativität	☐	☐	☐
Arbeitsmoral, Arbeitsdisziplin	☐	☐	☐
Flexibilität	☐	☐	☐
Lernfähigkeit	☐	☐	☐
Qualitätsbewusstsein	☐	☐	☐
Theoretisches Wissen	☐	☐	☐
Teamfähigkeit	☐	☐	☐
Loyalität	☐	☐	☐
Lernbereitschaft	☐	☐	☐

11803

Seite 14

Diese Nummer ermöglicht es, den Eingang Ihres Fragebogens zu vermerken. Damit wird vermieden, dass Ihr Betrieb bei einer Erinnerungsaktion nochmals angeschrieben wird. Ihre Angaben werden nach den gesetzlichen Bestimmungen des Datenschutzes streng vertraulich behandelt und nur in anonymisierter Form ausgewertet

Bitte senden Sie den Fragebogen in jedem Fall zurück, auch wenn Sie zu einzelnen Fragen keine Angaben machen konnten!

Ein Freikuvert für die Rücksendung haben wir Ihnen beigelegt. Falls Ihnen das Freikuvert nicht mehr vorliegt, hier noch einmal unsere Adresse:

Sozialforschungsstelle Dortmund
Kennwort: sfs - Betriebsbefragung 2007
Evinger Platz 15
44339 Dortmund

Kontakt bei Rückfragen:

Dr. Hermann Groß
Tel.: (0231) 8596-286
email: gross@sfs-dortmund.de

Dr. Michael Schwarz
Tel.: (0231) 8596-284
email: schwarz@sfs-dortmund.de

11803

Neu im Programm Politikwissenschaft

Hermann Adam

Bausteine der Wirtschaft

Eine Einführung

15. Aufl. 2009. 433 S. Mit 85 Abb. u. 31 Tab.
Br. EUR 24,90
ISBN 978-3-531-15763-4

Dieses Lehrbuch ist ein seit vielen Jahren bewährtes Standardwerk. Alle volkswirtschaftlichen Grundbegriffe und Zusammenhänge, die man kennen muss, um die aktuellen politischen, wirtschaftlichen und gesellschaftlichen Probleme in Deutschland unter den weltwirtschaftlichen Bedingungen der Globalisierung zu verstehen, werden mit einfachen Worten erklärt. Inhalt und Darstellungsweise sind auf Studierende der Politik- und Sozialwissenschaften und der Volkswirtschaftslehre in den Anfangssemestern zugeschnitten. Darüber hinaus ist das Buch für Sozial- und Gemeinschaftskundelehrer sowie für Teilnehmer an politischen Bildungsveranstaltungen eine wertvolle Hilfe.

Sonja Blum / Klaus Schubert

Politikfeldanalyse

2009. 191 S. (Elemente der Politik) Br.
EUR 14,90
ISBN 978-3-531-16389-5

Politikfeldanalyse fragt danach, was politische Akteure tun, warum sie es tun und was sie damit bewirken. Ihr Ziel ist, systematisches Wissen über Politik für die Politik bereitzustellen. Entsprechend der Zielsetzung der Reihe „Elemente der Politik" gibt dieser Band einen einführenden Überblick über
– das Verhältnis zwischen Politikwissenschaft und Politikfeldanalyse
– die wichtigsten theoretischen und methodischen Zugänge
– zentrale Begriffe (z. B. Akteure, Institutionen, Steuerungsinstrumente)
– den sog. „Policy-Cycle" sowie
– Ursachen und Erklärungen für politische Veränderungen

Thomas Meyer

Soziale Demokratie

Eine Einführung

2009. 308 S. Mit 11 Tab. Br. EUR 24,90
ISBN 978-3-531-16814-2

In vielen Demokratien wurden in den letzten Jahren zahlreiche soziale Errungenschaften in Frage gestellt oder schrittweise abgebaut. Dieser Band führt in die theoretischen, ökonomischen und praktischen Grundlagen der Sozialen Demokratie ein und bietet somit eine wichtige Alternative zu neoliberalen Politikentwürfen.

www.vs-verlag.de

VS VERLAG FÜR SOZIALWISSENSCHAFTEN

Abraham-Lincoln-Straße 46
65189 Wiesbaden
Tel. 0611.7878-722
Fax 0611.7878-400

MIX
Papier aus verantwortungsvollen Quellen
Paper from responsible sources
FSC® C105338

If you have any concerns about our products,
you can contact us on
ProductSafety@springernature.com

In case Publisher is established outside the EU,
the EU authorized representative is:
Springer Nature Customer Service Center GmbH
Europaplatz 3, 69115 Heidelberg, Germany

Printed by Libri Plureos GmbH
in Hamburg, Germany